国家出版基金项目
NATIONAL PUBLICATION FOUNDATION

"十四五"国家重点图书出版规划项目

中国语言文化典藏系列　组委会

主　任

田学军

执行主任

田立新

成　员

宋　全　杨　芳　刘　利　郭广生　顾　青
张浩明　周晓梅　刘　宏　王　锋　余桂林

中国语言资源保护工程

中国语言文化典藏系列　编委会

主　编

曹志耘　王莉宁　李锦芳

委员（音序）

郭　浩　何　瑛　黄成龙　黄拾全　李云兵
刘晓海　苗东霞　沈丹萍　王　锋　严修鸿
杨慧君　周国炎　朱俊玄

曹志耘 王莉宁 李锦芳 主编

中国语言文化典藏·建瓯

邓享璋 吴雪灏 徐文亮 著

商务印书馆
The Commercial Press
SINCE 1897

序

　　随着现代化、城镇化的快速发展，我国的语言方言正在迅速发生变化，而与地域文化相关的语言方言现象可能是其中变化最剧烈的一部分。也许我们还会用方言说"你、我、他"，但已无法说出婚丧嫁娶各个环节的方言名称了。也许我们还会用方言数数，但已说不全"一䐃穷，两䐃富……"这几句俗语了。至于那些世代相传的山歌、引人入胜的民间故事，更是早已从人们的生活中销声匿迹。而它们无疑是语言方言的重要成分，更是地域文化的精华。遗憾的是，长期以来，我们习惯于拿着字表、词表去调查方言，习惯于编同音字汇、编方言词典，而那些丰富生动的方言文化现象往往被忽略了。

　　2017年，中共中央办公厅、国务院办公厅《关于实施中华优秀传统文化传承发展工程的意见》首次提出"保护传承方言文化"。2020年，国务院办公厅《关于全面加强新时代语言文字工作的意见》明确提出"科学保护方言和少数民族语言文字"。语言方言及其文化的保护传承写进党和政府的重要文件，具有重要的历史意义。党中央、国务院的号召无疑是今后一个时期内，我国语言文字工作领域和语言学界、方言学界的重要使命，需要我们严肃对待，认真落实。

　　中国语言资源保护工程于2015年启动，已于2019年顺利完成第一期建设任务。针对我国传统语言方言文化现象快速消失的严峻形势，语保工程专门设了102个语言文化调查点（包括25个少数民族语言文化点和77个汉语方言文化点），按照统一规范对语言方言文化现象开展实地调查和音像摄录工作。

　　为了顺利开展这项工作，我们专门编写出版了《中国方言文化典藏调查手册》（商务印书馆，2015年）。手册制定了调查、语料整理、图册编写、音像加工、资料提交各个阶段的工作规范；并编写了专用调查表，具体分为9个大类：房屋建筑、日常用具、服饰、饮食、农工百艺、日常活动、婚育丧葬、节日、说唱表演，共800多个调查条目。

调查方法采用文字和音标记录、录音、摄像、照相等多种手段。除了传统的记音方法以外，还采用先进的录音设备和录音软件，对所有调查条目的说法进行录音。采用高清摄像机，与录音同步进行摄像；此外，对部分语言方言文化现象本身（例如婚礼、丧礼、春节、元宵节、民歌、曲艺、戏剧等）进行摄像。采用高像素专业相机，对所有调查条目的实物或活动进行拍照。

这项开创性的调查工作获得了大量前所未有的第一手材料。为了更好地保存利用这批珍贵材料，推出语保工程标志性成果，在教育部语言文字信息管理司的领导下，在商务印书馆的鼎力支持下，在各位作者、编委、主编、编辑和设计人员的共同努力下，我们组织编写了《中国语言文化典藏》系列丛书。经过多年的努力，现已完成50卷典藏书稿，其中少数民族语言文化典藏13卷，汉语方言文化典藏37卷。丛书以调查点为单位，以调查条目为纲，收录语言方言文化图片及其名称、读音、解说，以图带文，一图一文，图文并茂，EP同步。每卷收图600幅左右。

我们所说的"方言文化"是指用特殊方言形式表达的具有地方特色的文化现象，包括地方名物、民俗活动、口彩禁忌、俗语谚语、民间文艺等。"方言文化"是一个新的研究领域，需使用的调查、整理、加工方法对于我们当中很多人来说都是陌生的，要编写的图册亦无先例可循。这项工作的挑战性可想而知。

在此，我要向每一个课题的负责人和所有成员道一声感谢。为了完成调查工作，大家不畏赤日之炎、寒风之凛，肩负各种器材，奔走于城乡郊野、大街小巷，记录即将消逝的乡音，捡拾散落的文化碎片。有时为了寻找一个旧凉亭，翻山越岭几十里路；有时为了拍摄丧葬场面，与送葬亲友一同跪拜；有人因山路湿滑而摔断肋骨，住院数月；有人因贵重设备被盗而失声痛哭……。在面临各种困难的情况下，大家能够为了一个共同的使命，放下个人手头的事情，不辞辛劳，不计报酬，去做一项公益性的事业，不能不让人为之感动。

然而，眼前的道路依然崎岖而漫长。传统语言方言文化现象正在大面积地快速消逝，我们在和时间赛跑，而结果必然是时间获胜。但这不是放弃的理由。著名人类学家弗雷泽说过："一切理论都是暂时的，唯有事实的总汇才具有永久的价值。"谨与大家共勉。

曹志耘
2022年4月13日

目录

序

引　言　　　　　　　1
　一　建瓯　　　　　2
　二　建瓯方言　　　5
　三　凡例　　　　　10

壹·房屋建筑　　　　15
　一　住宅　　　　　18
　二　其他建筑　　　52
　三　建筑活动　　　68

贰·日常用具　　　　71
　一　炊具　　　　　74
　二　卧具　　　　　84
　三　桌椅板凳　　　88
　四　其他用具　　　92

叁·服饰　　　　　　105
　一　衣裤　　　　　108
　二　鞋帽　　　　　113
　三　首饰等　　　　116

肆·饮食　　　　　　121
　一　主食　　　　　124
　二　副食　　　　　128
　三　菜肴　　　　　136

伍·农工百艺　　　　145
　一　农事　　　　　148
　二　农具　　　　　156
　三　手工艺　　　　169
　四　商业　　　　　181
　五　其他行业　　　185

陆·日常活动　199

一　起居　202
二　娱乐　206
三　信奉　217

柒·婚育丧葬　227

一　婚事　230
二　生育　238
三　丧葬　242

捌·节日　251

一　春节　254
二　元宵节　261
三　清明节　267
四　端午节　270
五　中秋节　273
六　其他节日　277

玖·说唱表演　283

一　口彩禁忌　284
二　俗语谚语　287
三　歌谣　298
四　曲艺戏剧　303
五　故事　307

调查手记　315

参考文献　321

索　引　322

后　记　332

引言

一 建瓯

建瓯市位于福建省北部,属南平市管辖。市境西北邻建阳,东北接政和、屏南,东南与古田、延平相毗邻,西南与顺昌相连。城区别称"芝城",市政府驻城关瓯宁街道。辖4个街道、14个乡镇,包括芝山街道、建安街道、通济街道、瓯宁街道,徐墩镇、吉阳镇、房道镇、东游镇、小桥镇、玉山镇、南雅镇、迪口镇、小松镇、东峰镇和川石乡、顺阳乡、水源乡、龙村乡,共218个村民委员会、27个城乡居民委员会。总面积4233.13平方公里。2020年人口43.44万(数据来源:第七次全国人口普查),以汉族为主;世代聚居的少数民族有畲族和苗族,其中畲族人口最多,主要聚居在房道镇吴大元村与东游镇安国寺村。建瓯是福建省面积最大、人口居闽北第二的县级市。

建瓯是一座有着1800多年设县历史的省级历史文化名城,有文字记载的历史达3000多

年，历代为郡、州、府、路治所和闽北政治、经济、文化中心。

西周时期为"七闽"地，秦时圈入秦国版图，称闽中郡。东汉建安初年，汉廷划分侯官（今闽侯县）以北土地设立建安县，是闽境最早设置的4个县之一。

三国吴永安三年（260年），吴景帝孙休设立建安郡，属吴会稽郡南部都尉，是闽境第一个中央朝廷实际管控的郡治。

唐武德四年（621年），唐高祖李渊改建安郡为建州，州治从福州迁至建安。开元二十一年（733年），唐玄宗李隆基取福州、建州首字，设立福建经略使，统管全省兵务，"福建"之名由此而来并延续至今。

0-1 ◆建瓯城区

五代十国时期，王延政在建州成立割据政权，立都称帝，国号先"殷"后"闽"（943—945年）。南唐保大三年（945年），建州陷，闽亡，归南唐，建州改为永安军，不久改为忠义军，建安县属忠义军管辖。

宋开宝八年（975年），南唐亡，归属宋，复建州，建安县属建州。治平三年（1066年），划出建安、建阳、浦城3县部分地置瓯宁县。熙宁三年（1070年）撤瓯宁县。元祐四年（1089年），析建安地之半，复置瓯宁县，其县衙与建安县同驻一城。绍兴三十二年（1162年），改建州为建宁府，建安县、瓯宁县属建宁府管辖。

元至元十五年（1278年），改为建宁路，建安县、瓯宁县属建宁路。明洪武元年（1368年），恢复建宁府。建安县、瓯宁县属建宁府管辖。清自顺治三年（1646年）起沿袭明制。

民国元年（1912年）仍称建宁府。民国二年（1913年）裁府，合并建安、瓯宁2县，各取首字命名为建瓯县，属建安道管辖，道址设在南平。民国十七年（1928年），废除道，只设省、县两级，建瓯改为县级行政建制，直属省管辖。民国三十五年（1946年），全省划分为7个行政督察区，建瓯属第三行政督察区，行政督察专员公署设在建阳。

1949年5月13日，中国人民解放军进驻建瓯，设福建省第一行政督察专员公署，管辖建瓯、建阳、崇安、浦城、水吉、松溪、政和、邵武、光泽9县，专员公署设在建瓯。1950年3月，改为建瓯行政专员公署。同年4月，署址移设建阳，改名为建阳行政专员公署，建瓯县属建阳行政专员公署。1956年，建阳专员公署并入南平专员公署，建瓯县改属南平专员公署管辖。1970年复设建阳地区行政公署，建瓯县属建阳地区行署管辖。1989年1月，建阳地区行政公署改名为南平地区行政公署，管辖南平、顺昌、建瓯、建阳、崇安、浦城、松溪、政和、邵武和光泽10个县市。

1992年10月20日，民政部报经国务院同意，批复撤销建瓯县，设立建瓯市。

二 建瓯方言

（一）概述

闽北方言以建瓯城区方言为代表，是闽方言的重要一支，大体可以分为东西两片：建瓯、政和、松溪属东片，武夷山和建阳属西片。

1940年水吉等5个乡镇划归增设的水吉县；1956年撤销水吉县，并入建阳县。1964年大历、高阳等5个乡镇划归增设的建西县；1970年撤销建西县，并入顺昌县。这些地区的人也是说建瓯方言。

建瓯方言也分东西两片。建瓯市境内，东片原建安县属"东溪"（松溪），西片原瓯宁县属"西溪"（建溪北段与崇阳溪），东西片之间口音有一些差异。

0-2 ◆ 水南塔

（二）声韵调

以下以建瓯市芝山街道都御坪方言为准。

1. 声母共19个，包括零声母

p 爬斧₁倍肥本兵　　pʰ 坡谱扶₁鼻炮纺₁　　m 帽民日₁网木砚₁

t 度住₁智刀店堂　　tʰ 土锤头丑汤特　　n 二女南人嫩肉　　l 锣辣轮粮岭鹿

ts 最斩进作争从　　tsʰ 醋菜炒蚕册充　　　　　　　　　　s 锁世水婶仙卵星力₁蝇

tɕ 煮祭州箭泉足　　tɕʰ 鼠齿秋迁川出　　ȵ 牛迎₁　　　　ɕ 写消寿想翼₁声

k 歌惯枝₁厚₁球局　　kʰ 宽昆狂肯虎柿　　ŋ 饿疑页院愿弱　　x 婚喜嫁₁雨₁蟹粉熊

ø 矮英舞儿胃狗₁

　舌养黄成₁

说明：

① 声母 [ts、tsʰ、s] 与 [tɕ、tɕʰ、ɕ]，[n] 与 [ȵ] 的出现环境互补，由于音感差异较大，这里分开记录。[ts、tsʰ] 拼开口呼、合口呼韵母，[tɕ、tɕʰ] 拼齐齿呼、撮口呼韵母。[ɕ] 拼读 [i、iŋ] 韵以外的齐齿呼和撮口呼韵母，[s] 拼读其他韵母；[ȵ] 拼读 [i、iŋ] 韵以外的齐齿呼韵母，[n] 拼读其他韵母。

② 说话音在汉字右下角加下标的"1"表示。

2. 韵母共31个

	i 题西碑池梨味汁日₂息碧	u 虎舞紫妇₂缚₁角₁读	y 鼠鱼吠嘴季出熟局妇₁
a 做马纱牙佳鸭帖₁学	ia 姐社叶姓脊₁赤	ua 果瓜挂法滑₂郭	
ɛ 菜使笠₁密₁北色白₂	iɛ 接湿₁灭设必₁翼₁帖₂	uɛ 多₁麻₁海最尾抹发₁头~	
e 灶₁茅₁亩头口			
o 火才₁杯炊刷骨国滑₁			
ɔ 饿坡去₁老₁鸽夺索桌择₁	iɔ 茄补₁弱脚尺		
œ 儿耳			
ae 待在₂拜界礼₁八节₁		uae 歪₂罚血	
au 刀早糕饱流₁	iau 票椒妖条救₁		
	iu 取₁柱₁酒救₂收油		
aŋ 胆减赶₂生₁病	iaŋ 炎平₁姓城₁鼎₁	uaŋ 犯反₂黄王	
aĩ 含₁饮₁眼慢鳞₁朋灯丁		uaĩ 凡环₁翻万	
	iŋ 签今棉显辰₁	uĩ 半官分₁	
eĩ 咸~菜金扁新秤			
ɔŋ 暗管₁滚放₁讲铜蜂	iɔŋ 亮掌羊影	uɔŋ 文放₂	
œŋ 春运窗₁荣熊冲			

说明：

① [au] 有 [ao] 的变体，[iu] 有 [io] 的变体。
② 说话音在汉字右下角加下标的"1"表示，读书音在汉字右下角加下标的"2"表示。下同。

3. 声调共 6 个

平声	45	东该灯风通开天春
上声	31	懂古鬼九统苦讨草买老₂有铜红
阴去	33	冻怪半四快寸去皮₁皮₂糖门龙牛油老₁~鸦:乌鸦
阳去	55	痛卖路硬乱洞地饭树₁树₂近后毒₁惹~:沾染上昆虫的毒液毒₁毒杀白₁盒罚老₁~人
阴入	24	谷百搭节₁节₂急₁急₂哭拍₁拍₂塔切₁切₂刻
阳入	53	六麦叶月毒₂白₂动罪五

说明：

① 平声是高呼直升且短促，实际音值为 [45ʔ]。阳入高降而短促，实际音值为 [53ʔ]。简便起见，这里分别记为 [45] 和 [53]。

② 平声 [45] 有 [454] 的变体。

（三）主要音变规律

1. 连读一般不变调。两个升调 [24][45] 连读时，[45] 有时变读 [53]，与另一升调形成音峰（凸形）或音谷（凹形），例如：竹工工具 [ty²⁴kɔŋ⁴⁵⁻⁵³kɔŋ⁴⁵ky⁵³]、中山装 [tœŋ⁴⁵⁻⁵³suĩ⁴⁵⁻⁵³tsɔŋ⁴⁵]、骹蹀粑 [kʰau⁴⁵⁻⁵³nɔ²⁴pa³³]。

2. 合音。这是语流中的某些音节或音节中的某些音素产生合并的语音现象。合音音节可以是词也可以是短语，表示的意义与组成它的音节相同。一般不能独立运用，少数凝固为能够独立运用的单位。

未产生新调的如：第一 [ti⁵³ + i²⁴ → ti²⁴]，地下 [ti⁵⁵ + a⁵³ → tia⁵³]

产生新调的如：地方 [ti⁵⁵ + xɔŋ⁴⁵ → tiɔŋ³³]，管下（街）[kuiŋ³¹ + a⁵³（kai⁴⁵）→ kua³³（kai⁴⁵）]

3. 衍音。少数单音节词有衍音现象，衍生的音节与原单音节词同韵、同调，声母固定为 [l]。衍音后的双音节词较单音词有加强语义的作用。例如：

缠（动词）[tiŋ³³ → tiŋ³³liŋ³³]，皱（形容词）[tse⁴⁵ → tse⁴⁵le⁴⁵]，疤（名词）[pa⁴⁵ → pa⁴⁵la⁴⁵]

哐（拟声词）[kʰuaŋ⁵³ → kʰuaŋ⁵³laŋ⁵³]，哈（叹词）[xa⁵³ → xa⁵³la⁵³]

三 凡例

（一）记音依据

　　本书方言记音以建瓯市芝山街道都御坪方言为准，发音人为吴雪灏。记音时间为 2017 年 3 月 1 日至 2019 年 6 月 1 日。吴先生 1955 年出生于建瓯市，长期从事政府文秘工作，系中国曲艺家协会会员。退休后致力于建瓯方言与民俗文化研究，出版专著《建州方言白读与文读词组语音汇注》（福建科学技术出版社，2019 年）。

（二）图片来源

　　本书收录建瓯方言文化图片共计 600 余幅。图片多为近五年在建瓯地域内拍摄，拍摄者主要为徐文亮、张和生、曹瑞俊、朱铭亮和邢成武，吴震、魏永青、汤瑞荣、龚圣钟、曾世山、吴大灼和甘雨春等提供了部分图片。

（三）内容分类

本书所收建瓯方言文化条目按内容分为9大类35小类：

1. 房屋建筑：住宅、其他建筑、建筑活动

2. 日常用具：炊具、卧具、桌椅板凳、其他用具

3. 服饰：衣裤、鞋帽、首饰等

4. 饮食：主食、副食、菜肴

5. 农工百艺：农事、农具、手工艺、商业、其他行业

6. 日常活动：起居、娱乐、信奉

7. 婚育丧葬：婚事、生育、丧葬

8. 节日：春节、元宵节、清明节、端午节、中秋节、其他节日

9. 说唱表演：口彩禁忌、俗语谚语、歌谣、曲艺戏剧、故事

（四）体例

1.每个大类在开头先用一段短文对本类方言文化现象做一个概括性的介绍。

2.每个条目均包括图片、方言词、正文三部分，第九章只有方言词、正文两部分。

3.各图单独、连续编号，例如："1-1"，短横前面的数字表示大类，短横后面的数字是该大类内部图片的顺序号。图号后面注拍摄地点（一般为村级名称）。图号和地名之间用"◆"隔开，例如："1-1◆党城"。

4.在图下写该图的方言词及其国际音标。如是一图多词，各词之间用"｜"隔开，例如：米管 [mi^{53}kɔŋ^{31}]｜米斗 [mi^{53}te^{31}]。

5.正文中出现的方言词用引号标出，并在一节里首次出现时注国际音标，对方言词的注释用小字随文夹注；在一节里除首次出现时外，只加引号，不注音释义。为便于阅读，一些跟普通话相同或相近的方言词，在同一节里除首次出现时外，不再加引号。

6.同音字在字的右上角加等号"="表示，例如：谢=新娘 [tɕia^{55}sēī^{45}niɔŋ^{33}] 背新娘。无同音字可写的音节用方框"□"表示，例如：碎布□ [tsʰo^{33}piɔ^{33}tʰi^{55}] 碎布片。

7.合音的字加中括号"[]"表示，例如：斗砖 [地下][te^{31}tsūī^{45}tia^{53}]。

8.方言词记实际读音，如有变调现象，一律按连读音记，轻声调值一律标作上标的"0"，例如：清着了 [tsʰēī^{33}tiɔ^{55}lɔ^{0}]。

0-3 ◆ 鼓楼

壹·房屋建筑

千百年来，建瓯历为农耕社会，至今工业仍不发达，偏远乡村保留下来的"古厝"[ku³¹tɕʰio³³]古宅，仍体现出农耕文化或耕读世家的风格，如龙村乡大汴地村、吉阳镇巧溪村、徐墩镇五石村、东游镇党城村、小桥镇阳泽村等古村落。

建瓯传统建筑分为住宅、祠堂、庙宇、教堂、官衙、商店、工坊等。如今，旧式官衙已荡然无存。

建瓯传统住宅讲究因地制宜、就地取材。以结构论，有木结构、土木结构、砖木结构；以层数论，有单层、两层、三层；以"栟数"[pʰiaŋ⁴⁵su³³]楄数，纵向屋架的个数论，有两栟厝、三栟厝、四栟厝、五栟厝；以进厅论，有一栋厅、两栋厅、三栋厅、四栋厅、五栋厅。所用木料皆为"杉樵"[saŋ⁴⁵tsʰau³³]杉木。宅墙分两种：一是载重墙，房屋重量压在墙上，墙体较厚且坚实；二是围隔墙，房屋重量压在木柱和"柱磉"[tʰiu⁵⁵sɔŋ³¹]柱础上。一至五栟厝，栟与栟之间，除了居中的两栟用杉樵大梁固定外，皆由樵枋与房檩连接，中间由壁板隔拦，无隔墙。一至五栋厅，每一进厅设有用来采光通风与排水的天井。这种建筑形式与当地空气潮湿、常为多云天气相适应。

建瓯"库厝"[kʰu³³tɕʰiɔ³³]深宅大院的非载重墙，高于"樵厝架"[tsʰau³³tɕʰiɔ³³ka³³]木房架。马头墙又名"风火墙"[xɔŋ⁴⁵xo³¹tɕiɔŋ³³]或"保障墙"[pau³¹tɕiɔŋ⁴⁵tɕiɔŋ³³]，意即遮挡风雨、保温隔热、阻隔火患、保障安全的墙。

建瓯古城区的一些老街巷名，保留了明显的传统手工业的制售特色，如打锡巷、打石街、豆腐巷、馃巷、扇巷、花巷等，旧时皆为前店后坊。此外，凸显姓氏家族发迹和外来移民聚居的老巷子名，其历史痕迹至今存留，如朱家巷、丁家巷、何厝坪、福州巷、古田巷、将乐巷……

近三十年来，城区与乡镇政府所在地的住宅发生了很大变化，传统风格的建筑因与使用现代电器物品不相适应，已逐步被新式水泥楼房替代，只有偏远"乡里"[ɕiɔŋ⁴⁵li³¹]村庄尚保留一些清代与民国时期的大型建筑，但大多破旧冷落，旧祠堂更是年久失修、仅剩躯壳。至于效率低下的水碓坊、榨油坊、砻米坊等，已闲废或无处寻觅。目前我们所见到的多为美丽乡村旅游景观中新建的一些仿古建筑。

一 住宅

厝 [tɕʰiɔ³³]

　　房子。多为两层土木或砖木结构,四到八"枋"[pʰiã⁴⁵]即榀,纵向屋架、二到三进厅。虽没有都市大户人家那种恢宏气势,但建筑精美,砖雕、石雕、木雕、匾额都体现了当年工匠精湛的工艺水平。枋,《集韵》卑盈切,《说文解字》枋桐,这里引申为并排义。

1-1 ◆党城

库厝 [kʰu³³tɕʰiɔ³³]

内为瓦顶木结构房屋、外为风火墙隔离的深宅大院。建瓯的五石山庄为典型的"库厝",由清代富绅修建。

1-2 ◆ 五石

1-3 ◆巧溪

官厝 [kũĩ⁴⁵tɕʰiɔ³³]

旧时官员发迹后,家族所建的宅院。在吉阳镇巧溪村现在保留的古民居还有十多栋,清一色的青砖灰瓦,朴实素雅。

甪里新闻 [lu²⁴li³¹sẽĩ⁴⁵ly³¹]

龙村乡擎天岩山麓大汴地村的耕读世家"甪里新闻"古民居群,由宋代大儒周敦颐的后裔建于清嘉庆十二年(1807年)。在周氏子弟红漆雕花的书房里,至今还保留有"白日莫闲过,青春不再来;窗前勤苦读,马上锦衣回""朝为田舍郎,暮登天子堂;将相本无种,男儿当自强"的刻字装饰楹联,说明其祖宗以理学为体、耕读为用,读书知礼、报效社会的家族遗风影响深远。

1-4 ◆大汴地

1-5 ◆大汴地

1-7 ◆黄园

单层厝 [tũĩ⁴⁵tsãĩ³¹tɕʰiɔ³³]

单层房子。多为前后两面坡瓦屋顶，采用木材做房架，房屋上铺木条，然后用瓦片盖顶。一般为四"柿"，中间为正厅，两厢做房间。

千柱厝 [tsʰãĩ⁴⁵tʰiu⁵⁵tɕʰiɔ³³]

亦称"千柱落地厝"[tsʰãĩ⁴⁵tʰiu⁵⁵lɔ⁵³ti⁵⁵tɕʰiɔ³³]，是包括上厝、下厝、后厝和三座亭子共四部分的群体建筑。位于川石乡川石村，由林氏第十四代孙林嘉瑛建于清代，因拥有一千根房柱而得名，其中上厝430根，下厝300根，后厝230根，三座亭子40根。上厝、下厝和后厝成"品"字形布局。以溪水流向定位，上厝在上游，下厝居下游，后厝则建于街巷后侧。

1-6 ◆川石

1-8 ◆叶康

双层厝 [sɔŋ⁴⁵tsãĩ³¹tɕʰiɔ³³]

双层房子。采用砖木结构或整栋房子用杉木建成，一般为三榀或五榀，房内不设天井，仅靠前后墙的窗户采光。一层四周用砖砌墙，中心一间为厅堂，两边为房间；二层采用木板隔间。

瓦厝 [ua⁵³tɕʰiɔ³³]

瓦房。是建瓯最具代表性的传统民居建筑，因用瓦盖顶而得名。瓦房放瓦的方法，一般是弧形内外方相扣，鳞次相压，在两瓦交界处，再以泥膏或石灰膏封实。如今，越来越多的老瓦房逐渐消失了，只能在部分乡村见到。

1-11 ◆郑魏

骑楼 [ki³¹le³³]

通道两边是民房的短窄小弄，其两边民房在层高一致的前提下，可以对半占用空间建骑楼。建骑楼关键在于承载力的分布。按照"作头师傅"[tsɔ²⁴tʰe³³su⁴⁵xu⁵⁵]建木屋的工匠世代留传下来的说法，叫作"伸一压三"[sūĩ⁴⁵i²⁴ɛ²⁴sān⁴⁵]，即骑楼悬空外伸长度若为1米，里面房屋的长度至少要有3倍才能压住，不致翻扭下坠。

1-10 ◆阳泽

吊楼 [tiau³³le³³]

吊脚楼。木结构房子的阳台伸出下层房面80—120厘米，楼看似悬空吊着，故名。吊脚楼有很多好处，高悬地面既能保持通风干燥，又能防毒蛇、野兽，楼板下还可放杂物。

1-9 ◆西坑

1-12 ◆坤口

石厝 [tɕiɔ⁵⁵tɕʰiɔ³³]

石头建的房子。优点是坚固，防震、防台风性能强，隔热性能好。

泥墙厝 [nae³³tɕiɔŋ³³tɕʰiɔ³³]

土坯房。具有冬暖夏凉的特点。典型的青瓦黄泥厝为三开间，中间为二层挑高的厅堂，两侧各有四小间房，二层为储藏杂物用。

1-13 ◆上屯

1-14◆阳泽

厅厝 [tʰãĩ⁴⁵tɕʰiɔ³³]

传统住宅一进厅的厅堂。地面铺设方形"斗砖"[te³¹tsɯ̄⁴⁵],摆有座椅与茶几,用于待客谈事。厅堂与后面的"后阁"[xe⁵⁵kɔ²⁴],由"太师壁"隔开,壁板两边为无门的通道。

太师壁 [tʰuɛ³³su⁴⁵pia²⁴]

客厅中由四根柱子和隔板组成的屏风式壁板。大户人家的"厅厝"布置讲究,正面中央挂有大幅的画,左右两边通道头顶分别设置摆放神像的神龛与摆放祖宗灵牌的"祖先橱"[tsu³¹siŋ⁴⁵ty³³]。周围雕刻龙凤祥云、如意图案和帝王将相、英雄人物、神话故事等。

1-15◆五石

樵厝枴 [tsʰau³³tɕʰiɔ³³pʰiãŋ⁴⁵]

樵厝即木屋，木屋两边的屋架叫作"厝枴"，由木柱、横枋、榫卯和枋上"骑栋"[ki³¹toŋ³³]_{骑枋短柱}拼构而成。建瓯古民居樵厝的榀架雕饰风格各异，十分精美。

柱磉 [tʰiu⁵⁵soŋ³¹]

柱础。富庶人家用青石雕花，下垫方形厚石板，以增大承重面积，确保上立的房柱防潮和不倾不移。

1-19 ◆大汴地

1-16◆五石

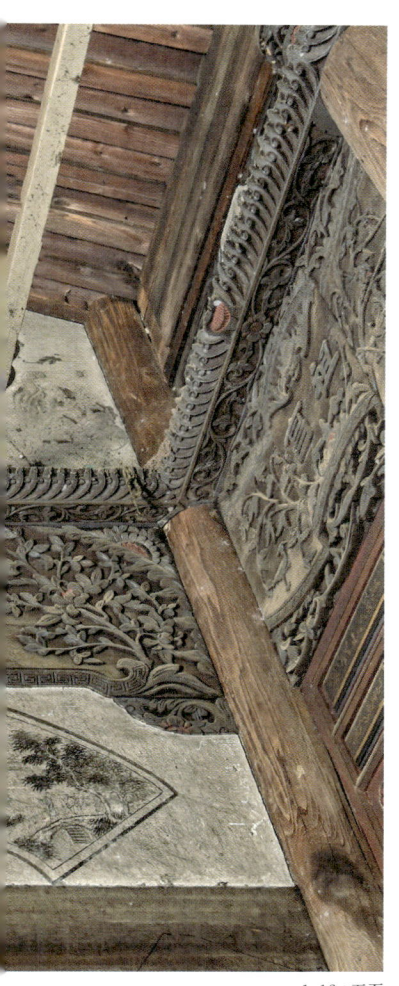

1-17◆上屯

厝架 [tɕʰiɔ³³ka³³]

木头房子的总框架，由若干"厝栟"构成。可安装壁板，隔成单间。

厝柱 [tɕʰiɔ³³tʰiu⁵⁵]

房柱。用杉木制作。

1-18◆党城

1-20 ◆五石

牛腿 [ȵiu³³tʰo³¹]

位于悬挑短梁的下方，是外挑结构，支承来自挂梁的垂直反力。它雕以吉庆有余、五谷丰登、龙凤呈祥、平安如意、松鹤延年、吉祥纹样、神话故事等图案，包括人物、山水、花卉、动物、云纹、如意、竖琴、棋盘、书函、画卷等内容。与整体建筑融为一体，显现绚丽豪华的气派。

插角托樵 [tsʰa²⁴ku²⁴tʰɔ²⁴tsʰau³³]

木雀替。位于房柱与梁枋相交处的构件，自柱内伸出，承托梁枋两头，起到减小梁枋跨度和梁柱相接处重力的作用，并能防止立柱与横梁垂直相交的倾斜变形。建瓯古民居中的雀替形式十分丰富，常见的造型有荷花、葵花、菊花、葡萄、桑葚、鸟雀、祥云等。

1-21 ◆党城

1-22 ◆大甲巷

撑柱 [tsʰãĩ³³tʰiu⁵⁵]

撑拱。由柱子伸出的、支撑挑檐檩或挑檐枋的斜撑构件，支撑起房屋外挑木檐与木檩之间的重力，既可使外挑的屋檐遮风避雨，又可将其重力传导到檐柱，达到稳固的目的。一般雕刻卷草、灵芝、竹、云或鸟兽、戏曲人物等纹样，强化装饰效果。

斗砖 [地下] [te³¹tsũĩ⁴⁵tia⁵³]

中堂地面铺设的方形斗砖。富庶人家在斗砖之下铺以木炭和生石灰，并夯实找平，用以防潮，很是讲究。"地下"合音 [tia⁵³]。

1-23 ◆玉溪

1-24 ◆铁井栏

1-25 ◆孙田

厅厝画压 [tʰãĩ⁴⁵tɕʰiɔ³³uaɛ⁵³ɛ²⁴]

设于中堂两侧木壁上，多为正方形或长方形。四个角钉以设有榫卯的木雕瑞兽，裱以卷轴的大幅字画铺展在壁板平面后，将木横条压入榫卯，用以固定字画。

燕子薮 [iŋ³³tɕiɛ³¹tsʰe³¹]

燕子窝。家燕不大怕人，喜衔泥在人居的"厝檐"[tɕʰiɔ³³sãŋ³³]屋檐下做巢。每年春天燕子归来，都是农家的一件喜事。家里燕子窝多，说明人气旺盛。大人都会教育小孩要爱护燕子，不能破坏燕子窝。孩子们自小与家燕和谐共处，逐渐养成环保意识。处理燕子的粪便当然是令人烦恼的事儿，有人想到在燕子窝下挂一把破旧雨伞，也算是"从源头上治理"的好办法。

火樵堆 [xo³¹tsʰau³³to⁴⁵]

柴火垛。有室外和室内两种。室外大多为湿柴，利于日晒快干。现偏远高山区推广了用鼓风机助燃的省柴灶，大堆的柴火垛也很难见到了。

松明架 [tsœŋ³¹miãŋ³³ka³³]

用横木条与木板制成，用以放置助燃、照明的松柴。

1-28 ◆黄园

1-29 ◆黄园

1-27◆黄园

奉 [xɔŋ⁵⁵]

厨房中放置各种厨具的大木架。上部设有菜橱、碗架等。下部设有放砧板切菜的平台、洗澡房，放置水缸、潲水缸和洗衣槽等，现在多用砖块、水泥砌成一个整体。俗作"槶"。

鼎间 [tiãŋ³¹kãĩ⁴⁵]

厨房。系安置煮食铁锅及其配套设施的专间。内有灶、吃饭用的桌椅、菜橱、油盐酱醋作料罐、炊具、餐具等。

1-26◆岭头

1-30◆巧溪

厝顶背脊 [tɕʰiɔ³³tã̃ĩ³¹po³³tɕia²⁴]

屋脊。南方多雨水，屋顶多设计为"人"字形。屋脊通常只是作为下雨时"落水"[lɔ⁵³ɕy³¹]泄水的分水岭，富绅大户则在上面砌立装饰性砖墙，两端略微翘起，石灰抹面，外绘彩案。

薄砖厝顶 [pɔ⁵³tsũĩ⁴⁵tɕʰiɔ³³tã̃ĩ³¹]

用薄砖铺设的屋顶。大户人家为防范屋顶瓦片被冰雹砸破而漏雨，多采用一种叫作"薄子砖"[pɔ⁵³tɕi³¹tsũĩ⁴⁵]的薄砖来铺设。其方法是："人"字斜面屋顶的"桷子板"[ku²⁴tɕi³¹pã̃ĩ³¹]椽，用杉木锯成厚板，间隔着固定在"桁条"[ã̃ŋ³¹tiau³³]檩上，再铺以薄砖，砖与砖之间的缝隙，用糯米饭、石灰、细沙三者按比例舂捣的"三恰土"[sã̃ŋ⁴⁵ka⁵⁵tʰu³¹]三合土粘填、塞实、抹平。如此厚实稳固的屋顶，不仅雹灾无碍，而且能防强台风、特大暴雨。古粮仓多用。

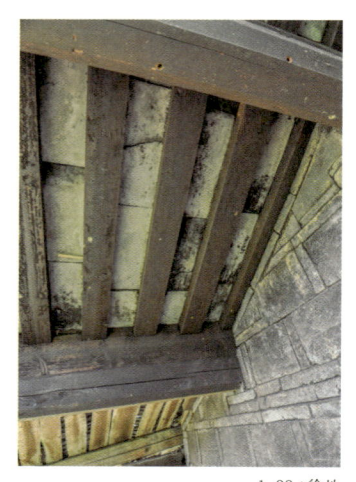

1-32◆徐地

厝瓦顶 [tɕʰiɔ³³ua⁵³tãĩ³¹]

屋顶。最上一层为瓦片与"明瓦"[mẽĩ³¹ua⁵³]。"明瓦"以透明玻璃为材料,既可透光又可挡雨。第二层为"桷子板",用杉木锯成宽窄适当的厚板间隔着固定,用以承托瓦片。第三层为"桁条",用以承托和固定"桷子板"。

1-31 ◆黄园

土瓦 [tʰu³¹ua⁵³]

瓦片。置于传统木屋顶与土墙头,挡雨避晒之用。由黏土制坯晾干,不上釉,入窑烧成。

缸瓦 [kɔŋ⁵³ua⁵³]

琉璃瓦。由黏土制成比"土瓦"宽厚、结实的瓦坯,晾干,施以红色、黄色或绿色的釉,入窑烧硬而成。

1-33 ◆南门

1-34 ◆南门

建瓯 壹·房屋建筑

35

1-37 ◆郭岩山

石墙 [tɕio⁵⁵tɕioŋ³³]

用石料构筑，大多为承重墙。

泥墙 [nae³³tɕioŋ³³]

用夯土方法修筑的墙。以厚木板做模，内填黏土或瓦砾土，层层用木杵夯实筑成，墙体厚度一般为60—90厘米，每高3米墙体略斜收。为增强墙体拉力，杵夯时还会放一些竹片之类的长条，使各堵墙体相互连接。墙头上加盖瓦片起到防水作用，以延长墙体的使用期。

1-36 ◆仓长

砖墙 [tsũĩ⁴⁵tɕioŋ³³]

　　往往以石为基，主体部分用砖块砌筑，单层砖砌筑的为围隔墙，双层及以上砌筑的为承重墙。建瓯的古城墙多为石基砖墙，在古代战争中能起到很好的阻击、防御作用。图1-36为现存最为完整的通仙门城墙，高8.5米，深24米，拱洞宽5米。

三料墙 [sãŋ⁴⁵liau⁵⁵tɕioŋ³³]

　　墙体由三种材料建成：底层用石头砌基，起承重作用；中间层用黄泥土舂筑，密实保暖；最上一层使用方砖垒砌，起防火作用。这种墙体适合于山坡地建筑，经得起风吹雨打。

1-35 ◆党城

1-38 ◆下坑

建瓯　壹·房屋建筑

篾骨泥墙 [miɛ⁵³ko²⁴naɛ³³tɕiɔŋ³³]

　　竹骨编结、泥膏抹面的"假墙"[ka³¹tɕiɔŋ³³]。选用毛竹片编成一块块竹板，将四面固定在木柱与柱枋中间，然后从两面糊上和好的泥巴。有的还在外表再刷上石灰浆以提高屋内亮度和增加美感。只在"厝枡"的小面积空框中使用，起到围隔作用。

1-39◆长溪

瞭望窦 [liau³¹uã ŋ⁵⁵tʰo⁵⁵]

　　墙体瞭望孔。为乡村大户所设，墙体用砖块砌筑，瞭望窦设在院宅二楼外墙上，用以观察、瞭望院外动静。若战乱年代匪临墙下，可抛撒石灰等物，以伤匪徒眼睛，阻止进犯。

1-42◆党城

1-40 ◆小康

马头墙 [ma³¹tʰe³³tɕiɔŋ³³]

风火墙。建瓯风火墙大多为非载重墙，立于"樵厝架"[tsʰau³³tɕʰiɔ³³ka³³]木房架两侧，高于"樵厝架"，既能挡风防火，又起保温隔热作用。墙头两侧皆用砖瓦设置"人"字形墙檐。有两种形制：一是墙体立面当中最高，遮住柴屋瓦顶，其后分左右以"┌""┐"形状随"人"字形瓦顶对称降低；二是墙体立面呈"∩"字形，墙头分左右以"⌒""⌒"形状随"人"字形瓦顶对称降低，此为闽北风火墙特有形制。

1-41 ◆五石

建瓯 壹·房屋建筑

1-43 ◆五石 　　　　　　　　　　1-44 ◆五石

墙头画 [tɕioŋ³³tʰe³³ua⁵³]

　　豪宅砖墙凸立面（而非两侧立面）的装饰画，颜料多用朱砂。图1-43、图1-44分别为五石山庄墙头的藏字"风"画"莫嫌孤叶淡，终久不凋零"与藏字"雨"画"不谢东君意，丹青独立名"。

牌坊式大门 [pae³¹xɔŋ⁴⁵si²⁴tuɛ⁵⁵mɔŋ³³]

　　朝廷下"圣旨"给有功名的人家修建的大门。门面多呈"一"字形，重檐斗拱，两侧为坎墙，雕有花卉图案。

1-45 ◆玉溪

厅厦大门 [tʰãĩ⁴⁵tɕʰiɔ³³tuɛ⁵⁵mɔŋ³³]

出入厅堂的大门。形制不等，高、宽、厚度略有不同。门扇一般为左右对开。从内闭合后，用木制门闩闩住。门内1.5米左右处通常有一固定屏风，起挡风遮视作用，从门外看不到屋内动静，有利于保护隐私。

1-46 ◆川石

八字门 [pae²⁴tɕi⁵⁵mɔŋ³³]

往院内收进一定距离，两旁分别往外斜出，呈"八"字形状的大门。这是一种较为讲究和气派的门，一般见于大户人家。图1-47为凤岗别墅大门。

1-47 ◆铁井栏

1-52 ◆党城

1-53 ◆钟楼

门闩 [mɔŋ³³tsʰɔŋ³³]

又名"门杠"[mɔŋ³³kɔŋ³³]。有大小两种：大的用于大门，用木棍横穿固定于大门两侧的铁环上（见图 1-52）；小的用于小门，用木条做插销（见图 1-53）。

斜门 [tɕʰia³³mɔŋ³³]

如果大门被认为朝向不利，重修又劳民伤财，人们便想出了在原有大门外方或内方另建一朝向有利的门框的妙招，这样的新门框即斜门。

八角门 [pae²⁴ku²⁴mɔŋ³³]

呈八角形状的大门。常设于分隔院子的墙壁上，直径较大，利于通行。"八"[pae²⁴]与"发"[xuae²⁴]谐音，有发财之义。

1-48 ◆可建

1-49 ◆党城

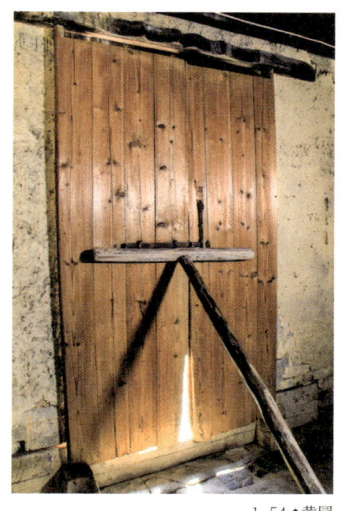

1-54 ◆黄园

1-50 ◆铁井栏

门拄 [mɔŋ³³tiu³¹]

由两根木材通过榫卯镶嵌而成的"丁"字形支架。用于左右合扇式宽门闭合后的拄抵。

店门板 [tãŋ³³mɔŋ³³pãĩ³¹]

可拆卸的店门。以前临街用作商铺的房屋，一层的门面由一排门板拼装而成，白天做买卖时可以全部卸下来，夜晚安上以后就成为一道木墙。

矮门子 [ae³¹mɔŋ³³tɕie³¹]

20世纪五六十年代，农户多在家门口放养鸡鸭，为了阻拦鸡鸭入内，就在大门外安装这种小门，高度一般在1米左右，不仅可防止鸡鸭入宅，还利于通风与采光。

狗窦 [e³¹tʰo⁵⁵]

狗洞。设于房内墙壁的贴地处，利于家犬随时出入和伸头窥探户外动静，遇窃贼即可发声警告或出洞扑咬。

1-51 ◆洽历

1-55 ◆黄园

建瓯

壹·房屋建筑

43

1-59◆大甲巷

天窗 [tʰiŋ⁴⁵tʰœŋ⁴⁵]

设于屋顶，由透光玻璃与窗框构成，有固定的与"半活动"[pũĩ³³xua²⁴toŋ⁵³]的两种。"半活动"的窗框一边用木轴或金属合页固定在屋顶预留的空框上，晴天可撑开为斜面，利于浊气散发和新鲜空气进入。

门当户对 [mɔŋ³³tɔŋ⁴⁵xu⁵⁵to³³]

大户、有功名的人家和祠堂、庙宇才设立。"门当"的上半部分为石鼓，下半部分为"石不"[tɕio⁵⁵tɔŋ³¹]石墩，一圆一方，或认为分别代表文官与武将，文官讲究迂回含蓄，武将做派勇猛刚直，倒也贴切。"户对"有2个和4个之分，体现等级之别。旧社会结亲讲究门当户对，新社会自由恋爱，双方的条件通常也大致相当。建瓯话还有一个戏谑的说法："花对花，柳对柳，粪斗配扫帚。"

挂窗 [kua³³tʰœŋ⁴⁵]

设在房间门的上半段，由内外两部分组成。外为细木条交错拼构和雕有图案的整块窗格，起采光、通风和透视作用。内为两扇可开启闭合的对称短门板，冬天可闭合，以阻隔冷风寒气入房；夏天可开启，以通风透气。

1-56◆南门

1-58◆党城

猫稚檐 [miau³³tɕi²⁴sãŋ³³]

有的木头房子在厨房的屋顶斜面盖建一个不用玻璃采光挡雨的固定小屋顶，既能排烟、通风，又能挡雨、补光。乍看外形，像一只"猫稚"[miau³³tɕi²⁴]猫蹲于厨房顶，也便于厨房门窗关闭后，猫从此处进出捕鼠，故名。

1-60◆大甲巷

窗门子 [tʰœŋ⁴⁵mɔŋ³³tɕiɛ³¹]

窗户。建瓯传统建筑物的窗门子，以用材论，多为木料，且无玻璃、用纸糊，也有用石、砖、瓦为料的；以形状论，有矩形窗、扇形窗、圆月窗、月牙窗；以所处位置论，有墙窗、壁窗、门窗和设于屋顶的透光遮雨玻璃天窗。

1-57◆党城

建瓯 壹·房屋建筑

1-62◆洋屯

厝坪 [tɕʰiɔ³³piãŋ³³]

  庭院里的空坪，院坪。建在院坪上的房屋叫"厝坪厝"[tɕʰiɔ³³piãŋ³³tɕʰiɔ³³]，房前的院坪叫"前门坪"[tɕʰiŋ³³mɔŋ³³piãŋ³³]，房后的院坪叫"后门坪"[xe⁵⁵mɔŋ³³piãŋ³³]。"前门坪"大多用来种植花木，"后门坪"一般搭盖简易"厝坪厝"，用来放置器具或放养鸡鸭。

天井 [tʰiŋ⁴⁵tsãŋ³¹]

  四榴以上宅院中房屋之间或房屋和围墙所围成的露天空地，一般被多进房屋内前后正中和两边的厢房包围，地面用青砖或石板铺就，设有暗沟将雨水排向宅外。有的暗沟内养有乌龟，利用乌龟会爬行搅稀积泥的作用，利于疏通畅排。

1-61◆川石

1-63 ◆阳泽

下廊间 [a⁵³loŋ³³kãĩ⁴⁵]

位于天井两侧的房间，屋顶比中堂及其两侧厅房低矮。旧时用于用人居住，以便住在厅房的主人使唤。

厅前屏风 [tʰãĩ⁴⁵tɕʰiŋ³³pẽĩ³¹xɔŋ⁴⁵]

照壁。建瓯盖房讲究风水，讲究"气顺"[kʰi³³sœŋ⁵⁵]空气流通顺畅与避免"气冲"[kʰi³³tsʰœŋ⁴⁵]空气阻滞。民间便在房屋大门内1—2米处的"厅厝"前面设置一道"一"字形的固定屏风，既可保持内外"气顺"，又可起到挡风与保护隐私的隔离作用。

1-64 ◆阳泽

建瓯　壹·房屋建筑

47

1-65 ◆仓长路

楼阶 [le³³ko⁴⁵]

　　固定的木楼梯。与梯子区别有三：一是固定，而非梯子那样可以搬移；二是每层踏步仅12—15厘米，而非梯子那样可达20—30厘米；三是踏步为平板，可落整个脚掌，而非梯子那样仅"脚掌凹"可踩蹬。"楼阶"的阶数为双数，寓意夫妻生活和谐、白头偕老、子嗣绵长。

跶阶 [kuɛ⁵³ko⁴⁵]

　　梯子。阶数一般为单数。竹梯叫作"竹跶阶" [ty²⁴kuɛ⁵³ko⁴⁵]，木梯叫作"樵跶阶" [tsʰau³³kuɛ⁵³ko⁴⁵]。

1-66 ◆黄园

1-67◆黄园

竹园枅 [ty²⁴xũĩ³³pʰiaŋ⁴⁵]

  竹篱笆。为住房、果园或菜园的外围护栅，用木桩或竹桩与竹片或竹子结成。

樵园枅 [tsʰau³³xũĩ³³pʰiaŋ⁴⁵]

  木篱笆。用木桩或竹桩与木条结成。

1-68◆黄园

乡里 [ɕiɔŋ⁴⁵li³¹]

  大小村庄统称乡里。为村民聚居地，内有小街巷将其划分为若干个小区域。有的乡里外围垒有围墙，还在村头、村尾设炮楼，以防匪患。大多乡里建庙，大小不等，供奉神灵，或佛或道或地方神祇。有的乡里栽植成片的"风水林"[xɔŋ⁴⁵ɕy³¹lāŋ³³]（见图6-70），谚谣曰"村有风水林，人丁畜禽旺"。

1-69 ◆铁井栏

巷 [xɔŋ⁵⁵]

胡同，比街小。设于城镇与乡镇所在地的，叫"巷"（见图1-69）；设于自治村与自然村的，叫"弄子"[lɔŋ⁵⁵tɕiɛ³¹]（见图1-70）。宽的为3—4米，窄的仅1米。过去，地面多用鹅卵石或石板铺设，现在大多改铺水泥路面。

1-71 ◆吴地

1-70 ◆大汴地

二 其他建筑

1-74 ◆党城

豨橱 [kʰy³¹ty³¹]

　　猪圈。家庭非规模化"饲豨"[si⁵⁵kʰy³¹]喂猪的场所。一般建在住宅的墙外，为简易搭盖，能圈住生猪即可。每户喂养1—3头猪，喂的是熟潲食。猪的屎尿为上等农家肥，农户一日一理。现在实行规模化饲养，猪吃工厂化生产的饲料，家庭猪圈很少见了。

牛栏 [ȵiu³³lũĩ³³]

　　牛圈。一般设在村头或村尾，用粗原木搭设，有适当走动的场地与空间。上有顶棚遮阳挡雨，周围有栅栏，至少为三横档，以牛不会自行跨栏外出走失即可。牛主人要调教牛在一定区域内屙屎排尿，两三天清理粪便一次。

1-76 ◆豪栋

1-75◆大庙

石潲盆 [tɕio⁵⁵sau³³poŋ³¹]

喂猪用的石头扁盆。用于承装煮过的"潲水"[sau³³ɕy³¹]泔水，坚固耐用。

1-77◆奖口

羊舍 [ioŋ³³ɕia³³]

羊圈。一般设在距离人聚居区有一定距离的地方，上有顶棚遮阳挡雨，周有栅栏通风、防走失，下用木条或竹条间隔着铺设，可下漏羊尿与粒状羊屎。

东司 [toŋ⁴⁵su⁴⁵]

在建瓯，"厕所"一词随语言文化历史的发展，变化很多，最早因规避太阳西照、臭气蒸腾而建在住宅东面，叫"东司"；后来叫茅坑、茅厕、厕所；现在功能增多了，叫卫生间、盥洗间和洗手间的都有。但凡叫"间"之前，都是简易搭建，无自来水冲刷；下为粪缸或粪槽通向粪池，上为蹲位，最上层是茅棚顶或瓦顶。

窖楦 [kau³³xuã³³]

贮存粪便的盛具，同时也兼具厕所功能。有利于粪便发酵后变稀，用于浇施庄稼。窖楦放在"东司"地面，用杉木制成上大下小的环状圆台形，高约1.5米，外用生长期三年以上的老竹劈成的篾条箍紧，楦顶横放两块厚板，作为出恭的蹲位；楦旁斜架简易木梯，供人上下楦顶。用竹篾而不用铁线箍，是因为铁线易受粪便"咸味"锈蚀，不耐用，会"爆楦"[pau³³xuã³³]膨胀爆裂而散板、溢泻。

1-72◆温洋

1-73◆温洋

建瓯 壹·房屋建筑

53

鸡橱 [kae⁴⁵ty³¹]

　　鸡窝。系家庭非规模化养鸡的场所。设在住宅墙外的，搭盖简易；设在住宅内的，为笼屉式。鸡的渐食为秕谷、米糠和剩饭剩菜。家养的鸡并非成天关着，有一定的自由度和活动空间。

1-78 ◆西坑

粮仓 [liɔŋ³³tsʰɔŋ⁴⁵]

　　稻谷仓。现存公有制的大多是在新中国成立初期，利用祠堂、会馆、庙宇改建而成。这类仓库陈旧，防潮、防热和密闭性能较差。建瓯的粮仓主要有民房仓、简易仓、圆形仓、拱形仓等几种类型。图1-79为圆形仓。

1-81◆磨房前

水井 [çy³¹tsãŋ³¹]

公井位于街头巷尾，供公众使用；私井掘于屋内宅中，为东家独享。深井一般掘为圆形，井壁用砖石砌筑，井栏用巨石雕镂为圆环状，高度为 90—120 厘米。有的井栏内还铺有石板，板面凿出小圆孔，只容纳打水吊桶的进出升降，防范有人跌落或跳井寻短。地面有"泉水窟"[tsūī³³çy³¹kʰo²⁴]泉眼的地方，设为浅井，四周围砌砖石。图 1-81 为内有石雕圆形井沿、外设八角形围栏的"艮泉井"，百姓通称八卦井、文公井，由宋代理学家朱熹测造。

酒窖 [tçiu³¹kau³³]

将山体劈出一个立面，向内再掏挖出一个拱洞，外设可开可闭的门，用于安放贮存酒的陶罐。洞内空气的湿度与温度非常有利于酒类功能菌的繁殖，促进酒液的醇化与老熟。

1-79◆北坪

1-80◆东门

建瓯 壹·房屋建筑

1-83 ◆玉山

亭子 [tãĩ³¹tɕiɛ³¹]

多建于村头、驿道、公园、景观优雅处或溪河桥面上，供人们避暑乘凉、躲雨歇脚、闲聊打牌。形制多样，有圆形、四角形、六角形、八角形、长廊形、回廊形等。亭柱之间嵌以厚板供坐。图1-83为重檐歇山式"八角亭"[pae²⁴ku²⁴tãĩ³¹]，酷似八角楼。

尚书井 [ɕioŋ⁵⁵ɕy⁴⁵tsãŋ³¹]

由井台、井栏和井壁三部分组成。井台为正方形。井栏为圆环形，井栏0.7米深处有一平台，被平分为四等分，每一等分内有一圆形取水孔；井栏用整块花岗石雕凿而成，外壁用楷书阴刻"康熙……"等字样；井壁由长条形方砖垒砌而成。该井建造风格独特，在福建省罕见。相传最初由明代建瓯籍在朝廷任吏部尚书的李默出资所凿，故名尚书井。护栏原为铁制，尚书井所在路名"铁井栏"[tʰiɛ²⁴tsãŋ³¹lũĩ³³]便由此而来。铁护栏锈蚀后，李默的清代后人出资改为环形石栏。

1-82 ◆铁井栏

1-85◆郭源

凉亭 [liɔŋ³³tãĩ³¹]

大多建于村头或村中，设有固定厚板座凳，供村民歇凉、聊天、交流信息。

桥亭 [kiau³³tãĩ³¹]

建在"厝桥" [tɕʰiɔ³³kiau³³] 廊桥（见图1-89）桥面上供路人避风躲雨、消暑纳凉的建筑。两侧设有厚板长凳，便于人们歇坐与倚靠。南宋时期，建瓯市区为建宁府治所，系闽境省会城市，环城内河穿行于36条棋盘街、72条经纬巷，建有7座桥，每座桥上均有桥亭，亭顶有硬山式、悬山式、攒尖式、庑殿式、卷棚式、单檐歇山式和重檐歇山式等多种形制。

1-84◆慈口

1-86◆北辛街

牌楼 [pae³¹le³³]

  以强化突出其标志为目的的建筑,主要功能是标识引导、装饰美化。建瓯宋代为八闽首府,牌楼不少,两柱一"弄"[loŋ⁵⁵]供车来人往的通道形制的居多,其柱与梁,用石材或木料构建,皆有较宽大的斜翘屋顶外伸,或单檐歇山式,或重檐歇山式。现存牌楼上依稀的龙、凤、狮、虎、豹、鹿、马、鹤、龟、鹊、燕、鱼、梅、兰、竹、松和牡丹、荷花、水仙、木芙蓉等图案,生动地寄寓了祥瑞吉泰的祈愿,展示着昔日的民俗风情。

1-87 ◆川石

窑 [iau³³]

建瓯的窑，以烧造器物论，分为两类：一是"圬窑"[xo³³iau³³]烧造陶瓷的窑（见图1-87）；二是砖瓦窑（见图1-88）。圬窑中有古代官府设立、专门烧造上贡朝廷和供给文士"斗茶"与茶人"茗战"所用最佳茶具——建州盏的建州窑（史上简称"建窑"）。以是否不歇火、可轮换窑口持续烧火论，分为单口窑与轮窑（也叫"龙窑"）。过去，烧窑的燃料皆为"火樵"[xo³¹tsʰau³³]柴火与"野子"[ia⁵³tɕie³¹]野生幼树枝、小径竹枝、芦苇等，现在改用煤炭或电力。

1-88 ◆铜场

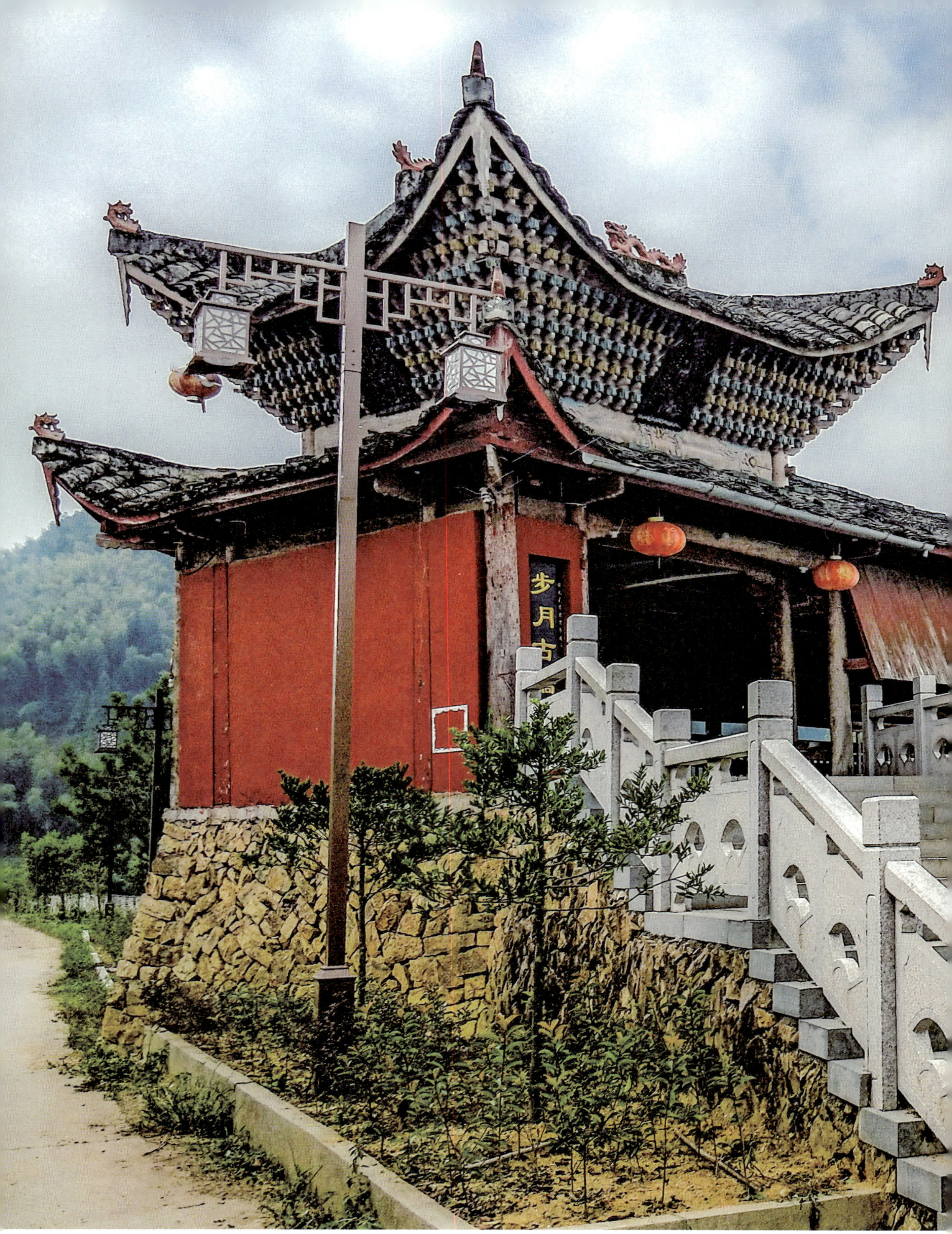

步月古

伸臂樵梁厝桥 [suĩ⁵³piʰ²⁴tsʰau³³liɔŋ³³tɕʰiɔ³³kiau³³]

　　伸臂木梁结构廊桥。建瓯的廊桥结构奇妙，所建伸臂木梁不用一钉一铆，全靠杉木上下交错咬合。迪口镇值庆桥为我国现存最早（明弘治三年，即 1490 年）有确切纪年的廊桥，吉阳镇步月桥（见图 1-89、图 8-54）系闽北现存最长、墩孔间净跨度最大的廊桥。桥面铺以干泥沙，再铺斗砖或鹅卵石。"廊厝"[lɔŋ³³tɕʰiɔ³³] 桥面上的长廊式房屋设有厚板长凳，供路人避风躲雨、消暑纳凉，有的设有佛龛，塑有神像，供乡间闾里点香膜拜。瓦顶多为单檐歇山式，少数为重檐歇山式。

1-89 ◆ 玉溪

1-90◆党城

水笕 [ɕy³¹ãĩ³¹]

设于屋顶斜面的边沿下方，用于承接雨水，连接"水笕筒"[ɕy³¹ãĩ³¹toŋ³³]落水管通向天井或排水沟，大多用大毛竹对半剖开制作，并用铁铲凿除竹节。有的则使用铁皮打制。

鼓楼 [ku³¹le³³]

古称"五凤楼"[ŋu⁵³xɔŋ⁴⁵le³³],后因在其上置鼓报更,称为鼓楼。位于老城区中轴线人民路,为地标性建筑。其前身是公元196年汉末建安立县时修建的"子城"南门,后晋天福八年(943年),闽主王审知之子王延政在建州称帝时在其遗址上兴建"五凤楼",借以显示其"五凤翘翼,风云集瑞"的帝王气象。该楼共有三个大门道拱洞,原来专供皇帝、文武官员和宗室王公出入之用,如今车流人流、南来北往。凤,声调特殊,这里读同"风"。

1-91◆人民路

1-92 ◆巧溪

炮楼 [pʰau³³le³³]

旧时在战乱年代由富庶村庄修建,下为通道,上设瞭望与瞄射设施。大的村设3座,其中1座设在村中央;中小村庄在村头与村尾各设1座。

古寨门 [ku³¹tsae⁵⁵mɔŋ³³]

历史上,建瓯先后为闽境、闽北的政治、经济、文化中心,官员赴任,学子赶考,商贾、邮差、行人往来络绎不绝,故而古道四通八达。古时,为防匪患,古道隘口处多设卡,古寨门即为防守卡口。千百年来,古道有的仍在发挥作用,有的已废弃,但寨门犹存,拨开层层落叶,仍可见光洁的鹅卵石路面和石阶,荣光重现。

1-93 ◆ 曹岩

水陂 [ɕy³¹puɛ³³]

一种低坝。没有调储功能，其作用是提高河道的水位，改变部分水流流向，用于灌溉、河道取水等。其中有一种叫作"鱼鳞陂"[ŋy³³sãi³³puɛ³³]（见图1-94），由几排鱼鳞状的半圆形构筑物梯级布设成陂体，其好处是可以沉淀洪水挟带的泥沙，避免其直接冲刷护岸。

1-94 ◆李园

三 建筑活动

1-99 ◆北涎

开厝封顶 [xuɛ⁴⁵tɕʰio³³xɔŋ⁴⁵tãĩ³¹]

建房封顶。不论是用木材建庙，还是建现代水泥房，凡规模较大的都有封顶仪式。修建木头庙宇的，待屋顶檩木与桷板工序完成，就在庙坪的泥地上，插点香烛，燃放鞭炮，并从房顶垂挂红布黄字的祝贺竖幅。

舂泥墙 [tsʰœn⁴⁵nae³³tɕiɔŋ³³]

筑土墙。泥墙的基础深入地面，挖成条沟状，用石块、鹅卵石或砖块构筑，高于地面。然后在砖石基础的平面上，安上由榫卯拼构、可装可拆的木制"簏闶" [lu²⁴kʰɔŋ³³]。每倒上一簸箕泥土，就用一端为方头、一端为圆头的舂杵舂实，层层加高，达到所要高度后，用砖块和瓦片盖住墙头，防止因雨水冲刷而崩缺倒塌。

1-95 ◆边溪

中国语言文化典藏

1-97 ◆北津

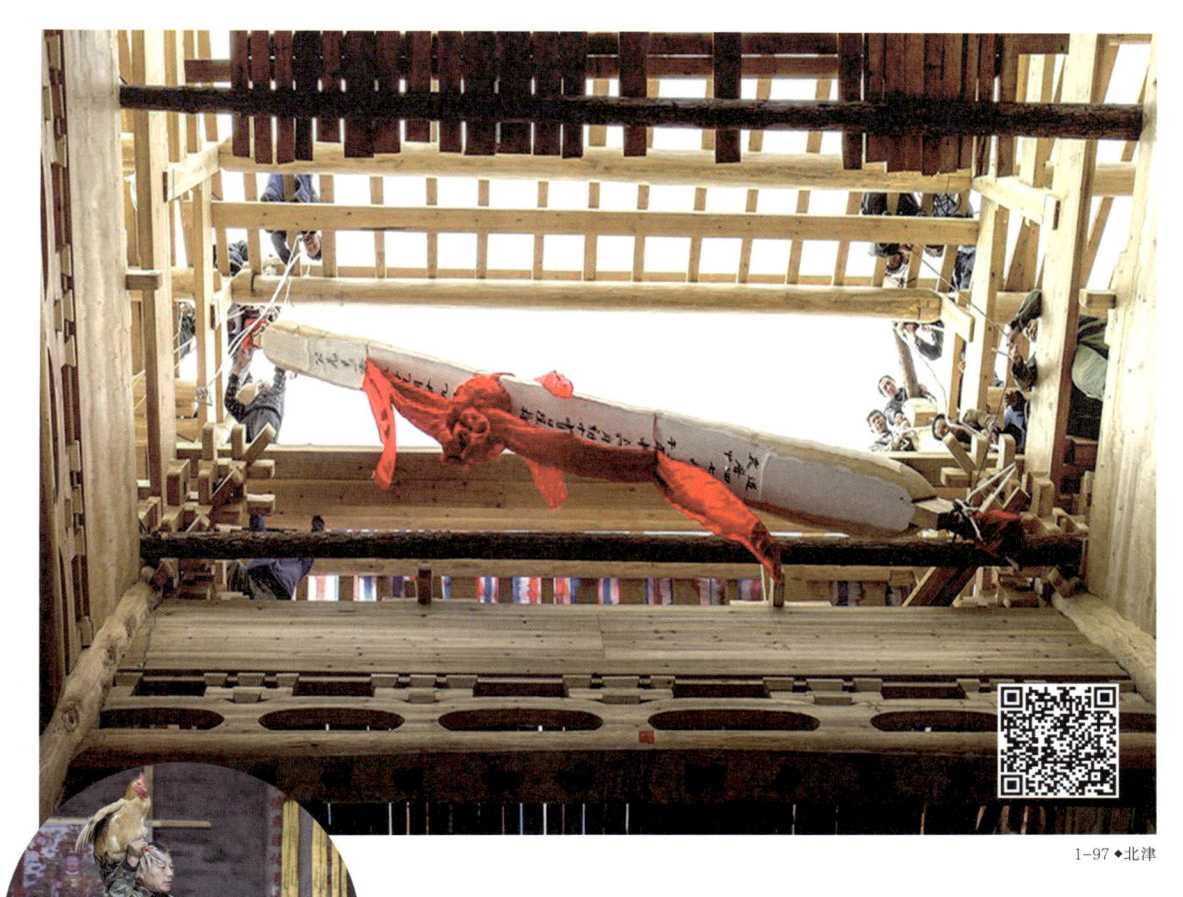

扶枰上梁 [pʰy³³pʰiã⁴⁵ioŋ⁵³lioŋ³³]

　　建木屋撑架升梁。木屋落成时，先用竹篙将两楹分别撑立，再升梁穿入两楹主柱的卯孔，以固定屋架。随后东家点放鞭炮，引来四邻八舍观看，木匠师傅在梁上向人群扔投包子，以谢邻居捧场。升梁前还要用公鸡举行祭梁的仪式。

1-98 ◆北津

砌护礐 [tɕʰi³³xu⁵⁵kʰɔŋ³³]

　　砌筑石料边坡。在开山筑路中，路基往往一边高、一边低，这就要用大块乱毛石砌筑路基边坡，再填土夯实整平路面。

1-96 ◆东门

建瓯　壹·房屋建筑

69

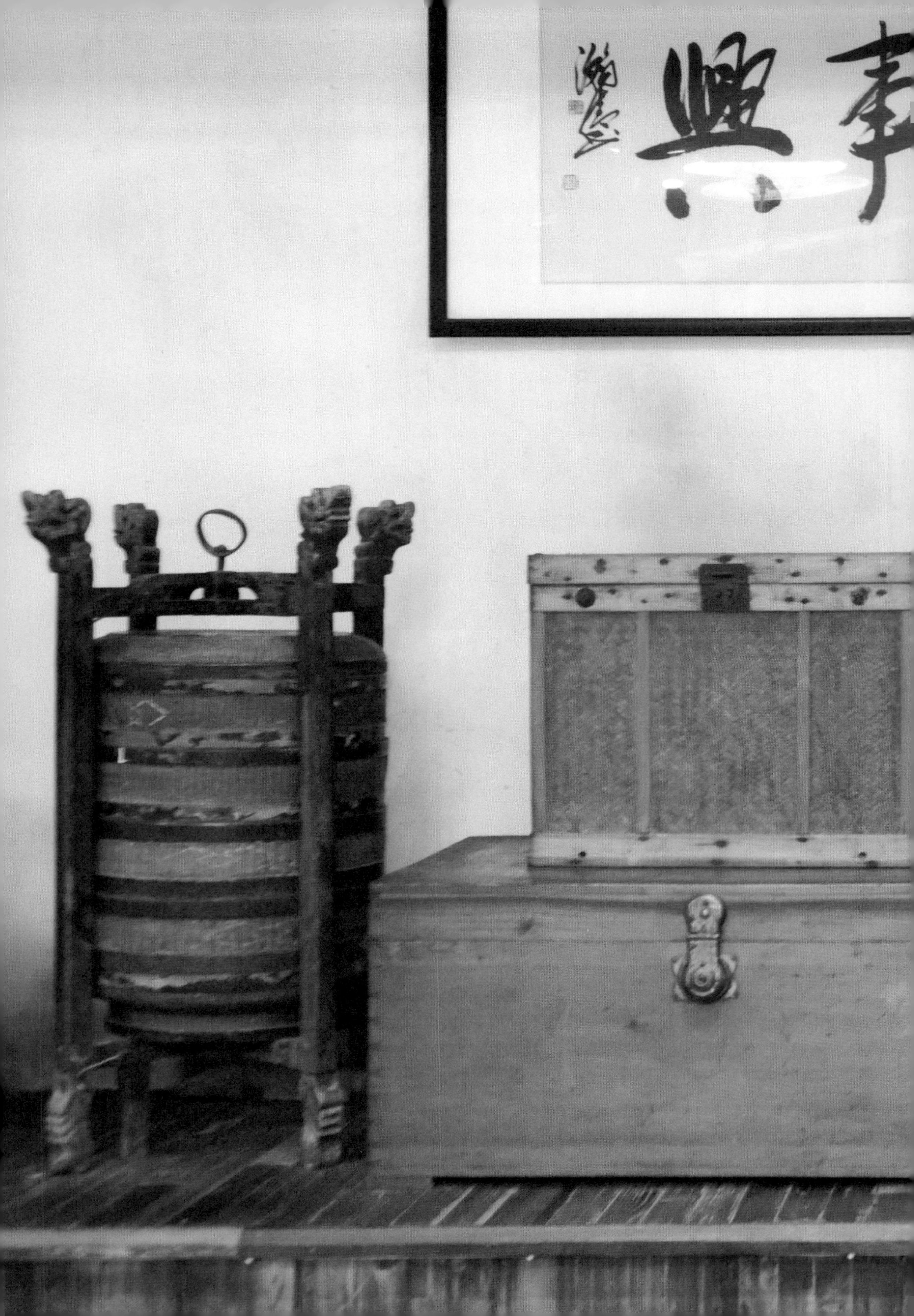

贰·日常用具

建瓯是南方集体林区产材大县，盛产杉木，史称"建木"[kuĩ³³mu⁵³]；竹材产量也排在全国首批10个"中国竹子之乡"首位。因而在21世纪之前，寻常百姓的卧具、坐具、储具和炊具等日常用具，以竹、木为原料的居多。富庶之家的制作精美、色彩丰富，工匠的智慧和技艺体现在细枝末节中；普通家庭的，则造型加工简单，且不刷漆，保持原色。

稻秆、麦秆和芦苇花茎等也被用来加工成各种用具，例如"芒笙扫帚"[mɔŋ³¹sāŋ⁴⁵se³³tɕiu³¹]毛扫帚、"麦禾扇"[ma⁵³o³¹siŋ³³]麦秆扇和垫在草席下用于蓄温的"荐"[tsɔŋ³¹]草垫等。

20世纪八九十年代，建瓯用"山枣樵"[suĩ⁴⁵tsau³¹tsʰau³³]酸枣木原木锯段制成的碗、碟、盘等餐具，用生漆刷涂，符合生态环保要求，大量免检出口，吸引了周边3省21县同类企业加盟，后因原料枯竭而日渐衰微、停产。进入21世纪，竹胶板兴起，有企业研发出用竹胶板块制作的碟、盘和座椅等，很是新颖，赶时髦者多爱购用，但因价高而未形成市场规模。

百姓居家的坛坛罐罐和酒坊、酱坊的缸、埕等贮具，因建瓯红黄黏土多，且施釉的"白蟮泥"[pa⁵⁵sūĩ⁵⁵nae³³]高岭土储量丰富，因而传统"烧垌业"[tɕʰiau⁴⁵xo³³ŋiɛ⁵³]烧制陶瓷业兴旺，当地多产陶器、瓷器。

　　捣碎食物的舂臼、石磨等用具，也取当地石材凿制。锡制烛台、酒壶和铁制刀、斧、凿以及铜制"面盆"[miŋ⁵⁵poŋ³¹]脸盆、"暖锅"[nɔŋ³¹ua⁴⁵]火锅等金属用具，则由设坊开铺的专业技匠打制。

　　随着工业化、现代化、电气化的到来，越来越多的手工制品被规模化批量制售的塑料制品、不锈钢制品、电气产品所取代，人们对那些沿用多年的竹木器具，不再更新，有的则废弃或当柴烧了。由此，手艺人逐步失去了施艺市场，中青年的转行，老年的彻底失业了。现在，除桌椅等竹木用具还用得较多外，一些老式的常用器具已难觅踪影。

建瓯　贰·日常用具

73

一、炊具

2-1 ◆ 黄历

灶 [tsau³³]

形制不等，有一个灶膛配一口、两口甚至三口"鼎"[tiãŋ³¹]锅的，根据需求设立。前锅用来煮饭菜，后锅利用前锅灶膛后延的热量来烧热水。有个谜语说的是"鼎腹"[tiãŋ³¹pu²⁴]灶膛烧火的状况：上边"乌天"[u⁴⁵tʰiŋ⁴⁵]黑天，下边红霞，"掇起"[tɔ³¹kʰi³¹]拿起"牙箸"[ŋa³³ty⁵⁵]火钳，吹起"喇叭"[la³¹pa³³]吹火筒。灶台叫"灶领头"[tsau³³liãŋ⁵³tʰe³³]。

鼎 [tiãŋ³¹]

铁锅，烹饪食物的传统厨具。有生铁锅和熟铁锅之分：前者选用灰口铁熔化并用模型浇铸制成；后者用黑铁锻压或手工捶打制成，锅坯薄，传热快。图2-4为人工用手掌翻炒茶青的斜立式生铁锅。

2-4 ◆ 南门

2-5 ◆邱园

炉缸 [lu³³kɔŋ⁵³]

用铁皮卷成的圆环形活动灶座。多见于乡村婚丧宴席和庙会，其优点是轻便、易搬动，不用时可集中存放。

鼎腹门 [tiãŋ³¹pu²⁴mɔŋ³³]

灶膛口。有的设铁皮门，以掌控空气进入的多寡和火苗的旺弱。

烟囱口 [iŋ⁴⁵tsʰɔŋ⁴⁵kʰe³¹]

烤柴孔。灶台上除了有个竖直烟囱通到屋顶上，还有个开于灶侧、上连烟囱的口，专用于烘烤湿柴与熏制香肠、腊肉等。

2-2 ◆黄园

2-3 ◆黄园

建瓯 貳·日常用具

2-10 ◆黄园

火筒 [xo³¹toŋ³³]

吹火筒。用于灶膛烧火时用嘴吹入空气助燃。苦竹节间距离大的有 35 厘米以上，竹筒内径一般在 3—5 厘米左右，大小适中，是制作吹火筒的好材料。

2-12 ◆黄园

火钳 [xo³¹kʰiŋ³³]

夹移柴火和木炭的铁制用具。有个谜语形象地道出了火钳的特点："两老嬷" [ȵioŋ⁵³se⁵⁵ma³¹] 夫妻俩共只腰，一头"清" [tsʰēi³³] 冷来一头"烧" [tɕʰiau⁴⁵] 热。

煮茶炉 [tɕy³¹ta³³lu³³]

设置为上下两部分，上部分为煮茶金属锅，下部分为木炭炉，并有添炭、通风与扒灰三个开口。

2-6 ◆福宁

2-7 ◆七里街

暖锅 [noŋ³¹ua⁴⁵]

火锅。外壳由金属或陶瓷制成，中央底部有煤油炉或炭火炉，使锅中的汤沸腾，以便涮煮菜肴。

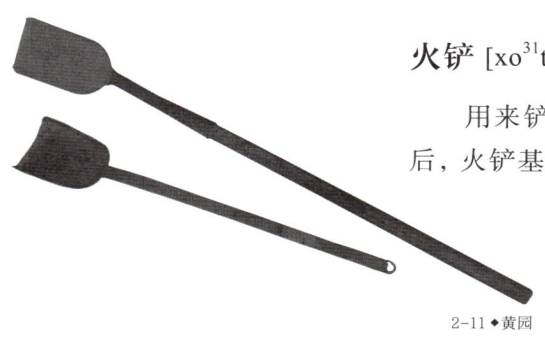

火铲 [xo³¹tsʰũĩ³¹]

用来铲移灶膛里炭火和灶灰的工具。城市改用燃气之后，火铲基本消失，但农村大部分农家还在使用。

2-11 ◆黄园

笼床 [lɔŋ³³tsʰɔŋ³³]

蒸笼。用当地一种可层层削剥成薄片的"卷杉"[kũĩ³¹sãŋ⁴⁵]柳杉的木材弯卷成圆环套合而成，通常有2—4层，层层套叠，用以烹蒸年糕或碗装菜肴，每层底部都用竹条做箅子和用杉木条做横档抬手。此外，最底部还有一个"落汤层"[lɔ⁵³tʰɔŋ⁴⁵tsãĩ³¹]，置于锅底水中，用以防止烧开沸腾的水涌入底层，并承载套叠的蒸笼各层。顶部还有一个笼床盖。最适用于蒸包子、馒头。现在柳杉已近枯竭，没法制作这种材质的蒸笼了，代之以现代工厂生产的金属蒸笼，但论保温性能还是柳杉制作的更好。

饭甑 [pũĩ⁵⁵tsãĩ³³]

蒸饭的木桶。用杉木按照所蒸米饭容量的多少，劈、刨成长短一致的"甑北"[tsãĩ³³pɛ²⁴]桶板。每片"甑北"上端略宽、下端略窄。板与板之间用竹钉拼连，外围用竹篾或铁线箍紧，两侧有提耳，便于端持。甑内底部略高处设一圆锥状竹箅或平面木箅，用以盛装米饭，以利甑体放入锅内加木盖蒸饭时，水蒸气上升，沸水却不漫入米饭。

2-8 ◆房村

2-9 ◆大庙

建瓯 贰·日常用具

77

2-17 ◆敷锡

2-18 ◆潭上

竹水管 [ty²⁴ɕy³¹kɔŋ³¹]

厨房里有柄的竹制舀水瓢具。选用一年生的"厚肉"[ke⁵³ny⁵³]厚实的竹壁大毛竹做舀水部分，安上杉木柄即成。现在城区已不多见，大都用塑料水瓢了。

水桶 [ɕy³¹tʰɔŋ³¹]

用来挑水或装水的盛具。用杉木劈、刨成长短适当的"桶北＝"[tʰɔŋ³¹pɛ²⁴]桶板，桶板上端略宽、下端略窄。桶板之间用竹钉拼连，外围用竹篾或铁线箍紧，桶底安有嵌板。提梁为弧形。

笊篱 [tsau³³li³³]

捞饭、捞粉条和面条的竹制器具。由一个下凹的椭圆形圆盘和一个手柄组成。选用竹龄三年以上毛竹制作。大笊篱一次可捞三五斤米饭，小笊篱是粉面店用来捞粉条和面条。笊篱柄端的捞盘，由若干枝粗篾做骨杆和纵向二枝骨杆篾及篾线编织，并螺旋式锁边。有个谜语形象地道出了笊篱的特征：一"茎"[ãŋ³¹]根竹子搭只庙，成帮长老来屙尿。

勾桶 [ke⁴⁵tʰɔŋ³¹]

提水用的小水桶，桶板中有一块向上延伸并带有钩形的提手。一般采用杉木制成，自重不大。

2-13 ◆阳泽

2-14 ◆敷锡

2-19◆漈上

奉筅 [xɔŋ⁵⁵tʰiŋ³¹]

用来刷洗灶锅的竹制炊帚。有个关于它的谜语:"滚囵"[kɔŋ³¹lɔŋ³¹]圆环一圈"香篾□"[ɕiɔŋ⁴⁵miɛ⁵³tʰi²⁴]香燃尽后剩下的竹签子,菩萨面前"怀"[ẽi⁵⁵]不作揖,"泊住"[pɔ⁵⁵tiu⁵⁵]紧贴"鼎壁"[tiãŋ³¹pia²⁴]锅沿转几圈,放下覆住来"目睭"[mi⁵³tɕi²⁴]睡觉。

2-20◆东溪

饼模 [piãŋ³¹mu³³]

制作糕饼的模具,多用硬木雕制。内刻菊花和"囍""吉祥如意"等图案、文字。制作糕点时,先在底部和四周刷上一层食用油,再将拌料后的米粉或面粉,装入其中,按平,倒出,置于平底铁锅烤熟。

吊桶 [tiau³³tʰɔŋ³¹]

用于从井中汲水的小桶。以前没有自来水,多使用稻草编成的绳子系在桶梁上,放入井中打水。

水楦 [ɕy³¹xuãŋ³³]

用来装水、做豆腐的大木桶。

2-15◆坪林

2-16◆黄园

2-23 ◆东溪

擂钵 [lo³³puɛ²⁴]

陶土烧制的硬陶具。钵壁有弯弧痕，为焙烧前刻留。用于木本草药根磨取药粉。

2-24 ◆管葡

垍碗 [xo³³ũĩ³¹]

由黏土烧制而成、内外壁施釉的碗。以釉面论，有粗瓷碗和细瓷碗；以大小论，有饭碗、扣碗和碗头；以器型论，有敞口碗和撇口碗。

舂臼 [tsʰœŋ⁴⁵kʰiu⁵⁵]

石臼。将浸泡过、蒸熟的糯米或粳米放入石臼内，用"舂槌" [tsʰœŋ⁴⁵tʰy³³] 木杵不停舂捣，使之变成糍粑或粳米稞。"舂槌"用硬木制成，耐磨损。

舂钵 [tsʰœŋ⁵³puɛ²⁴]

舂捣蒜酱、胡椒籽等的工具。钵体为陶制，舂杵多用老硬木制作。

2-21 ◆南门

2-22 ◆瓯宁

2-25◆管葡

樵碗 [tsʰau³³ũĩ³¹]

木碗。用山枣木锯段制成，外涂以生漆。除了盛装冷热食物外，也可用来炖煮汤类食物，不脱漆、不黏糊。在枣木与生漆等原材料未枯竭的 20 世纪 90 年代，曾大量出口日本，只要工艺大师陈永好在货单上亲笔签名，双方海关便将其列为免检产品。

2-26◆南门

菜橱 [tsʰe³³ty³³]

建瓯居民极少有专门的碗橱，大多为碗橱、菜橱合一，统称菜橱。传统居家者都用杉木制作，其橱门有的用细铁丝编织的"纱丝"[sa⁴⁵si⁴⁵]嵌入门框，既挡蚊虫又通风，以防剩菜受闷变馊。饭菜每餐都吃光的家庭，则可用密闭门板。

竹籨笭 [ty²⁴kãĩ³¹lãĩ³¹]

饭桌上篾编的菜罩。圆锥形，顶部有"∨"形提手，钻孔穿入一段铁线，开饭时可挂在高于头顶的壁板钉钩上，不占桌面位置。用"饭甑"（见图 2-8）蒸糯米饭来酿米酒时（见图 5-129），随着米粒逐渐变大，糯米饭会高出甑沿，顶高平面甑盖，白白散发热气；而用"竹籨笭"当盖子，就不用担心糯米饭高出甑沿，省火又省时。

2-27◆黄园

建瓯 贰·日常用具

箸筒 [ty⁵⁵toŋ³³]

筷子筒。大多用一端有竹节的大毛竹制作。建瓯位居"中国竹子之乡"榜首,"箸筒"内竖贮的筷子皆为竹制。筷子上端为方形,下端为圆形,象征天圆地方;其长度为七寸六分,寓意人有"七情六欲"。有两则谜语均描述使用筷子进食的情形:(1)兄弟两个一般长,光食菜来"怀啜"[ẽi⁵⁵tsʰuɛ²⁴]不喝汤。(2)一"薮"[tsʰe³¹]窝"鸡子"[kae⁴⁵tɕiɛ³¹]小鸡白膨膨,两"茎"竹子逮入笼。

2-28◆上屯

2-32◆长溪

盐甏 [iŋ³³pʰãŋ³³]

装食盐的陶罐,置于灶台上。

菜砧 [tsʰɛ³³tẽi⁴⁵]

用直径约35厘米的老松木干锯成,厚约15厘米,置于厨房,用于剁骨、切菜和木槌敲打"扁食肉"[pẽi³¹si⁵⁵ny⁵³]馄饨馅。

2-31◆南门

2-30 ◆黄园

2-29 ◆黄园

鼎铲 [tiãŋ³¹tsʰũĩ³¹]

锅铲。有金属和木头两种铲柄。

箅子 [pi³³tɕiɛ³¹]

竹片制成，用于锅内置放盛具隔水炖烹食物。

茶筒 [ta³³tɔŋ³³]

用毛竹做成，装茶水用。上方竹节靠筒壁处钻一个小孔，供茶水灌入或倒出。以前人们到离家很远的地方干活时，"茶筒"和"饭管"[pũĩ⁵⁵kɔŋ³¹]装饭菜的有盖竹罐是必不可少的，现在已少人使用。

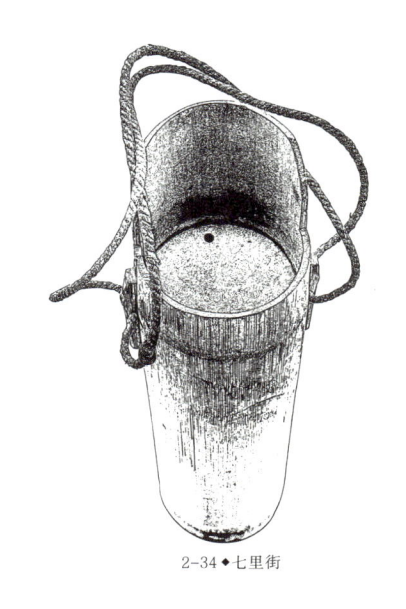

茶壶 [ta³³u³¹]

陶制茶壶。以前多将茶叶直接放入壶内，冲入沸水浸泡，随喝随倒，可供全天饮用。冬天常将茶壶置于火盆上，火盆内铲入灶膛里的炭火，上盖热炭灰，可保持茶壶内茶水的全天温热。

2-34 ◆七里街

2-33 ◆南门

建瓯 贰·日常用具

二 卧具

斗床 [te³¹tsʰɔŋ³³]

　　用木材制成，像个无门的小木屋，富豪之家才享用得起。床前两边木屏雕刻精美图案；床的后壁，设有开合式壁柜，以备热天存放被毯等；床的左右壁和后壁的壁柜下面，设有抽拉式小壁橱，以备睡觉前存放贵重首饰。

2-36 ◆南门

棕床 [tsɔŋ⁴⁵tsʰɔŋ³³]

　　由木制左右两块床屏、前后两根床枋与一张床盘组成。床盘由前后左右四条硬木通过榫卯构成长方形木框，钻出细洞，穿插以棕绳，编织成床面。

竹床 [ty²⁴tsʰɔŋ³³]

　　由毛竹制成，夏天歇躺清凉、不发热。

2-35 ◆凉塌

2-37 ◆浆口

樵枕头 [tsʰau³³tsẽĩ³¹tʰe³³]

木枕头。用易散热的木材雕制而成,一般在夏天使用。置于床头,供睡觉时枕于后脑勺与颈脖之间的部位。常雕成虎形、婴儿形等,神态可掬。

2-40◆敷锡

囝子薮 [kũĩ³¹tɕiɛ³¹tsʰe³¹]

婴儿摇篮。由木制套架与竹制"套薮"[tʰau³³tsʰe³¹]套篮组成。"套薮"头部高凸,用于婴儿入睡后,套罩纱巾,以防蚊蝇。套架底盘两根横木底面呈弧形,以便"趣⁼动"[tɕʰy⁵⁵toŋ⁵³]摇晃催眠。

2-38◆郭源

2-41◆福宁

皮枕头 [pʰuɛ³³tsẽĩ³¹tʰe³³]

　　箱式皮枕头。皮下有细木条做骨架支撑，富庶人家多用。入睡前可将金、银、玉等材料制作的耳环、项链、戒指、手镯等首饰存入枕内。

2-42◆瓯宁

藤枕头 [tãĩ³³tsẽĩ³¹tʰe³³]

　　藤制枕头。先用木材钉制框架，再用藤丝编织。透气性好，冬暖夏凉。

荐 [tsɔŋ³¹]

　　床上草垫。由"秆"[kũĩ³¹]稻秆搓成束状编织而成，冬天垫于床板之上、草席之下，以保暖。荐，声调特殊。

2-39◆黄园

建瓯　贰·日常用具

三 桌椅板凳

2-43 ◆南门

滚囵竹桌 [kɔŋ³¹lɔŋ³¹ty²⁴tɔ²⁴]

圆形桌子，建瓯叫作"滚囵桌"[kɔŋ³¹lɔŋ³¹tɔ²⁴]。闽北盛产毛竹与木材，"滚囵桌"多为竹制和木制，可谓因地制宜。竹制的称为"滚囵竹桌"，桌面用"黐"[tʰi⁴⁵]一种植物分泌液熬制的黏胶把厚竹片粘贴为厚板裁圆而成；桌腿有四个或六个，通过横档中心的竖轴可闭收、可张开；桌面与桌腿可拆合。与之配套的座椅，也用毛竹制作。木制的称为"滚囵樵桌"[kɔŋ³¹lɔŋ³¹tsʰau³³tɔ²⁴]。

矮骹桌 [ae³¹kʰau⁴⁵tɔ²⁴]

短腿桌子。多用于下棋、打扑克、打麻将等娱乐活动。

橱桌 [ty³³tɔ²⁴]

桌面与桌腿通过榫卯固定，不能拆卸。桌子正立面设置可推拉的存物"橱簏"[ty³³lu²⁴]抽屉。

2-45 ◆南门

2-46 ◆黄园

2-44◆南门

四角樵桌 [si³³kuʰ²⁴tsʰau³³tɔ²⁴]

方形木桌。与之配套的坐具是"樵杌子"[tsʰau³³o⁵³tɕiɛ³¹]无靠背的座椅。

活动桌 [xua²⁴tɔŋ⁴⁵tɔ²⁴]

　　一种可折叠的桌子。桌子的一边固定于安装在墙面的转动装置上，另一边由两条腿支撑。桌下放置木架炭火盆，供冷天取暖用。吃饭、打牌时放平桌面，烤火时则竖起桌面，起支撑作用的两条腿也安装了同样的转动装置，收放自如，大大节省了空间。据说这是当年为了尽量规避苛捐杂税的一个创举。官府为增加赋税，收了人头税，四条腿以上的又加征"骹腿税"[kʰau⁴⁵tʰo³¹suɛ³³]腿脚税，最后居然收到了桌腿、凳腿上。老百姓也不能成天站着吃饭，于是机智地发明了这种桌子。

2-47◆温洋 　　　　　2-48◆温洋

建瓯　贰·日常用具

89

2-49◆阳泽

敬桌 [kẽĩ³³tɔ²⁴] ｜ 顾仰桌 [ku³³iɔŋ⁵⁵tɔ²⁴]

"敬桌"即香烛案，多为长条形，设于客厅靠后正中，上置立体佛像或平面神像框，以及香炉、烛台、备燃香烛等。"顾仰桌"即供品桌，平时摆放于"敬桌"空框处的地面上，祭祀供奉时，摆放于"敬桌"前。"敬桌"摆放香炉、烛台等，"顾仰桌"则摆放装有菜品与供果的盘、碟、碗，以及装有茶酒的杯子等，两者配套互补。图2-49为配套的"敬桌"与"顾仰桌"。

眠椅 [mẽĩ³³i³¹]

竹躺椅。用毛竹制作，两边有扶手；承托腰背的部位向上斜，顶部有枕头。有的还配置了收放自如的用于垫脚的小板凳，方便斜躺休憩，不用时则收回底座下方。

2-50◆黄冈

2-52 ◆大甲巷

2-51 ◆黄园

滚囵机子 [kɔŋ³¹lɔŋ³¹o⁵³tɕiɛ³¹]

圆面的板凳。有的用硬木制作，雕花、上漆，做工精致。凳腿呈弧形向外开张，既美观又能增强稳定性。这是一种重要的传统家具。

高机子 [au³¹o⁵³tɕiɛ³¹]

长腿板凳。建瓯把板凳叫作"机子"，无靠背、无扶手。为增加稳定性，凳腿向外开张。短腿的板凳叫"矮机子"[ae³¹o⁵³tɕiɛ³¹]。

轿椅 [kiau⁵⁵i³¹]

有围栏、幼儿双腿可外伸的专用座椅，多用竹材制作。有的安有垫脚的踏板，有的还在四条椅子腿下安上两条弧形竹条，这样大人就能用手轻轻摇晃"轿椅"，让小孩瞌睡并趴着入眠了。

跂桶 [kuɛ⁵³tʰɔŋ³¹]

小孩用的站桶，杉木制作。上下皆为圆环形，下大上小；中部靠一边有可供小孩坐下的半圆形坐板；底部有一圆板供小孩站立。跂，《广韵》承纸切，《说文解字》歫也、立也。

2-53 ◆马汶

2-54 ◆湖头

建瓯 贰·日常用具

91

四 其他用具

2-57 ◆福宁

面盆架 [miŋ⁵⁵ poŋ³¹ ka³³]

脸盆架。由"细作师傅"[sae³³tsɔ²⁴su⁴⁵xu⁵⁵]_{木制家具工匠}用木料制作。有简易式与繁复式两类。繁复式为大家闺秀使用,分上中下三层:上层放牙罐、牙膏、牙刷、"香胰子"[ɕiɔŋ⁴⁵i³¹tɕiɛ³¹]_{香皂}等,中层放木脸盆,下层可放待洗的小件衣物。

2-55 ◆东溪

樵面盆 [tsʰau³³ miŋ⁵⁵ poŋ³¹]

杉木制脸盆。呈上大下小的圆环形,"盆北ⁿ"[poŋ³¹pɛ²⁴]外圈盆板左右各有一个提耳,以利抓手。用于洗脸或洗菜、洗碗。

铜面盆 [toŋ³¹ miŋ⁵⁵ poŋ³¹]

铜脸盆。早年有钱人家雇请铜匠打制,用以盛水洗脸洗手。

2-56 ◆福宁

中国语言文化典藏

92

石骸盆 [tɕio⁵⁵kʰau⁴⁵pɔŋ³¹]

大石盆，一般用于洗衣。早年由富庶人家雇请石匠雕制，盆底与盆沿连接处凿一圆洞，堵一木塞，可贮可排洗衣水。

2-60◆党城

高腰樵骸盆 [au³¹iau⁴⁵tsʰau³³kʰau⁴⁵pɔŋ³¹]

用于洗衣或坐在床沿泡脚的大杉木盆。盆体较高，呈圆台形。

2-58◆郭源

樵骸盆 [tsʰau³³kʰau⁴⁵pɔŋ³¹]

用于洗澡或洗衣的大杉木盆。刷过酒红色生漆的，过去必是新娘的传统嫁妆之一。

2-59◆大庙

竹筅 [ty²⁴ɔŋ⁵⁵]

晾衣竿。建瓯人搬家，要先搬"竹筅"，因其长溜，寓意长顺。有三则谜语形象地道出了"竹筅"的用处特点：（1）一"茎"竹子搭座桥，"顷行"[kʰāi³³kiāŋ³¹]刚走上去雨水流，风吹人影"来阁"[lɛ³³kɔ²⁴]一直摇。（2）住到深山摇摇摆摆，落入人家做人大奶；绫罗绸缎全都"颂"[tɕioŋ⁵⁵]穿过，就是"未夃"[mi⁵⁵nāi³¹]没有"颂"过袜"邀"[iau⁴⁵]和鞋。（3）住在山林青翠翠，落到人家就富贵；绫罗绸缎都"颂"过，就是鞋袜"夃"[nāi³¹]未曾"颂"过。

2-64 ◆黄园

2-65 ◆黄园

马桶筅 [ma³¹tʰɔŋ³¹tʰiŋ³¹]

马桶刷。多选用有两个疏节的毛竹尾竿制成。锯去一个竹节，将其竹筒劈成比寺庙点燃的香线更细的"香芯骹"[ɕiɔŋ⁴⁵sēi⁴⁵kʰau⁴⁵]。方言谜语道出了其形状与作用：一截"滚囵筒"[kɔŋ³¹lɔŋ³¹tɔŋ³³]圆环筒，一截"香篾□"；专"猛"[la²⁴]舔尿"邀"屎，"怀"肯拿来挑牙齿。

芒笙扫帚 [mɔŋ³¹sãŋ⁴⁵se³³tɕiu³¹]

毛扫帚。用芦苇花茎捆制。作用有三：一是多用于清扫房内轻尘；二是用于拂除所谓的"煞气"，令醒；三是出殡前特意买一把，在灵柩从灵堂抬移于门外时，点燃、持柄舞着弃到门外，以驱逐室内浊气。民间认为，平时购买毛扫帚忌买一把，至少要买两把；而出殡前忌买两把，否则暗示还要死人，再出殡一次。

樵马桶 [tsʰau³³ma³¹tʰɔŋ³¹]

杉木马桶。有盖，"桶北"上端的周沿略宽，利于坐着排便，置于寝室内。是传统嫁妆之一。

樵粪桶 [tsʰau³³pœŋ³³tʰɔŋ³¹]

木制粪桶。无盖，有竹篾或铁线制提梁，用于挑运粪便。

2-62 ◆大庙

2-63 ◆大庙

2-66 ◆黄园

2-67 ◆黄园

扫候⁼把 [se³³xe⁵⁵pa³¹]

竹扫帚。用竹子细枝捆制，常用于清扫厚积的尘土和沙子。用于清扫马路的竹扫帚叫"马墿扫候⁼把"[ma³¹tio⁵⁵se³³xe⁵⁵pa³¹]，用毛竹尾竿和竹枝捆制，前端开张，便于推扫沙石马路的垃圾。

粪斗 [pẽĩ³³te³¹]

建瓯有俗语"清担倒粪斗"[tsʰẽĩ⁴⁵tāŋ⁴⁵tau³³pẽĩ³³te³¹]，意思是做生意亏本，剩下一些货底，只好当作垃圾清理倒掉，打道回乡。义近普通话的"卷铺盖滚蛋"。

2-68 ◆南门

马灯 [ma³¹tãĩ⁴⁵]

最初用于夜间骑马或赶马车时照明，因而得名。底部为装煤油的壶，其上有防风玻璃罩，不怕风吹雨淋，再上是盖顶密闭、四周可进入空气排出燃烟的铁皮制套罩。其灯芯为纱织窄带子，可通过插杆与螺齿升降来控制灯火亮度。

洋油灯 [ioŋ³³iu³³tãĩ⁴⁵]

煤油灯。其灯芯为纱织窄带子，可通过插杆与螺齿来升降灯芯，以控制灯火亮度。图2-69顶部的防风玻璃罩已缺失。

2-69 ◆东门

建瓯　贰·日常用具

95

2-70 ◆七里街

汽灯 [kʰi³³tãi⁴⁵]

用于大场面或隆重场合。汽灯在装上煤油以后，需向底座的油壶里充气，以便产生一定的压力，使煤油汽化并能从油壶上方的灯嘴处喷到纱罩上。纱罩用硝酸钍溶液浸泡工艺制成，因而当纱罩遇到高温后会发出耀眼的白光，把周围十几米都照得通明。

2-73 ◆五通巷

烘笼 [xɔŋ⁴⁵lɔŋ³³]

烘烤衣裳的烤笼，大小不一。上部为竹片编成的网格，便于烘烤衣物；中部卡置一个木炭火盆；下部用竹篾密织，便于保温。烘烤时直接罩在烧木炭的火盆或火炉上。

焙笼 [po⁵⁵lɔŋ³³]

用于烘烤茶叶、笋干、香菇等的烤笼。竹篾编成，上下两层，有束腰和直筒两种形制。束腰形的，像两个底部相连、正反相对的大碗。束腰处放置竹箅，用于上层摆放需要烘烤的物品，下层罩在烧木炭的火盆上。

2-72 ◆木西林

2-71 ◆西坑

2-74 ◆东门

篾火烔 [miɛ⁵³xo³¹tʰɔŋ⁴⁵]

竹篾做的烤火笼。外壳用竹篾编制，内胆为陶制火钵，钵底铺以窝状灶灰，当中盛以柴灶炭火，再盖以热灶灰。电手炉、热水袋普及前，一家老少往往人手一个。

火盆 [xo³¹pɔŋ³¹]

分为有木架与无木架两种，均可装入炭火取暖与烘物。木架内部用砖块隔热，以防木架烧着。

芭蕉扇 [pa⁴⁵tɕiau⁴⁵siŋ³³]

蒲扇。用整张棕榈树上长出的"棕榈簰"[tsɔŋ⁴⁵ly³¹pae⁴⁵]蒲葵叶制成。

麦禾扇 [ma⁵³ɔ³¹siŋ³³]

将管状麦秆压扁，编成带状，用针线缝合成圆形扇面，再用篾片夹住缝牢。

2-75 ◆中山路

2-76 ◆中山路

建瓯 贰·日常用具

2-79◆阳泽

2-81◆钟楼

水缸 [ɕy³¹kɔŋ⁵³]

陶土烧制。有敞口式、缩口式之别。为保护缸壁，有的外围辅以木制护栏。

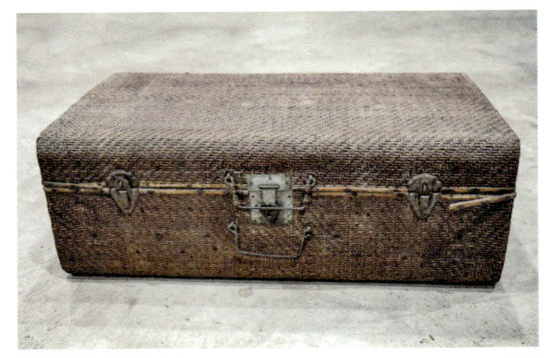

藤箱 [tãĩ³³ɕiɔŋ⁴⁵]

里层用薄板钉制，外层编以藤壳，能起到保护和提升档次的作用。

酒埕 [tɕiu³¹tẽĩ³¹]

大酒坛，陶土烧制。建瓯号称"酒城"，装酒的器皿自是齐全，大的有酒埕、酒缸，小的有酒瓶、酒瓮、酒壶等。

2-77◆阳泽

2-82◆黄园

2-83◆瓯宁

樵箱 [tsʰau³³ɕiɔŋ⁴⁵]

木箱。外面一般都有箱环，以利于加固和抬提。

皮箱 [pʰuɛ³³ɕiɔŋ⁴⁵]

大多用染色后矸光的厚牛皮制作，外面也有箱环箱扣，用以加固、抬提和加锁防窃；有的箱外还饰以"寿""囍"等字或蝙蝠等图案。

酒缸 [tɕiu³¹kɔŋ⁵³]

缩口，上加盖子，便于密封。

米缸 [mi⁵³kɔŋ⁵³]

陶土烧制。用以装米，缸口上加木盖，以防老鼠偷食。

2-78◆黄园

2-80◆黄园

竹箱 [ty²⁴ɕioŋ⁴⁵]

由五年生老毛竹劈成竹块与厚篾合制而成。主要用于装运书籍、打击类乐器等。

2-84◆瓯宁

衣橱 [i⁴⁵ty³³]

用木料制作，橱门大多为双开闭合式，门外都有门环，用以拉开与闭合。有腿的直立于地面（见图 2-85），无腿的则置于桌面或其他橱柜之上（见图 2-86）。

2-86◆黄园

2-88 ◆钟楼

四摞层 [si³³lɔ⁵⁵tsãĩ³¹]

四层的食品盒。双层竹篾编织，内外先刷以桐油，再涂生漆，以阻篾缝透漏热气，用以保温送食。作用相当于现在的外卖保温盒，过去有钱人家才用得起。图2-87为手提的四摞层，有提梁。木架承载的叫"樵架四摞层" [tsʰau³³kʰa³³si³³lɔ⁵⁵tsãĩ³¹]，一般成对，用于肩挑（见图2-88）。

2-85 ◆阳泽

2-87 ◆钟楼

建瓯 ｜ 贰·日常用具

2-89 ◆钟楼

2-91 ◆钟楼

盒式提篮 [xɔ⁵⁵si²⁴ti³¹sãŋ³³]

由竹匠中的"细篾师傅"[sae³³miɛ⁵³su⁴⁵xu⁵⁵]精细编制。有盖有提手,外层刷以桐油与熬熟的生漆(又称"大漆"[tuɛ⁵⁵tsʰɛ²⁴]、"土漆"[tʰu³¹tsʰɛ²⁴]),精致美观。用于提送碗装或盘装菜肴,既保温又防尘。

栲栳 [kʰau³¹lau³¹]

针线筐。外面以竹篾为骨架,里面由藤条编织而成。为防止虫蛀、腐朽,通常涂上一层桐油。有的还编出各种图案、祝语,颜色搭配有致,精致得很。

吊篮 [tiau³³sãŋ³³]

毛竹劈篾编制,有提手无盖,用于吊装糖年糕与粳米馃等,起到通风晾凉与防鼠作用。

荷篓 [kuɛ⁵³le³¹]

挎篓。用竹篾编制,其挎带为软绳,可挎于肩上。荷,《广韵》胡可切,负荷也。

2-90 ◆阳泽

2-92 ◆黄园

2-93◆黄园

荷篮 [kuɛ⁵³sãŋ³³]

挎篮。用毛竹劈篾编成，使用时，其提手可挎于肩上。

2-94◆丰乐

有擐菜篮 [iu³¹kũĩ⁵³tsʰɛ³³sãŋ³³]

有提梁的菜篮。用毛竹劈篾简易编成。无提梁的叫"无擐菜篮" [mau³¹kũĩ⁵³tsʰɛ³³sãŋ³³]。擐，《广韵》胡惯切。

囝子荷篮 [kũĩ³¹tɕiɛ³¹kuɛ⁵³sãŋ³³]

背小孩的竹筐。筐体用毛竹厚篾编制，很牢固；其挎带为双肩背带，负重力大，确保安全。

2-95◆龙村

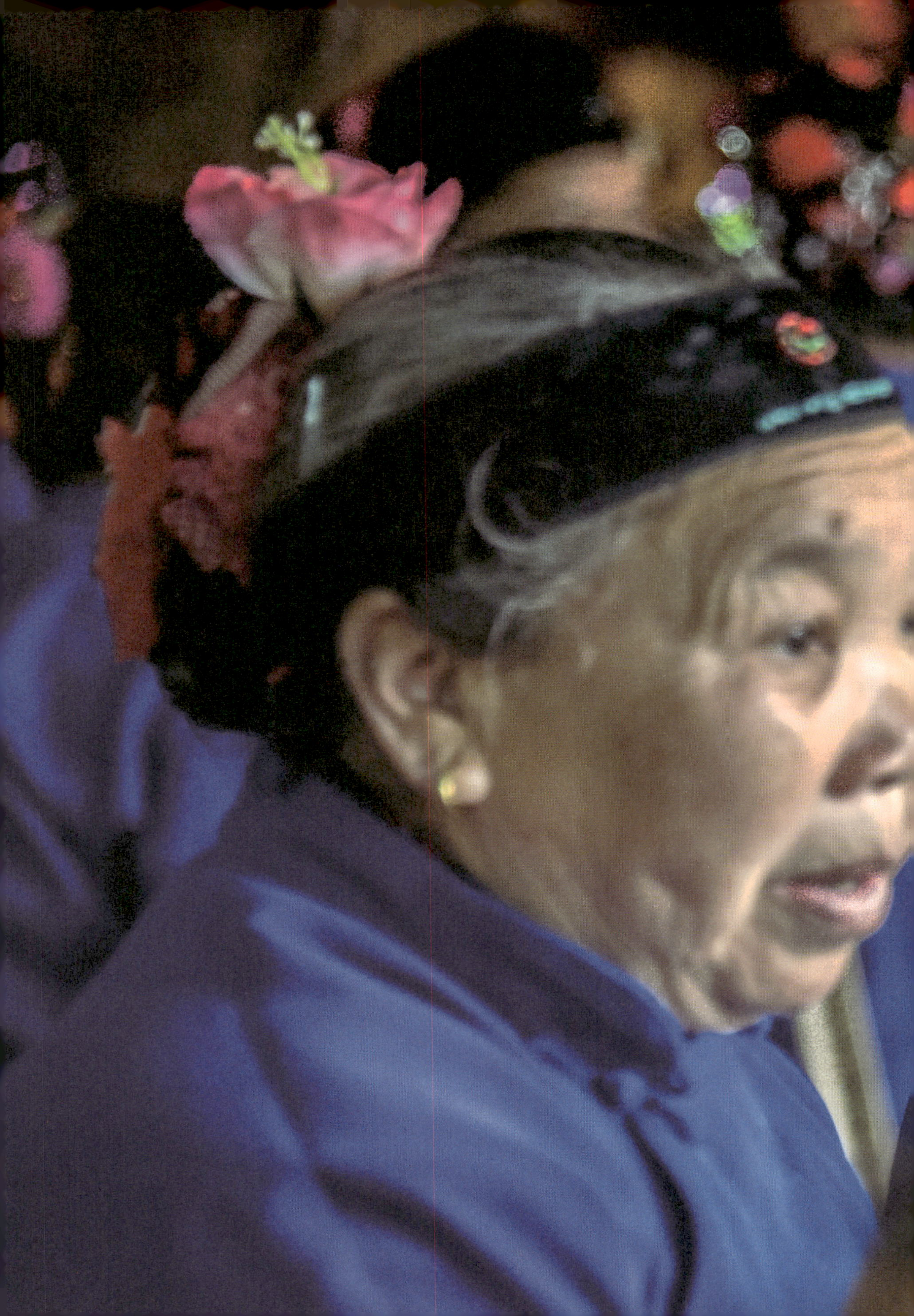

叁·服饰

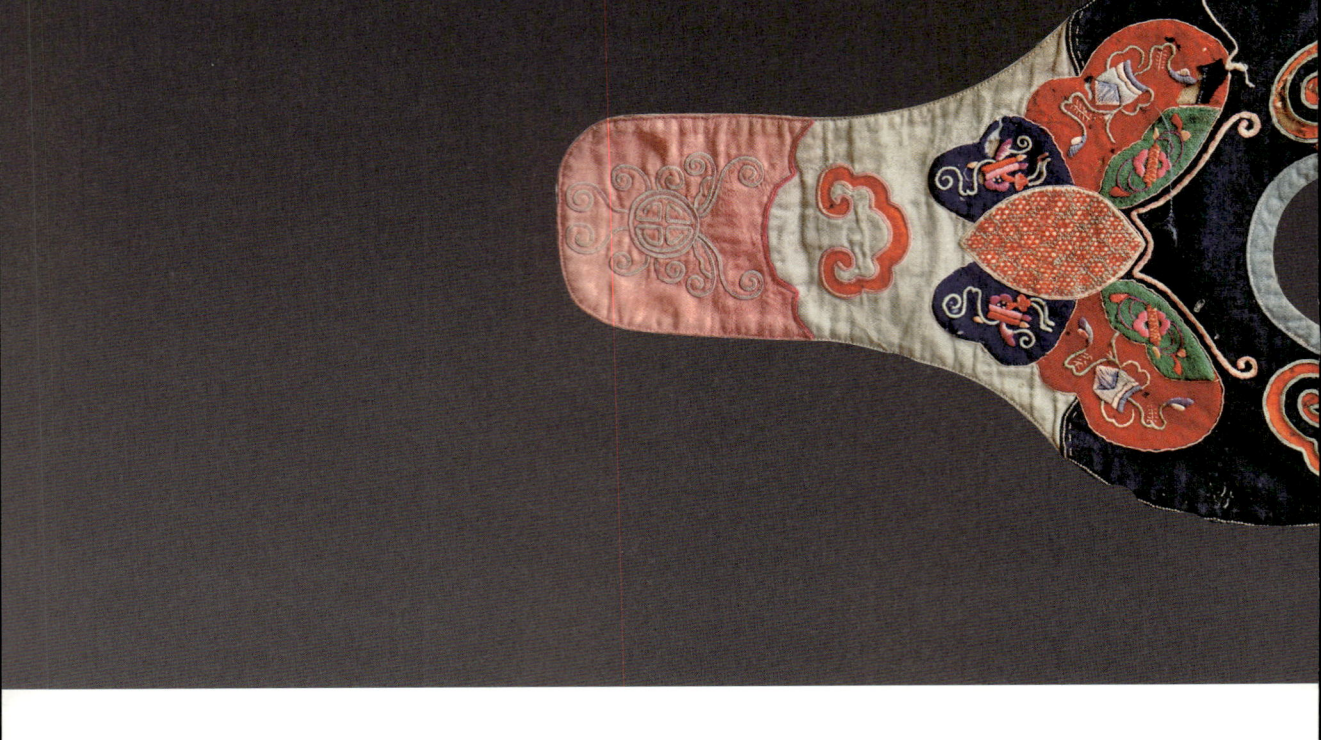

建瓯汉族较之于其他各地,没有自己独特的服饰,几乎是单一的南方汉族的风格,显得简朴、实用。房道镇吴大元村与东游镇安国寺村两个畲族聚居村,其语言文化与当地汉族深度融合,也传承了部分畲族习俗。近二十年来,每逢农历正月十四与三月初三的"畲寨风情旅游节",畲民会穿戴民族服饰进行"对山歌"等民俗表演。

20世纪60年代前,汉服款式基本一样,颜色以黑、蓝、灰为主。男式成人上衣为对襟布纽直袖"跃领"[kuɛ⁴³¹iaŋ⁵³]立领,传统裤子的"裤头"[kʰu³³tʰe³³]裤腰宽大,围腰处无裤襻、无纽扣,用带子系紧,"裤骹"[kʰu³³kʰau⁴⁵]裤腿也很宽大。女式成人上衣为从颈前斜至右边腋下开纽扣的"斜襟"[tɕʰia³³kɛi⁴⁵],裤腿则稍窄。60年代后,男式成人上衣普遍为中山装,腰部以下穿的大多为裤腰有裤带穿过裤襻的"操裤"[tsʰau⁴⁵kʰu³³],两侧有口袋,便于放钱包和双掌插入保温御寒;裤腰胯前有"开裂",缝以塑胶纽扣,便于穿脱。女式成人上衣改为从颈前至腹前开纽扣的"直襟"[tɕ⁵⁵kɛi⁴⁵]。

20世纪80年代之前,物资紧缺,衣物所用布料实行发"布票"管控供购,每人每年12市尺,因而人们平时所穿所戴总是"新三年,旧三年,缝缝补补又三年";穿

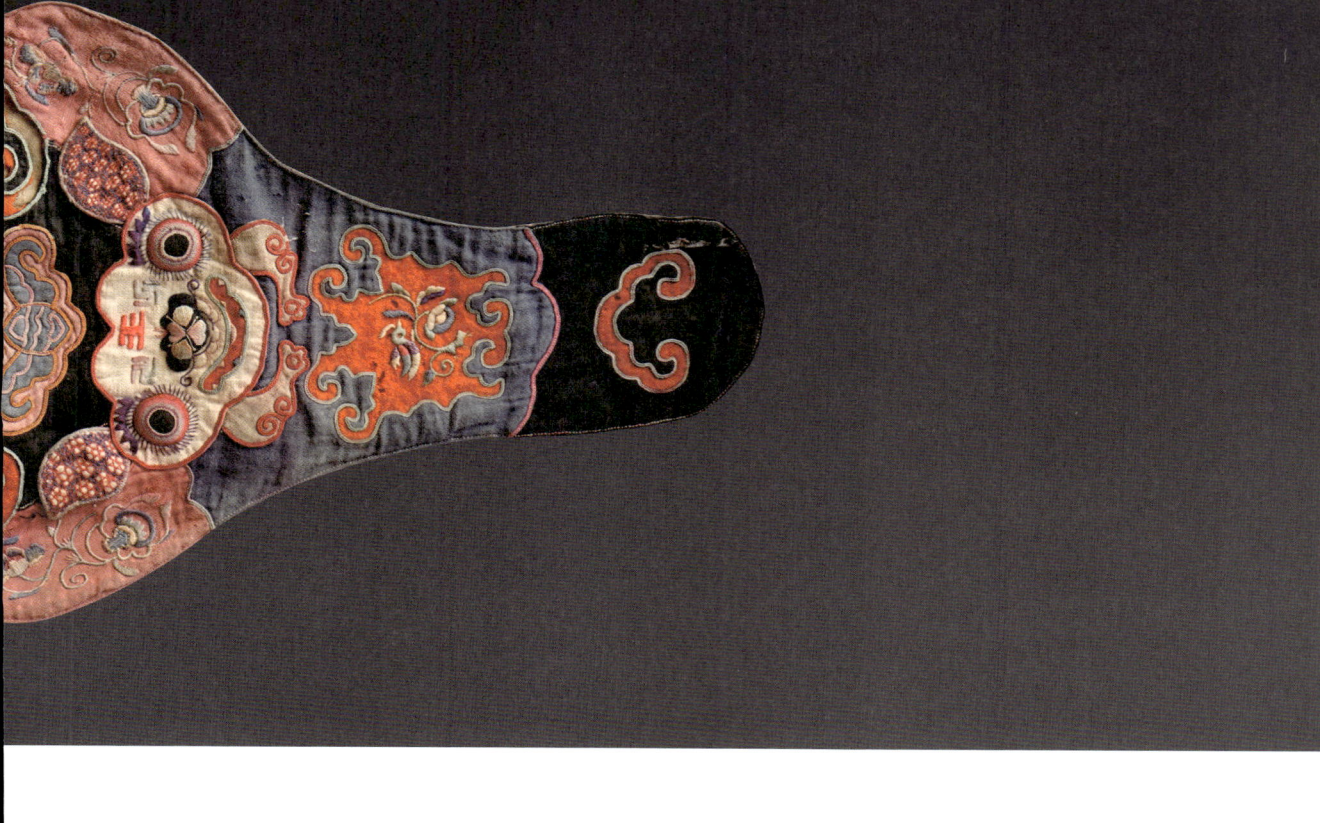

破了，还要拆剪成"碎布□"[tsʰo³³piɔ³³tʰi⁵⁵]碎布片，用作婴儿的尿布或纳布鞋底的材料。那时，人们的衣裤，多是主妇自裁自缝，她们常三五成群聚在一起做针线活、织毛衣，相互切磋手艺。部分家庭则是买了布料到"针工店"[tsẽi⁴⁵kɔ⁴⁵tãŋ³³]裁缝铺量身裁制。人口众多，家境尚好的家庭，过年都要穿新衣裤，则会到商店里买回布料，请"针工师傅"[tsẽi⁴⁵kɔŋ⁴⁵su⁴⁵xu⁵⁵]裁缝到家里来加工。"针工师傅"便用仅自己看得懂的"Ⅰ、Ⅱ、Ⅲ、乂、๖、亠、亖、亖、夂、拾"等数字符号，分别表示肩宽、腰围、臀围、袖长、裤长、裤腰、裤腿、上衣前骼与后骼等尺寸。那时，"针工师傅"是比较吃香的。

20世纪90年代，尤其是进入新世纪以来，不论男女老少的衣裤，大多从商店购买，其款式与颜色，三五年甚至一两年就变化了。俭朴的人感到"财难从新"，仍然"穿旧"，赶时髦、追时尚的人则认为是因循守旧、老气横秋。

现在，衣裤鞋帽是现代工厂规模化按型号批量生产，实体商店或网上"电商"销售，"针工师傅"大多失业或改行了，只有少量续业，为人们缝补和裁改服装。

一 衣裤

3-1 ◆中山路

斜襟长袖袘衣裳 [tɕʰia³³kẽĩ⁴⁵tɔŋ³¹ɕiu³³ũĩ⁻³¹i⁴⁵tɕiɔŋ³³]

　　斜襟长袖上衣。安放纽扣的衣襟并非从衣领开口沿着前胸到肚皮直线向下竖排，而是从衣领开口斜着向腋下排列。这样可以严防凉风与寒气从襟缝中直袭身体，更能保温。其由纽头与纽襻组成的纽扣，是用窄布条"缲边"[tɕʰiau⁴⁵piŋ⁴⁵]锁边后缝制的。

目睭衫 [mi⁵³tɕʰi²⁴sãŋ⁴⁵]

　　睡觉时穿的内衣。多为无开襟的套头棉毛衫。"目睭"为睡觉之义。

3-4 ◆中山路

3-2◆中山路

斜襟短袖裓衣裳 [tɕʰia³³kẽĩ⁴⁵to³¹ɕiu³³ũĩ³¹i⁴⁵tɕiɔŋ³³]

　　斜襟短袖上衣。关于其布纽扣的一则谜语为："滚囵"[kɔŋ³¹lɔŋ³¹]滚圆头，扁扁穴，"嬉怀里去"[xi⁴⁵ẽĩ⁵⁵ti³¹kʰɔ³³]塞不进去使力"□"[iɛ²⁴]掰。

直襟长袖裓民衣 [te⁵⁵kẽĩ⁴⁵tɔŋ³¹ɕiu³³ũĩ³¹mẽĩ³¹i⁴⁵]

　　直襟长袖便衣。民衣与操衣（如中山装及现在的各类制服）最大的区别在于：民衣口袋无翻盖，操衣口袋有翻盖；民衣纽扣为布质，操衣纽扣为塑胶材料。

3-3◆南门

建瓯　叁·服饰

3-5 ◆中山路

褂子 [kua³³tɕiɛ³¹]

　　背心。男士夏天穿的薄衫，用料一般为半透明的薄棉纱布，无袖。

3-6 ◆中山路

汗衣 [kũĩ⁵⁵i⁴⁵]

　　汗衫。夏天男士穿用，用料一般为棉纱布，圆领，短袖。

民裤 [mẽĩ³¹kʰu³³]

　　长裤的一种，裤腰处没有可供穿过皮带的裤襻，左右裤腿两侧也没有可供插入手掌的口袋。有裤襻和口袋的长裤叫"操裤"[tsʰau⁴⁵kʰu³³]。短裤叫"裤筒子"[kʰu³³toŋ³³tɕiɛ³¹]，分无裤襻、无口袋的"民裤筒"[mẽĩ³¹kʰu³³toŋ³³]和有裤襻、有口袋的"操裤筒"[tsʰau⁴⁵kʰu³³toŋ³³]两种。

3-8 ◆丁墩

束裤 [su²⁴kʰu³³]

　　"民裤"的一种，裤腰与两只裤腿均缝有包边的松紧带，能防风保暖。

3-7 ◆丁墩

3-11◆中山路

3-10◆管葡

裙 [kœŋ³³]

裙子。上半身与下半身连体的连衣裙，七八十岁的老人称之为跳舞衣，因新中国成立前文明戏（即话剧）在建瓯兴起时，剧中留声机播出舞曲，年轻女士穿着上下连体的衣裙跳舞而得名。下半身穿的，遮过"骹腹头"[kʰau⁴⁵pu²⁴tʰe³³]膝盖的长裙，老人称之为"长下襕"[tɔŋ³¹a⁵³lũĩ³³]；超短裙，老人称之为"短下襕"[to³¹a⁵³lũĩ³³]。

阿娘下襕 [a⁴⁵ɲiɔŋ³³a⁵³lũĩ³³]

女长裙。一般长至脚踝以上，用绫料缝制。

围身裙 [y³¹sẽĩ⁴⁵kœŋ³³]

围裙。做饭、工作时围在前身，能防止溅汁、溅屑等不干净东西弄脏衣服。有两种：一种是煮饭炒菜时用的短围身裙，系于腰前，叫作家务围身裙；另一种是宰杀猪牛羊等牲口或锯木板时用的长围身裙，从颈脖处向下垂挂，并有带子系于腰后，叫作工作围身裙。

开斗裤 [xuɛ⁴⁵te³¹kʰu³³]

开裆裤。幼儿穿用，裤裆敞开，便于屙屎排尿。

3-9◆湖头

3-12◆东溪

建瓯

叁·服饰

3-13◆丁墩

择⁼泊⁼子 [tɔ⁵⁵pɔ⁵⁵tɕiɛ³¹]

围嘴。系于幼童下巴与脖子周围及其胸前的布,以保持衣服的干净。通常有两层,表层常用纯棉布料,底层为吸水性较强的毛巾料。

棕衣 [tsɔŋ⁴⁵i⁴⁵]

蓑衣。用"棕片"[tsɔŋ⁴⁵pʰiŋ³³]棕榈树的叶鞘纤维缝制成上衣与下裙两大块,穿在身上时,与头上的斗笠配合使用,用以遮挡风雨。棕衣的最大优势在于:挑担时,肩上扁担可以撑张开上衣,扶着扁担的手在衣内不受雨淋,而且扁担在颈背稍弯的情况下,可以自由轮换于左右肩膀;插秧时,人是弯腰向后退的,弯腰时屁股撅起,被撑张开了的下衣就像房檐那样,雨水在外滴落而不淋湿裤腿。

3-14◆新桥

二 鞋帽

3-15 ◆ 七里街

帽 [mau⁵⁵]

帽子。普通话许多带"子"后缀的词,建瓯话大多说单音节的词,同于古代汉语。若加"子"后缀,则表述其小或带有看轻的意味,如"鸡子"[kae⁴⁵tɕiɛ³¹]指小鸡或鸡苗。

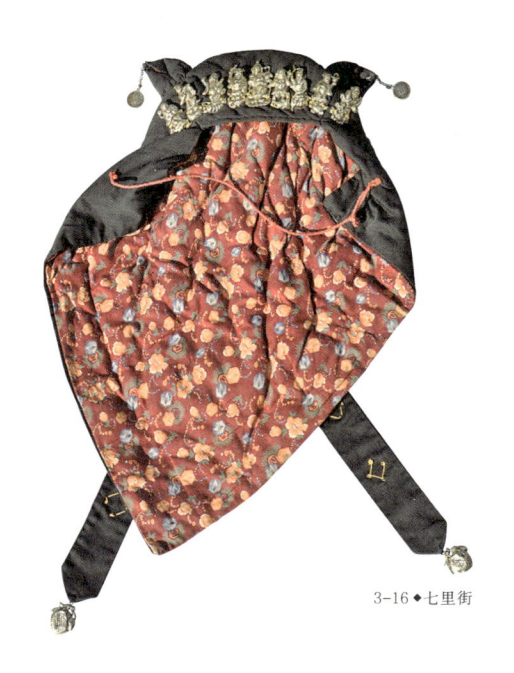

3-16 ◆ 七里街

老虎帽 [lau³¹kʰu³¹mau⁵⁵]

虎头帽。乡下小孩戴的,民间认为帽上绣以老虎的眼、嘴、鼻等器官,可以镇邪保平安。

3-17◆黄园　　　　　　　　　　　　　　3-18◆南门

箬笠 [liau⁵³sɛ⁵⁵]

斗笠。因竹篾编织的外罩内摆嵌箬竹叶而得名。农民戴着，用以遮阳挡雨（见图3-17）。大如伞面的称作"箬笠嫲"[liau⁵³sɛ⁵⁵ma³³]（见图3-18）。笠，声母特殊。

布鞋 [piɔ³³ae³¹]

用布料制作的便鞋。旧时，做布鞋是常见的女红。先是"拍鞋底"[ma⁵³ae³¹tae³¹]，将小门板拼在一起，摊开旧布、碎布，涂上糨糊，黏合十来层后，做成"鞋骨"[ae³¹ko²⁴]比鞋底略大点的地座，用苎麻线搓成"鞋索"[ae³¹sɔ²⁴]，将鞋底钻眼穿过，对拉抽紧；然后"脱鞋面"[tʰo²⁴ae³¹miŋ⁵⁵]，依样做好鞋面；最后是"绱鞋"[tɕʰiɔŋ⁵⁵ae³¹]，将鞋面与鞋底缝合。

虎头鞋 [kʰu³¹tʰe³³ae³¹]

头部加缝虎头图案的鞋子。民间认为穿上"虎头鞋"走山路时，蛇蝎和山鼠等瞧见则逃之夭夭，人便"清吉平安"[tsʰei⁴⁵ki²⁴pei³¹ũĩ⁴⁵]吉祥平安。

3-19◆黄园　　　　　　　　　　　　　　3-20◆中山路

3-22 ◆中山路

鞋托 [ae³¹tʰɔ²⁴]

鞋垫。垫于鞋内脚掌下，提高舒适度并吸汗。

3-23 ◆洽历

草屩 [tsʰau³¹kiɔ²⁴]

草鞋。无鞋面与鞋帮，只用鞋绳拴定脚踝、绑定脚面。其优势在于通风透气、不闷脚、能防滑。有全用稻草、全用布条以及半稻草半布条三种编织方式。

龙虎鞋 [lœŋ³³kʰu³¹ae³¹]

一种靴子。靴头部位加缝虎头图案，靴面与靴筒部位加绣龙形图案。民间认为，穿上这样的靴子走路时轻便快捷，能脚底生风。

扎骹阿娘鞋 [tsuɛ²⁴kʰau⁴⁵a⁴⁵ȵiɔŋ³³ae³¹]

缠足小脚女人穿的鞋子。

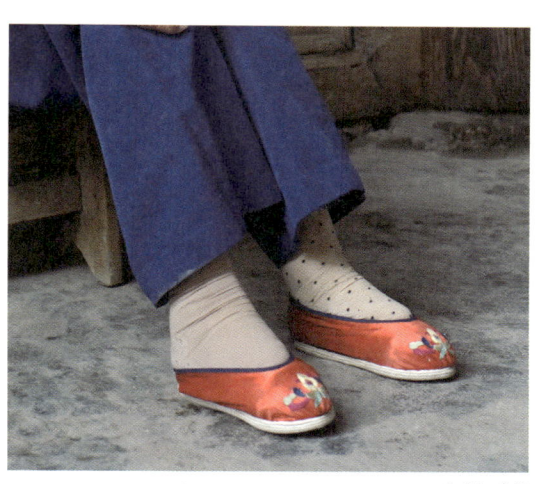

3-21 ◆南门

3-24 ◆小松

建瓯 · 叁 · 服饰

115

三 首饰等

3-25 ◆福宁

凤冠 [xɔŋ⁵³kuĩ⁴⁵]

明清时期富庶大家闺秀结婚时在婚礼上佩戴，早年偏僻乡下还保留此种习俗。用黄金打造，制作精美，其工艺有花丝、镶嵌、錾雕、穿系等项，非一般工匠所能掌握。

凤凰髻 [xɔŋ⁵⁵uãŋ³¹ko³³]

畲族已婚女子的发饰。女子在结婚之日及"三月三"畲寨节等重大节日，会按照畲族风俗梳扮一番。她们将头发梳成发髻，像一个帽子扣在脑勺上，发间用红绒线环束。梳头时，不仅要用茶油和水抹，上饰以银钗、银牌，有的前顶还用银质头花围成环状，头花下沿有银片之类的装饰品垂落在额前。这种具有纪念始祖意义的装饰，一般在结婚时始戴，以后凡节日或做客时戴。这种装饰，制工精巧，很费财力。

3-26 ◆吴大

3-27◆水西

头箍子 [tʰe³³kʰu⁴⁵tɕiɛ³¹]

佩戴于老年妇女头发上的布条。由于建瓯冬天湿冷，以前城乡60岁以上妇女为防止湿冷通筋透骨而引起头疼，大多都会用双层绒布自裁自缝头箍子，在当中绣上彩色图案加以点缀，用它从前额顶端箍戴于脑后。现在只有高寒山区80岁以上的妇女还戴用。

斋嬷上庙头 [tsae⁴⁵ma³¹ioŋ⁵³miau⁵⁵tʰe³³]

皈依佛门的"斋嬷"[tsae⁴⁵ma³¹]斋婆上庙时的头型发饰。在乡下的佛诞庙会，斋婆会从头顶到后脑勺梳理一种状似"敲敲子"[kʰɔ⁵³kʰɔ⁵³tɕiɛ³¹]木鱼鼓的发型，并用黑丝"头毛网"[tʰe³³mau³³mɔŋ⁵³]头发网罩罩住定型，插上红花，喜气洋洋地进庙赴会。

3-28◆邱园

建瓯 叁·服饰

117

3-29 ◆鼓楼后

头毛囗 [tʰe³³mau³³ŋiɛ⁵⁵]

发夹。多用铜制作，也有人用黄金制作。用此发夹固束发型后，可插花而不蓬乱。

3-30 ◆七里街

耳钉 [nẽĩ⁵³tãĩ⁴⁵]

耳环。称"耳钉"，是因为建瓯方言的"耳"[nẽĩ⁵³]与"人"[nẽĩ³³]谐音，"钉"[tãĩ⁴⁵]与"丁"[tãĩ⁴⁵]同音，寓意人丁灵动、兴旺。

镯 [sɔ⁵⁵]

手镯。有金镯、玉镯、银镯等。

3-33 ◆鼓楼后

项圈镣 [xɔŋ³³kʰũĩ⁴⁵liau⁵⁵]

项链。用黄金或白银以及装饰珠制作，戴于颈部胸前。

新娘牌 [sẽĩ⁴⁵ɲiɔŋ³³pae³¹]

新娘出席婚礼时首次戴于颈下胸前，其后出席重要场合也会佩戴，显得体面富有。

3-31 ◆西大街

3-32 ◆南门

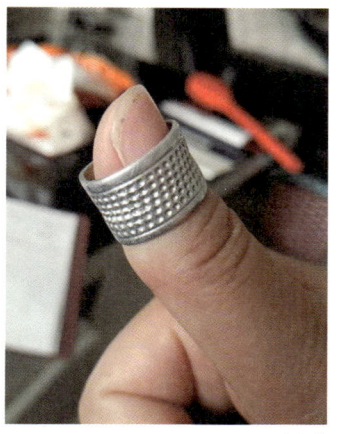

3-34 ◆中山路

顶针箍 [tẽĩ³¹tsẽĩ⁵³kʰu⁴⁵]

环形指套。是常用的缝纫辅助工具，铁制、铜制或玉制。上面布满小坑或密密麻麻的凹痕，套在拇指上用来顶针尾，使手指更易发力，穿透衣物，同时保护手指。又名"抵指"[ti³¹tɕi³¹]、"抵戒"[ti³¹kae³³]、"顶针"[tẽĩ³¹tsẽĩ⁴⁵]、"指套"[tɕi³¹tʰau³³]。

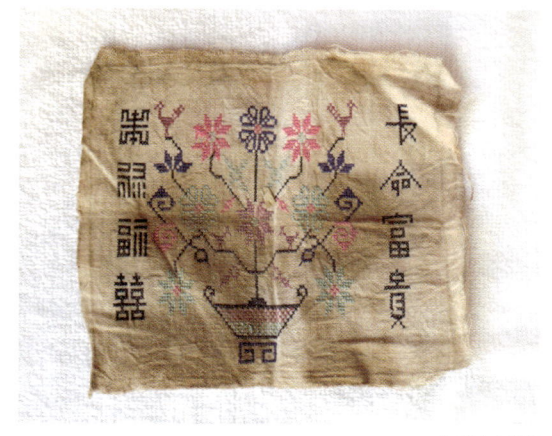

3-37 ◆七里街

帕子 [pʰa³³tɕiɛ³¹]

手帕。为随身携带的方形小块织物，用于"拭喙角"[ɕiɛ²⁴tɕʰy³³ku²⁴]擦嘴角、"拭鼻"[ɕiɛ²⁴pʰi⁵⁵]擦鼻涕等。

厨官汗布 [tiu³¹kũĩ⁴⁵kũĩ⁵⁵piɔ³³]

厨师汗巾。用于擦汗和垫在手掌上端移很烫的碗菜。

包巾 [pau⁵³kœŋ⁴⁵]

搬运工人使用，以厚实棉布为料，四方形，四周锁边，用以擦汗和包头，以防背物时屑末进入头发和衣领内部。

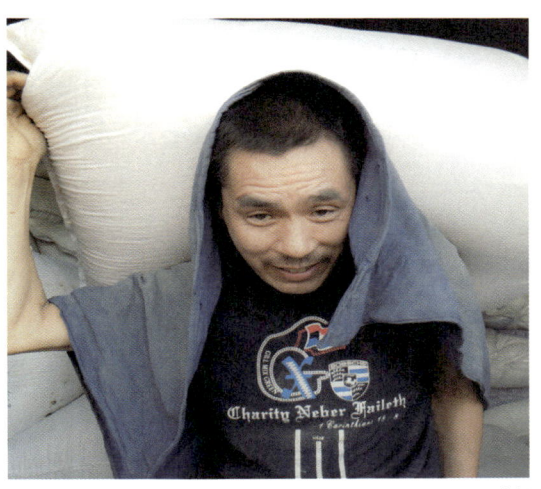

3-35 ◆中山路

3-36 ◆南门

建瓯　叁·服饰

119

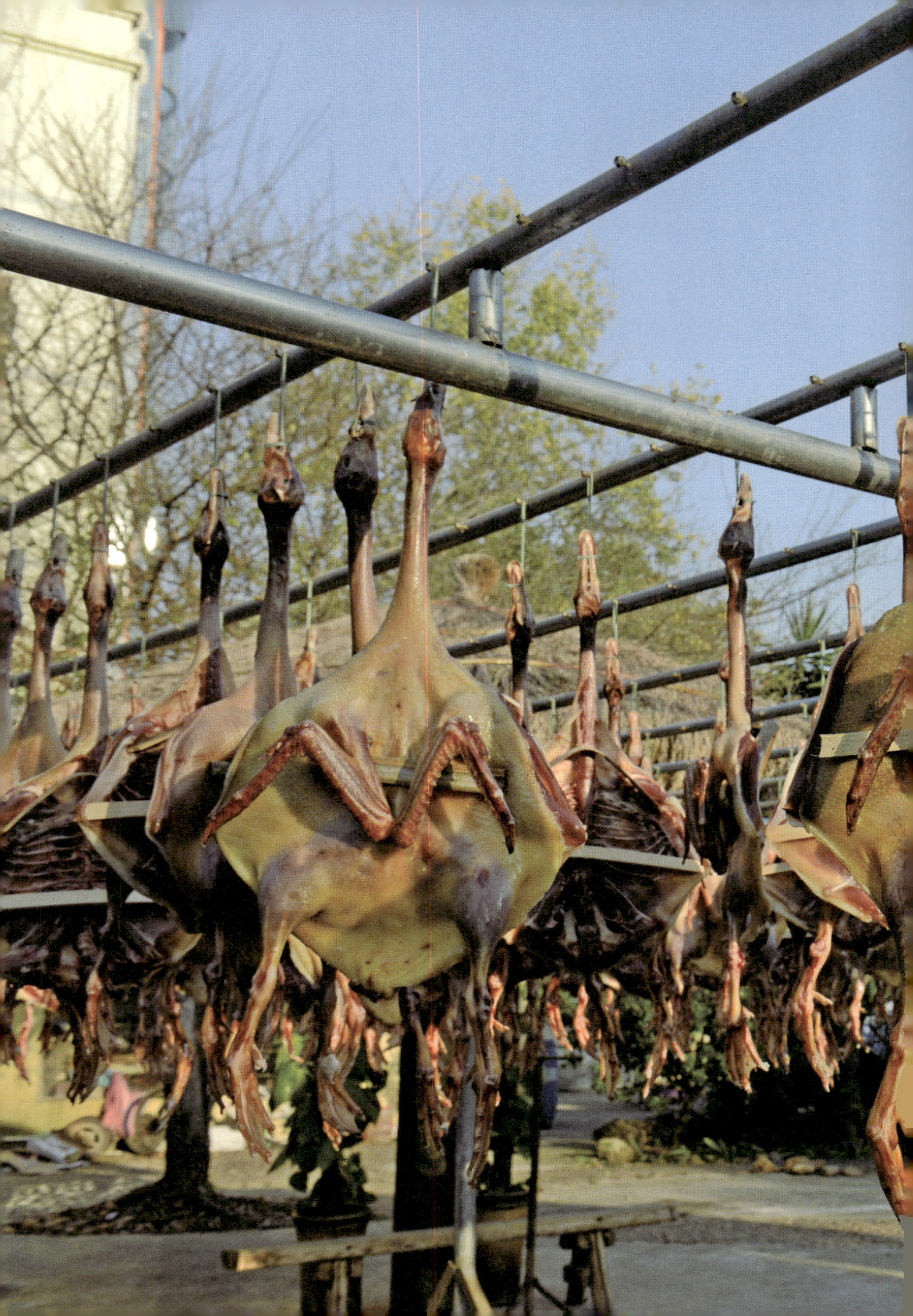

肆·饮食

建瓯饮食习俗及其文化，源广流长。"源广"，是由于"建（瓯）备五方之俗"，历史上先后是建安郡、建州、建宁府、建宁路治所，是官府移民和达官、商贾云集的地方，也是外地逃荒居民喜愿迁聚的地方，他们带来了多样的饮食习俗。"流长"，则是因为早在五千年前建瓯就有先民渔猎开发、繁衍生息，至今还存留着当地人煨、焐、腌、腊和生吃等吃法。

建瓯饮食文化"底蕴深厚"，是因其有三个特点：第一，继承上古遗风，体现"中和"之美。中华饮食以大区域分，呈"南甜、北咸、东酸、西辣"的特点。建瓯饮食却融和、超越了这些分类，甜、咸、酸、鲜、辣五味俱备，调和融通，不以某种表层、直接的味觉来呈现特色，而是以"中"与"和"作为理念。其典型例子是"榛子煨排骨"[tsãi⁴⁵tɕiɛ³¹o⁴⁵pae³¹kɔ²⁴]：榛子吸收排骨渗出的油脂，排骨吸收榛子的香甜，互相借味，油而不腻，体现出"中和"之美。第二，立足物产优势，取用食材丰富。"建州菜肴"有上百个品种，其食材大多是当地产的数十种竹笋、菌菇以及鸡鸭鱼肉，"冬笋窝底"[tɔŋ⁴⁵sœŋ³¹ua⁴⁵tae³¹]就是代表性菜肴。第三，注重营养价值，追求"原汁"与"至味"。

传统的建瓯人认为，任何外加的调味，都比不上食材本身天然的风味。所以，鸡、鸽、鳖、鳗鱼之类滋补食材，会加进料酒或草药根茎用于清炖，只有营养价值不高的食材，才用来煎炸爆炒。至于"至味"，便是重视烹饪工艺的考究，最具代表性的要数"槌敲扁食"[$t^hy^{33}k^hɔ^{53}pẽi^{31}si^{55}$]。

建瓯以稻米为主食，并非都是做成饭或粥，也用不同的烹饪方法或掺进其他食材，制作成糕、粿、糍、粽、粉条等不同的传统点心、风味小吃和节日食品，以调换口味，增添节日气氛。单是粿类就有粳米粿、鼎边粿、烫盆粿、大肠粿、油煤粿、九重粿、龟粿、粿巴、艾子粿、黄花子粿、粿丝子、粿包等数十种，形成"粿文化"系列。同时，摸索出了用液态发酵法来酿制米酒，用其下脚料——酒糟来腌制青菜、笋类和鱼类以及烹煮螺、蕨等方法，既除泥腥又增香开胃，形成特色"糟菜文化"。

当然，就地取材的食疗药膳、斋菜素馔、腌菜酱品、山珍野果，建瓯的种类也非常丰富。

4-1 ◆铁井栏

一 主食

饭 [puĩ⁵⁵]

　　米饭。传统做法是：淘净"早米" [tsau³¹mi⁵³] 籼米，用清水煮半熟，笊篱捞起，置于饭甑蒸熟。还有水与米一同入锅炊熟的"焖饭" [xi²⁴puĩ⁵⁵]，水与米按比例一同入罐、隔水炊熟的"炖饭" [tɛĩ⁵⁵puĩ⁵⁵]，水与米按比例一同入竹筒封好、炊熟的"竹筒饭" [ty²⁴toŋ³³puĩ⁵⁵]，米入草包、扎住包口入锅水煮熟的"草包饭" [tsʰau³¹pau⁴⁵puĩ⁵⁵]，秫米浸软、入甑不加盖蒸熟的"秫米饭" [tɕʰy⁵⁵mi⁵³puĩ⁵⁵] 糯米饭。

粥 [tɕy²⁴]

　　稀饭，主料为稻米。加水入锅，旺火煮沸后文火熬煮至糜烂即成。常见的有以稻米为主的番薯粥、甘豆粥、绿豆粥和八宝粥，还有红枣粥、白木耳粥、栗子桂圆粥、羊肉粥、玉米粥、莲子粥、茯苓粥、山药粥、生姜粥、莲叶粥、燕窝粥、白扁豆粥和五彩豆粥等食疗粥。

4-2 ◆五通巷

4-3 ◆五通巷

面 [miŋ⁵⁵]

面条。原为盐水溶楠草搅拌面粉，用毛竹杠在面案上擀成多层重叠的面皮后，用刀切成，叫作切面。后来多用搅面机制成。切面有宽薄与厚窄两种。按食用干湿状况分，有清汤面、"炝面"[ɔ⁴⁵miŋ⁵⁵]经水煮、拌料、锅焖的面条、干卤面、"春盘面"[tsʰœn⁴⁵pūĩ³³miŋ⁵⁵]一种寿面。还有"面带"[miŋ⁵⁵tue³³]拉面、线面、蛋面等。建瓯称拉面为面带是取其形状，而叫拉面则取其制作手势。图4-3为"炝面"。

面脯 [miŋ⁵⁵py³¹]

面条干。面条在开水中焯一下，捞起沥干，盘成团，晒干两面即可保存，随时煮用。

4-5 ◆管葡

4-6 ◆管葡

粉脯 [xɔŋ³¹py³¹]

籼米制作的粉条干。

线面 [sūĩ³³miŋ⁵⁵]

用优质面粉加盐精制而成，细长如纱线，可抻至数米，故名。传说是九天玄女指点创制的，所以线面师傅尊其为"线面始祖"。建瓯风俗，男女定亲，男方要给女方送线面，叫"喜面"[xi³¹miŋ⁵⁵]；结婚当日，女方要给新娘与送亲、接亲的人，每人煮一碗线面，佐以蛋酒、鸡汤，寓意"双喜"；外出远行或返归，以及远客入门，要煮食线面加两个蛋，谓之"太平面"[tʰue³³pēĩ³¹miŋ⁵⁵]。

4-4 ◆管葡

建瓯 肆·饮食

125

豆腐娘 [te⁵⁵xu⁵⁵ȵioŋ³³]

豆浆。因为"豆脯"[te⁵⁵py³¹]豆腐、"臭豆脯"[tsʰe³³te⁵⁵py³¹]烟熘豆腐干、"边子箸"[piŋ⁴⁵tɕie³¹ty⁵⁵]腐竹等所有豆浆制作的固体豆制品，都要先有豆浆这道"母体"才可，故名"娘"。

豆腐娘粉 [te⁵⁵xu⁵⁵ȵioŋ³³xoŋ³¹]

豆浆泡粉条，为建瓯特色早餐美食。如果再配食一根油条，则稻、豆、麦三种主粮都吃到了。城里妇女一般不做早餐，全家人都分别到粉面店吃"豆腐娘粉"。元朝时，意大利旅行家马可·波罗游历建宁府城，在他的《马可·波罗游记》中记载："这地方的女人美丽标致，过着安逸奢华的生活。"不做早饭、吃"豆腐娘粉"、皮肤白皙柔嫩，怎能不标致、安逸啊？

4-8 ◆管葡

4-9 ◆霞镇

馒头 [mũĩ³³tʰe³³]

建瓯的馒头，不像北方那样全用"面灰"[miŋ⁵⁵xo⁴⁵]面粉，而是大半以糯米、小半以"面灰"为原料做成。普通话的馒头，建瓯叫"馍馍"[mɔ⁴⁵mɔ⁴⁵]。

光饼 [kuãŋ⁴⁵piãŋ³¹]

"光饼"最早是明代戚继光所率戚家军的干粮，后来为了纪念这位抗倭将领，取其"光"字命名为"光饼"，东南沿海省份保留并将这道食品发扬光大。现在建瓯"光饼"的品种比以往更丰富，按配料分，有肉饼、白芝麻饼、虾肉饼和姜葱饼；按烤炉分，有高炉饼和矮炉饼。参见图5-135"做光饼"[tsa³³kuãŋ⁴⁵piãŋ³¹]。

4-7 ◆磨房剪

4-10 ◆西大街

建瓯 肆·饮食

127

二副食

4-14◆管葡

仁生糕 [iŋ³¹sã̃ĩ⁴⁵kau⁴⁵]

用米、砂糖、芝麻仁做成的糕点。粳米与籼米按 7.5∶2.5 搭配，磨成浆，置于布袋内，扎紧袋口，上压重物，渗出清水，变成"干浆"；米与白砂糖以 8∶2 的比例配料；舀一碗水入锅烧沸，放白砂糖，熬成羹；保持微火，将"干浆团"捏碎入锅，搅拌成"浆羹"；将箬叶铺盖笼底与笼壁，将"浆羹"舀入笼；铁锅加水，将盛有"浆羹"的蒸笼套叠在"落汤"圈层上，加盖，猛火蒸熟。将炒熟的芝麻碾压成末。将炒熟的粳米磨成粉，撒在甜糕上，用擀面杖滚压为皮铺入芝麻末，卷成圆条状，下斜刀切块。

灯盏糕 [tãĩ⁴⁵tsã̃ĩ³¹kau⁴⁵]

又名"油煠饼"[iu³³ia⁵³piã⁳¹]，用籼米与黄豆按比例搭配磨浆制成。油炸的盛具状似古时盛油点燃灯芯照明的灯盏，油炸后像发糕那样隆起。

莓荠糕 [mo³³tɕi³³kau⁴⁵]

荸荠糕。将荸荠削皮，磨成浆，与白糖倒入锅内，加冷水，锅底边烧火边搅捣成稀糊，撒入已煮烂的薏米，冒泡后证明稀糊已烧开，舀入容器，面上撒入炒熟的黑芝麻，待稀糊凉冷成冻，再切成小块即可。

4-13◆横街

4-15◆管葡

4-11◆西大街

朦糕 [mɔŋ⁴⁵kau⁴⁵]

发糕。凉水浸泡籼米数小时，磨成浆。倒入酵母液，加白糖拌匀，舀入"圽瓯子"[xo³³e⁴⁵tɕiɛ³¹]窝状瓷杯，置于蒸笼内，烧火蒸烹而成。出现兔唇状裂痕便可出笼。

4-12◆管葡

雪糕 [suɛ²⁴kau⁴⁵]

云片糕。出锅上市时盖布加罩，保持温热售卖。

龟馃 [ky⁴⁵ko³¹]

又名"寿桃子"[ɕiu⁵⁵tʰau³³tɕiɛ³¹]。因是生日宴席的甜点，取祝寿、长寿之义。用糯米粉做皮，包以白糖甘豆沙，摆在蒸笼的箬叶或荷叶上蒸烹而成。

扁食 [pẽi³¹si⁵⁵]

即馄饨、云吞、扁肉。将猪骨头加水用旺火煮沸后，文火慢熬成高汤；每500克面粉加入3克碱，加工成每张约为7—8厘米见方的扁食皮；将猪腿肉削去皮，用木槌敲打成肉酱做扁食馅。扁食皮包上扁食馅，沸水锅内煮至浮起，用漏勺捞入碗中，加入熟猪油、酱油、味精、葱花，舀入高汤即可食用。

4-16◆管葡

4-17◆中山路

4-18◆东门

油子桰 [iu³³tɕiɛ³¹kua⁵⁵]

油条。又名"油煤桰"[iu³³ia⁵³kua⁵⁵]，名称的由来传说与秦桧有关。秦桧夫妇害死抗金名将岳飞父子后，点心店的师傅为表达民众的愤愤之情，将面团拉成条状，中间用筷子摁出个浅槽，代表一丘之貉的秦桧夫妇，然后提起来扭拽一下，代表着将秦桧夫妇捆绑在一起，再放到油锅去"煤"[ia⁵³]炸，并且要嚼碎吃掉才解恨。由于这种食物源自对秦桧的痛恨，就叫"油煤桧"，建瓯称桧木为桰木，于是被称为"油煤桰"。

糍 [tɕi³³]

糍粑。农村把浸泡过的糯米蒸熟，放入石臼舂捣成酱，再掰捏为小团，翻蘸炒熟的豆屑吃；城区则用糯米粉掺水揉搓成扁圆糍，下沸水煮熟上浮捞起，蘸炒熟的芝麻粉吃。

4-20◆横街

橄榄子餜 [kãŋ⁴⁵lãŋ³¹tɕiɛ³¹ko³¹]

橄榄状的米餜。用籼米磨浆，放苏打或"灰汁"[xo⁴⁵tɕi²⁴]草木灰水，入铁锅熬，一边熬一边搅拌至固态，舀起晾冷，捏成橄榄状便成。既可蘸作料直接食用，也可起油锅，放入菜叶和红酒、味精、酱油等作料翻炒食用。"橄"调异。

禾米餜 [o³³mi⁵³ko³¹]

粳米餜。将清水浸软的粳米放入饭甑内蒸熟，倒入石臼捣烂，掰成小团，入甑加盖，沸水蒸透后，返回舂臼，二人合作舂捣成酱，搓成圆柱状。这种人工白餜，要比机器制作的白餜好吃。储存时将晾干的白餜条，浸泡在清水中，以防龟裂，并经常换水，以防变馊。

4-19◆管葡

4-21◆豪栋

4-22 ◆横街

鼎边馃 [tiãŋ³¹piŋ⁴⁵ko³¹]

锅边糊。将籼米用凉水浸泡数小时，磨成浆；锅内加水，锅底烧火，水沸后，加入虾米、香菇丝、菜叶丝，并舀大半碗米浆，沿锅壁迅速而均匀地浇淋一圈，盖上锅盖，米浆很快就会凝固，变成干而薄的馃片，铲入锅水中；再加入适量食盐等作料，翻拌一下，即可起锅。

烫盆馃 [tʰɔŋ³³pɔŋ³¹ko³¹]

馃皮。凉水浸泡籼米2—3小时，磨成浆；将锅水烧沸，轮番用铁勺把米浆舀入两个铁皮制浅沿平底的烫盆，颠荡摇晃，使米浆薄匀地盖住盆底；将盆底置于锅内水面，让米浆隔水烫熟，变成透白的固状馃片，揭起，摊晾于竹筛上；待全部米浆做完，将馃片入碗，舀入沸水，滴入麻油，加上作料就可食用。

4-24 ◆中山路

馃包 [ko³¹pau⁴⁵]

煎包。用籼米磨浆做皮，白萝卜丝或"烟笋丁" [iŋ⁴⁵sœŋ³¹tãĩ⁴⁵]切碎的烟熏笋干做馅，平底铁锅油煎而成。

枷鞑子 [ka⁴⁵la⁵⁵tɕiɛ³¹]

芋饺。清顺治五年（1648年，戊子年），建宁府城（今建瓯城）遭清军屠城，史称"戊子之役"，相传一群青年学子逃往东游镇一带，当地农妇见读书人忍饥挨饿，便将剥了皮的熟芋子、食盐与山粉搅拌在一起，捏成菱状，下汤锅煮给他们吃。学子问这叫何物，农妇答不上来，学子们说：满清鞑虏小子祸害我们，我们要把他枷住吃掉，就取名"枷鞑子"吧。康熙皇帝执政后，推行满汉融合，府衙认为"枷鞑子"这一说法会增加民族隔阂，倡称芋饺，自此民间两种叫法并存。

4-23 ◆符山

4-25 ◆中山路

4-26 ◆管葡

仙人菜 [siŋ⁴⁵nẽĩ³³tsʰɛ³³]

　　仙草冻。由仙草干加水熬汁，抛弃草渣；用凉开水将生粉调成稀液，连同少许楠草水入锅，搅匀，烧沸后舀入浅沿容器，晾冷便结成草冻；用利刀划割成约1厘米见方的小块；倒入加了适量薄荷和白砂糖的凉开水食用。

4-27 ◆仰坑

番薯脯 [xuãĩ⁴⁵y³¹py³¹]

　　红薯干。将红瓤番薯洗净，带皮燖熟，切成条状，置于竹匾，翻转暴晒干。

红酒 [ɔŋ³¹tɕiu³¹]

　　黄酒。建瓯人的祖先很早就摸索出了稻米酿酒用作食疗的方法。农户必冬酿，既存备全年民俗礼节饮用，又供农田劳作者食用，起祛湿去风之效。在腊月，水牛冬耕，要用中药当归浸泡红酒来灌喂，以御寒湿，安全过冬；母猪产崽，在潲食中放酒，使得奶水旺足。在实行死刑前的那顿饭，会让死囚喝一碗红酒，叫作自祭。并且凡烹煮鸡鸭鱼肉等荤食，必用它除腥增香；有远客来，必敬饮尽兴成醉；产妇坐月子，必用红酒当水炖鸡，月用少则半坛，多则数坛。此外，酒还伴建瓯人终身，满月、周岁、秩寿、结婚、乔迁、入殓、出葬，无一不用酒。

4-30 ◆管葡

4-29◆管葡

4-28◆西大

李咸 [li³¹kẽĩ³¹]

李干。将未熟透、尚结实的李子削去皮，切成两半，翻转暴晒至干。名称虽有一"咸"字，晒制时并未加盐。李子叫 [sɛ⁵³tɕie³¹]，"李"的声母特殊。

柿脯 [kʰi⁵⁵py³¹]

柿子干。将山上野生未熟透、尚结实的柿子去皮，留蒂与盖，略压扁，翻转暴晒至干。老人吃了可缓解哮喘。

白酒娘 [pa⁵⁵tɕiu³¹niɔŋ³³]

又名"水酒" [ɕy³¹tɕiu³¹]、"甜白酒" [tãŋ³¹pa⁵⁵tɕiu³¹]。以糯米为原料，用清水浸泡或煮熟，再蒸透后，放在盆、罐、桶等容具中，待其凉透，撒上甜酒曲，淋少许凉水，搅拌均匀，放置在温暖干燥处。夏季1—2天即成，冬天需3—5天。其汁和滓可同时食用，即古人所说的"醪"。

烧酒 [tɕʰiau⁴⁵tɕiu³¹]

白酒。由籼米或高粱酿造，固态发酵并蒸馏所得。按建瓯风俗，除了丧宴可称白酒外，其他宴席皆称"烧酒"。当地名产有"黄华山米烧""双龙戏珠""福矛"等，有酱香、浓香、清香和兼香等多种香型。

4-32◆中山路

4-31◆精工路

建瓯 肆·饮食

茶园 [ta³³xũĩ³³]

建瓯产茶历史悠久。后唐长兴四年（933年），闽国在建州办起了北苑御茶园，直至明洪武二十四年（1391年），其间458年，历代朝廷都设立"龙焙"，派官督制。现全市茶园12万亩，年产1.3万吨。有水仙、乌龙、肉桂、梅占和奇兰等55个树种。

4-34 ◆霞镇

茶 [ta³³]

　　早在周武王伐纣时，居于建溪流域、称为"濮"的当地人（后来称闽越族）参加会盟时就向武王献茶；到了唐代中后期，被称为"建茶"[kũĩ³³ta³³]。从制作发酵程度分，有不发酵的绿茶，微发酵的白茶，半发酵的乌龙茶（也叫"青茶"），全发酵的红茶；从香型分，有花香型、果香型、奶香型、芝麻香型等；从味觉口感分，有木质味、老枞味、岩韵味、蜜韵味等。

樟烟 [tɕiɔŋ⁴⁵iŋ⁴⁵]

　　旱烟。烟叶长成后，采摘下来，晾晒至干，变成黄褐色。再把几片烟叶卷成密实的小捆，置于木块上，一只手握柴刀柄，一只手按柴刀背，将其切成丝，装于布制烟袋内或竹制烟罐内。抽时用手指捏出少许，塞入烟杆的窝嘴内点火抽吸。

4-33 ◆阳泽

4-35 ◆管葡

三 菜肴

4-38 ◆管葡

萝卜咸 [lɔ³³pɛ⁵⁵kẽĩ³¹]

咸萝卜。建瓯有个掌故叫作"砌齐萝卜咸"[tɕʰi³³tsae³¹lɔ³³pɛ⁵⁵kẽĩ³¹],意思是"满满当当""一应齐俱"。源自一种增进食欲、叫作"成茎萝卜咸"[iaŋ³¹ãŋ³¹lɔ³³pɛ⁵⁵kẽĩ³¹]的"菜奶"[tsʰɛ³³nae³¹]菜母,基本菜。因建瓯的锅为圆锥形,从锅面至锅底,中心位置最深,以最长的整根萝卜立于当中为轴心,围着它依次砌摆稍短的萝卜,使之与锅面平齐,然后加水撒盐,盖上锅盖烧火煮。这样砌摆,一是满满当当,容量最大;二是锅盖平盖,热效最强;三是沸水会沿着竖立的萝卜间隙上沸,生熟均匀。"萝卜咸"与"春不老咸""笋咸"是老百姓餐桌上的三种家常菜,统称"三咸"[sãŋ⁴⁵kẽĩ³¹]。

纳底 [na⁵³tae³¹]

以瘦肉与淀粉为料烹煮的汤菜。传说宋孝宗赵昚被宋高宗赵构封在建州当"建王"时,以富绅身份体察市井,在一户人家吃了这道菜,便询问主妇菜名。有点耳背、正在纳鞋底的主妇答曰"纳底",于是王爷的随从记下,让王府大厨也做这道菜,从此坊间遍仿,这误会的菜名也流传了下来。

炒水蕹菜 [tsʰau³¹ɕy³¹ɔŋ³³tsʰɛ³³]

炒水植空心菜。首选因小气候及地域水土所产梗粗而嫩脆的吉阳镇水蕹菜,也可摘去叶片,将梗摘为2寸长,油锅炒食,叫作"炒蕹菜梗"[tsʰau³¹ɔŋ³³tsʰɛ³³kuaŋ³¹]。

4-39 ◆中山路

4-40 ◆笮山

4-36 ◆管葡

4-37 ◆木西林

春不老咸 [tsʰœŋ⁴⁵pu²⁴lau³¹kẽĩ³¹]

煮芥菜。冬春寒冷天气，居家者用来成锅煮咸做"菜奶"。将芥菜洗净，整片掰开，切成2寸长的段，入锅加食盐、桂叶和少许水煮烂，起锅盛入钵头。食用时，舀部分入锅"燉烧"[tʰɔŋ⁵⁵tɕʰiau⁴⁵]复热，夹去桂叶，挑些熟猪油搅拌即可。

笋咸 [sœŋ³¹kẽĩ³¹]

煮春笋。建瓯自古为竹乡，现有毛竹林130多万亩，年产鲜笋约30万吨，竹笋历为大宗食材。春笋季节，每户便煮"笋咸"做"菜奶"。配饭时，舀部分入锅复热，挑些熟猪油溶拌即可。煮熟的"笋咸"还可晒干，投入陶罐中，灌入米酿红酒浸泡，随时用干筷夹出配饭，具有开胃醒酒特效。有一则谜语说的是竹笋：深山密林旮旯角，"□"[ty³¹]躲着一帮姑和嫂，想食"渠伙人"[ky⁵³xua³¹nẽĩ³³]他们白嫩肉，层层剥去皮夹袄。

炒三冬 [tsʰau³¹sãŋ⁴⁵tɔŋ⁴⁵]

主料为冬季出产的厚香菇、毛竹笋和大白菜。

芪菜饮 [ki³¹tsʰɛ³³ãĩ³¹]

荠菜煮米汤。荠菜又名野葵、冬寒菜。一般要加少许小苏打同煮，加入"饮"[ãĩ³¹]米汤和"虾肉子"[xa³³ny⁵³tɕiɛ³¹]虾米等。

4-41 ◆中山路

4-42 ◆中山路

建瓯 肆·饮食

137

4-43 ◆中山路

建瓯板鸭 [kũĩ³³e⁴⁵pãĩ³¹a²⁴]

建瓯板鸭选料考究，首选未下蛋的母鸭。每年农历九月开始制作，第二年二月初二收盘，尤以霜风天制作的为好。以前，不同的店家在鸭屁股上留下不同根数的羽毛做标记，相当于现在的商标。相传，早在五代时期，在建州称帝的王延政就把建州板鸭列入宫廷御膳菜单，宋孝宗也列其为汉席珍品。20世纪80年代，建瓯板鸭又被誉为中国四大名品板鸭之一。

藏笋 [tsɔŋ³³sœn³¹]

酒糟腌竹笋。建瓯盛产竹笋，毛竹笋、苦竹笋、黄竹笋，种类繁多，加酒糟是闽菜的特色。或切片，或切丝，与腊肉、辣椒同炒，清香脆口、开胃下饭，是早上配粥的最佳菜肴之一。图4-46为腌制两年以上的"藏笋"，竹笋颜色变深，酒糟已溶入其中。

4-46 ◆中山路

4-44 ◆管葡

无骨爪 [mau³¹ko²⁴tsau³¹]

剜去骨头、剩下皮囊、塞入盐腌瘦肉再烟熏、蒸食的猪前腿。相传最早是吉阳镇一个叫丁字馃的人创制。

4-45 ◆管葡

藏菜 [tsɔŋ³³tsʰɛ³³]

特指以芥菜为主料，用酒糟与盐腌制的酸菜。

生香水萝卜 [tsʰãŋ⁵³ɕiɔŋ⁴⁵ɕy³¹lɔ³³pɛ⁵⁵]

腌制的生萝卜。因是生鲜的，未经太阳晒过，腌后生香气味浓烈。据此特点，建瓯常把与刚认识的陌生人过分贴近、亲热的人戏称作"生香水萝卜"。

藏卵 [tsɔŋ³³sɔŋ⁵⁵]

酒糟腌蛋。以营养丰富，味道好，调剂口味，宜下饭著称。为建瓯妇女坐月子增进食欲必备的菜品。

4-47 ◆管葡

4-48 ◆管葡

建瓯 肆·饮食

139

4-49 ◆符山

糟炒药子花 [tse⁴⁵tsʰau³¹io⁵³tɕiɛ³¹xua⁴⁵]

酒糟炒泽泻。"药子花"即被古代医家药师称为"建吉泻"的吉阳镇所产泽泻的花茎,位列"吉阳四宝"之首。其余三种为仙人草、水蕹菜和白莲,成品分别见图4-26、4-40和8-61。酒糟是建瓯用乌衣红曲所酿糯米酒的下脚料,居家的建瓯人除了用来制作腌菜外,也常用于煮或炒荤、斋菜。糟炒药子花就是其中之一。以糟炒食,具有润肠通便、降低血糖的作用。

五包 [ŋu⁵³pau⁴⁵]

这是荤类食材为主、斋类药材为"药引子"催化的病愈后大补吃法。"五包"即麻雀包整根人参、鸽子包麻雀、土鸡又包鸽子,然后土猪肚再包土鸡。重重包裹好后,最外层的猪肚用棉纱线缝合,放进炖器,加上米酿红酒和适量的食盐、清水,入锅文火慢炖至熟烂再端出细咀慢嚼,连同汤汁和嚼烂的人参糜全部吞咽。

4-53 ◆符山

4-50◆中山路

4-51◆西大街

酒糟炒蕨 [tɕiu³¹tse⁴⁵tsʰau³¹uɛ³¹]

酒糟炒蕨菜。蕨菜脆嫩，糟香浓郁。蕨，声调特殊。

酒糟炒塍螺 [tɕiu³¹tse⁴⁵tsʰau³¹tsʰãĩ³³so³³]

酒糟炒田螺。建瓯有句俗语"食螺先'猎'[la²⁴]舔糟"，说的是"嘟螺"[so²⁴so³³]吸食田螺前要舔去壳外的糟糊，若未"先猎糟"，就是俗语所说"八字还没一撇"，意为做事要讲究先后次序。螺，声母特殊。

糟鱼 [tse⁴⁵ŋy³³]

酒糟腌制的鱼。青鱼、草鱼等四大家鱼均可用来做糟鱼。腌制十几天后，随时都可以取出一条，刮去多余的酒糟或稍洗一下，装盘，撒些姜丝，入锅用大到中火蒸七八分钟即可食用。

4-52◆管葡

4-56 ◆马汶

4-57 ◆马汶

五乌一绿鸡 [ŋu⁵³u⁴⁵i²⁴ly⁵³kae⁴⁵]

一般品种的乌鸡，仅为毛黑、皮黑、爪黑，而建瓯有一种羽毛、鸡皮、鸡肉、鸡骨、鸡冠与下巴的肉髯（肉垂）皆黑的鸡，因所生的蛋，其壳为绿色，且蛋黄比一般鸡蛋的大与高凸，被谓之"五乌一绿鸡"，用以滋补身体特佳。它生性很野，会飞高栖树，很难圈养，多为围地牧养。

4-54 ◆中山路

牛能⁼子根炖尾骨 [ɲiu³³nãĩ³³tɕiɛ³¹kũĩ⁴⁵tẽĩ⁵⁵muɛ³¹ko²⁴]

草药牛奶子根炖猪尾骨。汤清香，肉活嫩，能祛湿气。"能⁼"[nãĩ³³]俗作"脧"，音近"能"[nãĩ³¹]。

红酒炖鳝条 [ɔŋ³¹tɕiu³¹tẽĩ⁵⁵sũĩ⁵⁵tiau³³]

红酒炖黄鳝。汤清，酒香浓郁，食用时将黄鳝从头至尾撕开，血香、肉嫩，营养丰富。

朱菇 [tɕy⁴⁵u³¹]

红菇。品种很多，尤其以高海拔的高山红最为有名。但有不少红菇有毒性，采摘时需有经验的人才辨别得了。红菇生长于夏秋季，一般与槠、栲等树木的根系共生，对生长环境要求很高，所以数量稀少，无法人工栽培。各家多有自己熟悉的秘密据点。

4-55 ◆中山路

4-58 ◆管葡

建瓯 肆·饮食

143

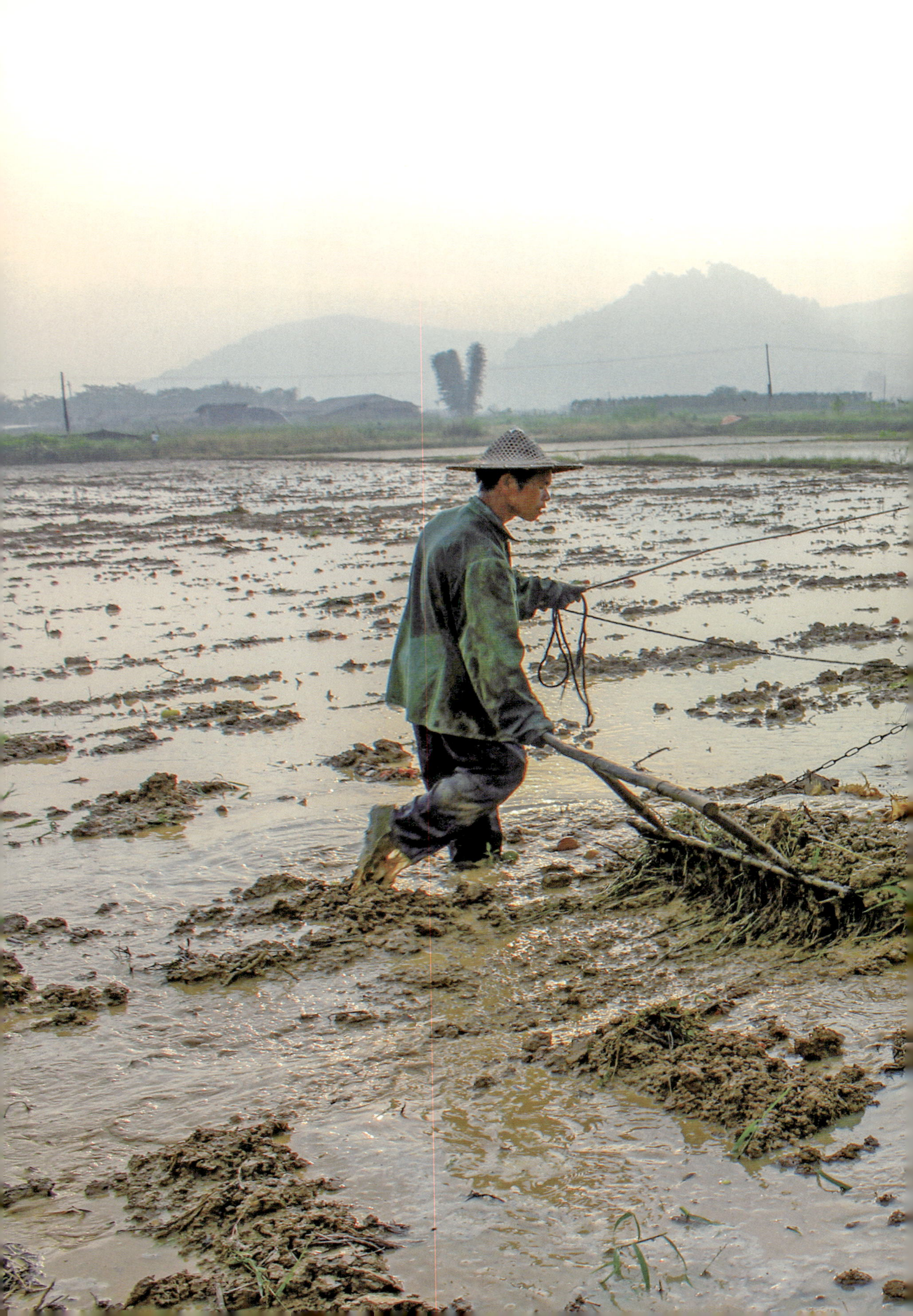

伍·农工百艺

21 世纪到来之前，建瓯基本上是农耕社会，乡下更是自给自足的小农经济，"农林牧渔"与"种养加销"各种活都要干，只不过各有侧重与所长而已。城里居民从事的主要是手工业与商业。但不论是干什么活，都叫"做事"[tsa³³ti⁵⁵]；干活一天，叫作"做一工"[tsa³³tɕi³³kɔŋ⁴⁵]；有空叫作"有工"[iu³¹kɔŋ⁴⁵]，没空叫作"无工"[mau³¹kɔŋ⁴⁵]。

建瓯旧时的手工业行当分工较细，单是木工类就分为：建木屋的"作头"[tsɔ²⁴tʰe³³]，做桌椅橱柜等木家具的"细作"[sae³³tsɔ²⁴]和做榾桶盆等圆木器具的"佮作"[kɔ²⁴tsɔ²⁴]。竹工则分为：做椅轿梯等的"圆竹师傅"[ũi³¹ty²⁴su⁴⁵xu⁵⁵]，做绑船和竹木排所用"竹筎"[ty²⁴nia⁵³]竹制缆绳和箍篾的"大篾师傅"[tuɛ⁵⁵miɛ⁵³su⁴⁵xu⁵⁵]，做经篮、花篮、鱼苗篮、灯笼篾架等的"细篾师傅"[sae³³miɛ⁵³su⁴⁵xu⁵⁵]。金属匠有打锡、打银（含金器）、打铁、打刀剪、配锁匙等细类。此外还有裁缝、酿酒、制茶、"酱腌"[tɕiɔŋ³³iŋ⁵⁵]做腌菜酱品、染布、纺纱、弹棉、做漆、做伞、"佺木"[tɕʰia⁴⁵mu⁵³]用旋切法加工木料、"做棕绷"[tsa³³tsɔŋ⁴⁵pãŋ³³]加工棕丝为绳并制作器具、刺绣、做糕饼、烧制陶瓷和砖瓦等行当。不过，随着现代化进程的加快和器具的工厂规模化批量制销，传统手工艺的物品失去了生存的环境，一些延续千百年的老手艺后继无人。当然，也有随着人们生活水平提高而传承兴盛的少数行当，

如剃头业改成了美发；金银饰品又追求纯手工的老技艺，出现了"非遗"传承人和一批"老字号"。

随着社会分工的细化，原本"全能"的乡下农户现在便以一业为主了，不少人弃农务工或经商，到大中城市谋取生路，高陡梯田已无人耕种。先富起来的农家进城购买商品房，农地则出租给专业性农业企业经营。

建瓯商业历来发达。《马可·波罗游记》中记载了元朝建宁府城"居民经营广泛的商业，并向外地输出大量的生姜和高良姜""盛产生丝，并且织成不同种类的绸缎。棉布是由五颜六色的棉纱织成的，行销蛮子省各个地方"。古今建瓯从商者大体可分为"坐商""行商"和"牙人"三大行当："坐商"开设商店或在固定地点设摊售货；"行商"肩挑车载，流动经营；"牙人"服务于商业，往来于货主、批发商之间，收取佣金，或设客栈、货栈，为货主有偿提供食宿、保管货物、联系车船及装卸。

在现代化的进程中，各行各业都在传统与创新中不断摩擦、磨合，寻求新的发展。

一 农事

5-1 ◆湖头

塍地 [tsʰãĩ³³ti⁵⁵]

田地。建瓯为山区,田地大多分布于山垄与河谷,平坦集中大片的极少。其中水田主要用于种植水稻。

菜园 [tsʰɛ³³xũĩ³³]

菜地。地块相对较大、平展,整成"町"[tʰiãŋ³¹]畦后,用于种植青菜。

犁塍 [lae³³tsʰãĩ³³]

犁田。犁为农具,由安在耕牛肩项上的牛轭、通过榫卯结构拼合而成的木制犁架、连接牛轭与犁架的犁链或犁绳、铁铸的犁铧等四部分组成。犁田时,牛拖着犁在前面走,人扶着犁柄在后面跟,用"犁牛语"[lae³³ȵiu³³ŋy³¹](见图5-125)发号施令。

5-3 ◆阳泽

5-4 ◆板桥

中国语言文化典藏

5-2◆平际

山垄塍 [sũĩ⁴⁵lɔŋ³³tsʰãĩ³³]

梯田。位于山垄和河谷的坡面，按梯级构筑洋面。灌水后耕犁，用于种植水稻。

耙塍 [pa³³tsʰãĩ³³]

耙田。耙田之前要先放入水，把翻犁过的土块泡软。若是大块的田洋，人和牛可自由转动，便由人用口令指挥牛拖着成排铁齿的耙，把土块梳碎整平，再"莳塍"[tɕi⁵⁵tsʰãĩ³³]插秧。

5-5◆马汶

5-6◆马汶

莳塍 [tɕʰi⁵⁵tsʰãĩ³³]

插秧。水田经过犁耙整平后，就可把秧田里育成的秧苗拔来，按照畦垄的穴行一致、密度合理的规范，扦插其中。扦插时，人向后倒退，一手握着秧苗把，一手掰出一至二株秧苗，用食指、中指和拇指搛住秧苗的根部，垂直插塞于田土。建瓯至今流传古代的一首插秧诗：手把青秧插满"塍"[tsʰãĩ³³]田，低头便见水中天；"心地"[sẽĩ⁴⁵ti⁵⁵]心境清净方为道，倒退原来是向前。

拌粟 [pũĩ⁵³ɕy²⁴]

把稻穗放到"拌粟榥"[pũĩ⁵³ɕy²⁴xuāŋ³³]一种脱粒工具（见图5-46）内的"榥阶"[xuāŋ³³ko⁴⁵]阶梯状脱粒工具（见图5-47）摔打，以脱粒。图5-9为双掌抓住稻秆，向"榥阶"摔打稻穗。

5-9◆龙村

5-7◆马汶

5-8◆西大

烧草木灰 [tɕʰiau⁴⁵tsʰau³¹mu⁵³xo⁴⁵]

在野外进行。将锄起的野草，或庄稼的藤、茎或"秆"[kūī³¹]稻草等，晒干，耙在一起，底部点火，再盖上一层薄土，既防止风吹散燃酿灾，又"沤"[ɔ⁴⁵]掩盖、掩埋住火种，让其慢慢自燃成灰。用作庄稼的肥料。

沤肥 [ɔ⁴⁵py³³]

将垃圾、秸秆、畜禽粪便、杂草等，堆放一处，上盖稻草与薄土，让其"沤"酵腐烂，一段时日后，扒开取用。

掐粟 [ma⁵³ɕy²⁴]

用"骹踏掐粟机"[kʰau⁴⁵ta⁵⁵ma⁵⁵ɕy²⁴ki⁴⁵]稻穗机械脱粒机给稻谷脱粒。

5-10◆邱园

建瓯 伍·农工百艺

151

5-11 ◆东溪

扇粟 [siŋ³³ɕy²⁴]

　　用木制谷扇的风力将饱满的谷子与秕谷及其碎叶分离。晒干的稻谷里"饱粟"[pau³¹ɕy²⁴]与"泛粟"[pʰoŋ³³ɕy²⁴]混合。利用谷扇旋转扇叶的风力和"饱粟"与"泛粟"的不同比重,可使二者分离。有一则谜语形象地展现了"粟风扇"[ɕy²⁴xoŋ⁴⁵siŋ³³]的使用场景:"四骹"[si³³kʰau⁴⁵]四肢落地,"腹脐"[pu²⁴tsʰɛ³³]肚脐向天,"喙"[tɕʰy³³]嘴里"□尿"[nue³³ɲiau⁵⁵]拉尿,"奏⁼□"[tse³³pʰai³¹]裆部"起烟"[kʰi³¹iŋ⁴⁵]冒烟。

铲草 [tʰiaŋ³¹tsʰau³¹]

　　锄草。用镢头刨除杂草。

讨鱼草 [tʰau³¹ŋy³³tsʰau³¹]

　　割鱼草。建瓯饲养草鱼的草料主要有陆生的"旱草"[tsau³¹tsʰau³¹]和水生的"水草"[ɕy³¹tsʰau³¹]两种,渔农每天都要到野地去,割取鲜嫩的鱼草挑到鱼塘投饲。

5-13 ◆慈口　　　　　　　　5-14 ◆南门

5-12◆郭源

5-15◆西大

簸粟 [puɛ³³ɕy²⁴]

将晒干的稻谷置于"竹□"[ty²⁴lia⁵³]竹制圆形晒具上，双手分开提起"竹□"[ty²⁴lia⁵³]边沿，进行摇晃颠荡，利用实谷与秕谷比重的不同，让实谷沉落于其中，秕谷飘扬于其外。

漤水 [œŋ³³ɕy³¹]

浇水。建瓯西大村为城中蔬菜专业村，专职种供城区青菜。在夏天每日早晚要用"窖勺"[kau³³tɕʰia⁵⁵]粪勺给青菜浇两次水。"窖勺"用木头制成小型矮桶状，其木柄倾斜着插入卯洞，利于所泼出的水呈"面状"洒于菜畦叶面。

曝粟 [pʰu⁵⁵ɕy²⁴]

晒稻谷。早年多用"簀"[tsuɛ²⁴]竹篾制成的粗席（见图5-54）翻晒粮食，现多在水泥地面进行。翻动稻谷用的是"曝粟耙"[pʰu⁵⁵ɕy²⁴pa³³]晒谷耙（见图5-38）。

5-16◆铜场

建瓯 伍·农工百艺

153

5-17◆黄园

竹龄做记认 [ty²⁴lẽĩ³¹tsa³³ki³³nẽĩ⁵⁵]

给竹林中的毛竹做竹龄标记。制作不同的竹器，对竹龄有不同的要求，因而竹农对不同龄的毛竹，要按照各自的记忆习惯如绑不同颜色的塑料袋等，做不同的标记，避免误伐。

担火樵 [tãŋ⁵³xo³¹tsʰau³³]

挑柴火。农民上山砍柴时，会从家中带上用"竹篾"[ty²⁴pae⁴⁵]竹块制成的"樵夹"[tsʰau³³ka⁵³]竹制柴火夹（见图5-28），可节省伐竹劈篾、捆绑"火樵"[xo³¹tsʰau³³]的时间，只要将所砍火樵装入"樵夹"就可挑运了。一边肩膀挑担的同时，可一手将"担拄"[tãŋ⁵³tiu³¹]分解、支撑负重的木棍斜放在另一个肩膀上，斜撬在扁担下面，以分解与减轻挑担肩膀的负重。休息时，可手扶"担拄"，竖顶在扁担下方，以利于继续挑担前行。

5-19◆边溪

讨火樵 [tʰau³¹xo³¹tsʰau³³]

砍柴。建瓯把火柴叫作"番子火"[xuãi⁴⁵tɕiɛ³¹xo³¹]，而把柴火叫作"火樵"，把砍柴火叫作"讨樵"[tʰau³¹tsʰau³³]。建瓯乡间烧火煮饭仍多烧"火樵"。"讨火樵"主要是上山砍取，图 5-18 为将废朽的瓜果棚架摘除、截斫，也能烧上一阵子。

5-18 ◆南门

牛灌酒 [ȵiu³³kɔŋ³³tɕiu³¹]

建瓯人不仅自己喝酒，也给耕牛和母猪喂酒。在寒冬腊月，耕牛冬耕，必用中药当归浸泡米酿红酒灌喂，以活血升温，抵御风寒，安全过冬。母猪产崽，如遇"乌冻寒"[u⁴⁵tɔŋ³³kũĩ³¹]严寒天气，小猪吸吮不出母猪的奶水，会嗷嗷叫唤，母猪养殖户便在潲食里倒入适量米酿红酒，母猪吃下十几分钟后，血脉马上活络，奶水就出来了。图 5-20 为用竹筒给牛喂酒。

5-20 ◆奖口

二 农具

5-21 ◆黄园

镢头 [kuɛ⁵⁵tʰe³³]

　　锄头。由木柄和铁件组成，用于挖坑扒土、锄草整畦等。

5-23 ◆黄园

竹扁担 [ty²⁴pẽĩ³¹tãŋ⁴⁵]

　　竹制扁担。用生长期三年以上的大毛竹，锯成长为1.8—2米的竹筒，对半劈开，再削成中间宽、两头窄的坯料，将其一头或两头用火苗烤软，拗成半圆形的弯头，利于钩住绳索，不使担子掉落。用利刀削平竹皮外隆凸的竹节，使之平滑，以免磨破肩皮、肩布。不做区别时，直呼扁担即可。

硬谷□ [ŋãĩ⁵⁵ku²⁴kuɛ³¹]

　　用竹片加固的簸箕。多用于扒装、转倒谷物。未加竹片加固的叫"软谷□" [nũĩ³¹ku²⁴kuɛ³¹]。

5-25 ◆黄园

刨锄 [pau⁵⁵tʰy³³]

柄短，铁件大部与木柄平行，多用于从某些树龄长的大树桩上刨取木片作为熬汤的中药。

5-22 ◆黄园

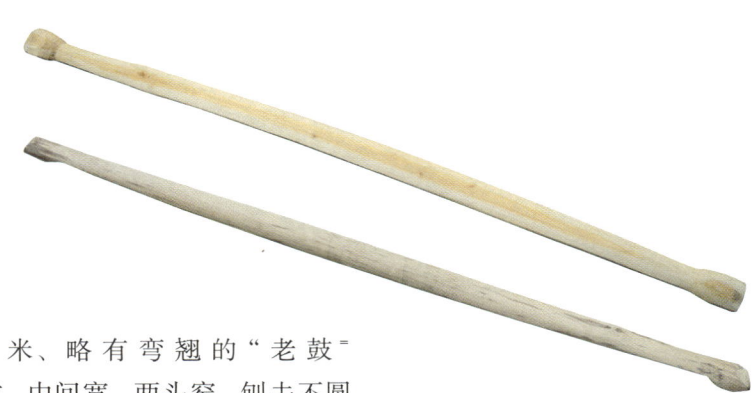

樵扁担 [tsʰau³³pẽĩ³¹tãŋ⁴⁵]

木制扁担。选用约1.8米、略有弯翘的"老鼓樵"[se⁵⁵ku³¹tsʰau³³] 老硬木 削制而成，中间宽、两头窄，刨去不圆滑的刀斧痕，以防使用时磨破肩膀皮肉。有的还削成两头尖的形状，便于插入柴草把，直接担行。

5-24 ◆西大

沥箕 [lae³³xi⁴⁵]

常用于洗菜、淘米等，起沥干水分之用的无提手簸箕。用竹片与竹篾细密编制。

高撅粪箕 [au³¹kũĩ⁵³pẽĩ³³xi⁴⁵]

高提手的簸箕。用生长期三年以上的毛竹劈成篾条编织而成，在簸箕上沿边缘着力处安上经过拽扭的篾条做成"高撅"[au³¹kũĩ⁵³] 高提手。短提手的簸箕叫"矮撅粪箕"[ae³¹kũĩ⁵³pẽĩ³³xi⁴⁵]。

5-26 ◆黄园

5-27 ◆南门

建瓯 伍·农工百艺

157

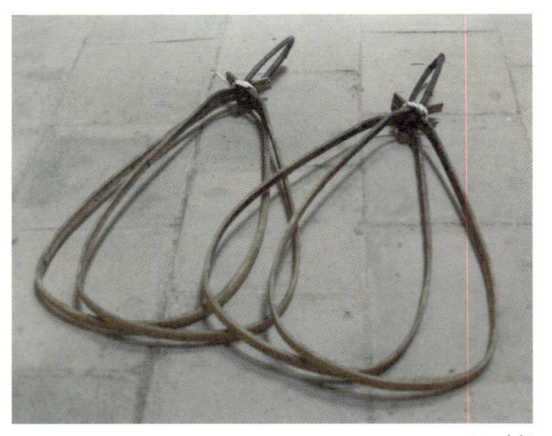

5-28◆南门

樵夹 [tsʰau³³ka⁵³]

竹制柴火夹。用毛竹劈块制成。上山砍柴时，只要将所砍柴火装入其中就可挑运，省去伐竹劈篾、捆绑柴火的时间。

5-29◆丰乐

箩 [suɛ³³]

箩筐。用毛竹劈成细篾和长条形"竹簰"，配合着做成下方上圆、编织较为细密的篾筐。从底部"十"字交叉地拴提筐体的绳索，要穿夹在篾壁与"竹簰"之间，以防止移位与滑落。多用于装送稻谷。箩，声母特殊，俗作"筐"。

手板车 [ɕiu³¹pãĩ³¹tɕʰia⁴⁵]

人力板车。轮子原有硬胎轮与软胎轮两种，车架都一样。硬胎轮由硬木做轮毂，圈外钉以厚实橡胶带，起箍固与减损木毂作用。软胎轮的，由钢圈毂与橡胶轮组成。因橡胶轮要"揞风"[ma⁵³xoŋ⁴⁵]充气才能鼓起，故建瓯方言叫作"风胎轮"[xoŋ⁴⁵tʰae⁴⁵lœŋ³³]。

5-30◆南门

塝刀 [poŋ⁵⁵tau⁴⁵]

5-32 ◆黄园

由木制刀柄和斜翘的无弯嘴铁件组成，专用于劈除田埂两侧的草。

劈刀 [pʰie²⁴tau⁴⁵]

5-33 ◆黄园

其柄为较长的圆木棍，目的是站在地面上也可砍伐树木高处的枝丫，并用弯着的"刀嘴"[tau⁴⁵tɕy³¹]劈刀弯头的部分钩下砍断但树皮还悬连着的枝丫。

独轮车 [tu²⁴lœŋ³³tɕʰia⁴⁵]

硬木制作，由车轮、木架、两边货板组成。中间置独轮，为主件；车轮两边是木架扶手，也是车把；有一背带挂于背颈两肩，顺双臂下延，末端分别绑在车把上，以便保持平衡，防范车身倾斜，也使双手减负，着力用于推行。多用于狭窄的坡路运物。

5-31 ◆南门

5-34◆黄园

樵刀架 [tsʰau³³tau⁴⁵ka³³]

用于插挂"樵刀"[tsʰau³³tau⁴⁵]柴刀和"刀鞘"[tau⁴⁵ɕiau³³]的木架子。

5-35◆南门

铁齿耙 [tʰiɛ²⁴tɕʰi³¹pa³³]

由齿状铁件和木柄或竹柄组成,用来梳捋、清除畦垄或水田中的杂草和秸秆等杂物。种类有三齿耙、五齿耙、六齿耙和八齿耙等。

曝粟耙 [pʰu⁵⁵ɕy²⁴pa³³]

晒谷耙。用于翻捋所晒稻谷。由竹柄或木柄与耙件组成。

5-38◆郭源

镂草耙 [le⁴⁵tsʰau³¹pa³³]

由圆柱形短木柄与铁件构成,用于蹲着挖除硬地长出的根系发达的杂草、草药。

5-37◆南门

耘塍耙 [œŋ³¹tsʰãĩ³³pa³³]

由长竹柄与铁件构成,用于耙除水田高秆稻苗行株距中的杂草。不适用于行株距较窄的短秆杂交稻稻田。

5-36 ◆黄园

犁 [lae³³]

耕地农具。有畜力带动与机械带动之分。传统的犁,由畜力带动。主要由硬木制成的犁架与铁制的铧头,以及安套在牛项处的牛轭构成。犁架的横梁为夹角大且较长的"人"字形曲木,牛轭为夹角小且较短的"人"字形曲木。耕牛犁田、犁地时,牛在前面走,人握推着犁架的扶手在后面走。从而翻松土块,耕出沟垄与町畦。

5-39 ◆黄园

5-40 ◆黄园

阔齿耙 [kʰuɛ²⁴tɕʰi³¹pa³³]

宽齿犁耙。由耕牛牵引，将水田犁铧翻卷起来的土块梳碎整平，再插秧。也用于水稻收割排水后种菜畦垄的梳理，由牛牵引，人的一只手握住耙顶的横档，以保持平衡，另一只手执鞭驭牛；双脚分开，站在铁齿上端的横铁上，以人体的重量将耙齿压入畦垄的土中，随着耕牛的前行，已犁卷起来的畦垄大土块便被梳碎变细，利于随后所栽菜苗根须的生长，吸收养分。

灰盆 [xɔ⁴⁵pǝŋ³¹]

耘田时用，放置粪便和草木灰搅拌的农家肥。以前种的是高秆水稻，株距较宽，灰盆可以在其间推行。为了利于滑行，底部特制成圆弧形。边推行边抓一撮农家肥塞入水稻根部，称作"塞口"[tsɛ⁵³nɛ⁵³]。

5-42 ◆黄园

162

骹蹂耙 [kʰau⁵³nɔ²⁴pa³³]

　　一种切碎田土的铁木制农具。"骹蹂"即脚踩。由提手和踏板两部分组成,踏板间隔着装有几块长条形刀状铁板。由人以双手与双脚配合,把田土切碎整平。特别适合于牛拉犁无法转辗的小块梯田。

5-41◆黄园

水车 [ɕy³¹tɕʰia⁴⁵]

　　以水流带动的木制动力轮。其车轮轴心为两头伸出的长木柱,间隔地插入几块厚木板,车轮在水流的冲击下转动时,能陆续拍打连着舂臼的舂槌,起到舂捣谷物的作用。

5-43◆党城

5-44◆南门

5-45◆豪栋

惊兽器 [kiãŋ⁴⁵ɕiu⁵⁵kʰi³³]

一种以溪水为动力、利用竹筒翻转产生敲击声来驱赶鸟兽的装置，通常安装在山涧中。竹槽引导的山涧流水装满竹筒后，竹筒便翻转自卸，反弹下坠敲打另一个固定的竹筒，断断续续的竹筒敲击声在山涧中清脆地回响，鸟兽受惊不小，自是不敢前来糟蹋庄稼了。

假人 [ka³¹nẽĩ³³]

稻草人。早年为防范野兽糟蹋庄稼，多用"粟秆"[ɕy²⁴kūĩ³¹]稻草扎成假人，置于田头地尾，以惊吓鸟兽。现在有人用破旧衣服装扮之，更加活灵活现。

拌粟榥 [pũĩ⁵³ɕy²⁴xuãŋ³³]

一种脱粒工具。主体呈箱状，无盖，三面用一张"簔"[tsuɛ²⁴]竹篾编的席子（见图5-54）圈绕围住，"拌粟榥阶"斜放榥中，便于给稻穗脱粒，也便于聚拢谷粒。

5-48◆钟楼

骹踏掐粟机 [kʰau⁴⁵ta⁵⁵ma⁵⁵ɕy²⁴ki⁴⁵]

取代"拌粟榥"的机械稻穗脱粒机。主件有：（1）左右对称的两个木制三角形架子，通过横榫的木条构成机架；（2）左右对称的两个铁制法兰盘，通过钉有"n"字形脱粒铁齿的横木构成可转动的滚筒；（3）由齿轮、传杆和转轴以及脚踏杆组成的传杆装置。使用时，人的双手抓着稻秆，一条腿立地，另一条腿伸缩着踩动"脚踏杆"，使滚筒转动，作用于"n"字形脱粒齿上的离心力，便将稻秆和稻穗上的谷粒甩落。

5-46◆黄园

拌粟榥阶 [pũĩ⁵³ɕy²⁴xuãŋ³³ko⁴⁵]

  阶梯状脱粒工具。用长、宽、厚适当的木条做框，左右两根木条间隔着凿出卯洞。毛竹劈成条状，两端削成榫头，嵌入木条的卯洞内，构为长方形阶梯，斜靠在"拌粟榥"（见图5-46）的壁板上，用来摔打稻秆上的稻穗，以便脱下谷粒。

5-47◆钟楼

5-49◆黄园

豆鉴 [te⁵⁵kãŋ³³]

  连枷，俗作"豆扦"，专用于捶砸摊晒的豆荚。由长短两根木棍——"豆鉴柄"[te⁵⁵kãŋ³³pẽĩ³³]和"豆鉴锤"[te⁵⁵kãŋ³³tʰy³³]与连接两者的横轴共三部分组成。使用时，双手举着长棍，以转孔与固定横轴相连的短棍便能旋转着敲打摊晒的豆荚垛，豆荚震动裂开，豆子纷纷滚落。

米砻 [mi⁵³loŋ³³]

  谷砻。一种给稻谷脱壳的农具。电动碾米机引进以前，砻米是必经的一道程序。米砻的手柄，平时是闲置的，只有使用时，才双手同时推动旋转。方言谜语为：两兄弟，共只手，"让"[ȵiɔŋ⁵⁵]要做事，"工工"[koŋ⁴⁵koŋ⁴⁵]天天有，无事做，"怀"[ẽĩ⁵⁵]不"让"有。

5-50◆东门

粟筛 [çy²⁴sae⁴⁵]

  谷筛。收割脱粒后的稻谷，往往夹杂着许多稻叶、碎秆等，使用"粟筛"就能使谷粒下漏，稻叶、碎秆等留于筛上，达到两者分离。网眼较米筛大。

5-51 ◆ 黄园

簎 [tsuɛ²⁴]

  晒谷席，又名"曝粟簎"[pʰu⁵⁵çy²⁴tsuɛ²⁴]。用毛竹劈篾编织而成。可卷起竖存与平展摊开晒物。

合棚 [xɔ⁵⁵pãŋ³¹]

  晒架。用木料搭建，上可摊铺晒物的"竹簎"[ty²⁴tsuɛ²⁴]晒谷竹席与"竹□"[ty²⁴lia⁵³]。四周可绑立支撑晒衣竿的竹叉。

5-54 ◆ 黄园

5-52 ◆黄园

5-53 ◆阳泽

米筛 [mi⁵³sae⁴⁵]

滤筛、分离稻米与米糠的竹制器具。

嫩筛 [nɔŋ⁵⁵sae⁴⁵]

滤筛、分离面粉与麦麸的竹制器具。也有用细孔铁丝网与竹片做框组合而成的。网眼比米筛和"粟筛"都小。

晾架 [liãŋ⁵⁵ka³³]

木制多层三脚架。可以放置筛子摊晾食品或茶青。

5-55 ◆吴大元

5-56 ◆钟楼

建瓯

伍·农工百艺

167

5-57 ◆黄园

5-58 ◆黄园

鸡笼 [kae⁴⁵loŋ³³]

用竹篾编成。用于关装与提运鸡鸭。

鸭子笼 [a²⁴tɕiɛ³¹loŋ³³]

鸭苗笼。用竹篾编织而成，扁平、网密，专门用于装运要出售的鸭苗。

鱼罾 [ŋy³³tsãĩ⁴⁵]

以竹为支架的捕鱼网。由主杆、支架和渔网组成。主杆为根部直径4—5厘米、长3.5米的老毛竹，杆头插入一根"丫"字形的直木，捕捞时，"V"形木叉在大腿上作为支点，双手将罾的提绳拔起，从而把整个张开的罾提离水面，"兜"住鱼。支架有两部分：（1）4根直径为2厘米、长度为3米的苦竹，组成可开可闭的十字架，作为网"纲"；（2）两段直径约4厘米、长为40厘米的毛竹，用棕绳绑成十字架形，作为罾网下沉的漂浮标记。

5-59 ◆西池

三 手工艺

5-60◆阳泽

做泥水 [tsa³³nae³³ɕy³¹]

这是对泥瓦匠的称谓,面称"泥水师傅"[nae³³ɕy³¹su⁴⁵xu⁵⁵]。他们的工作主要有:用砖石砌墙、灶、池、沟、坝、"□"[niɔŋ³¹]水渠、地面,用泥土筑土墙,铺瓦顶及"拾漏"[ɕiɔ²⁴le⁵⁵]补漏,抹墙面,等等。其中他们的绝活是,不用泥浆或水泥粘填,便能把无棱无角且浑圆光滑的鹅卵石垒砌成平整的墙基,若土墙遇暴雨冲刷崩溃了,而墙基依然如故。不过,随着钢筋混凝土房屋的普及,有这种绝活的人已难寻踪迹了。

采石 [tsʰo³¹tɕiɔ⁵⁵]

石工工种之一。采石工先用钢钎在岩石山处凿出一定深度的孔洞,装进雷管与炸药引爆,将岩体炸裂崩塌,再根据崩料的大小,裁制板材、柱材、块材等。其中裁制板材最为巧妙:将厚料每隔10厘米凿一个深约15厘米的孔,逐个填实生石灰,用水浇淋,霎时生石灰与水反应,大量放热,体积增大2倍,石料在"热胀"的作用下顺着整排的孔而胀裂为二。

修厝 [ɕiu⁴⁵tɕʰiɔ³³]

维修房屋。对受损的房屋进行总体全面观察检查,确定修缮部位、材料及所需工种;然后用毛竹或钢管搭起施工脚手架,逐一拆换或修复。

5-61◆兴宁

5-62◆东门

5-63 ◆玉山

5-64 ◆坤口

石雕 [tɕiɔ⁵⁵tiau⁴⁵]

石工工种之一。建瓯石雕主要是用钢凿、錾、锤，雕制石磨、舂臼、冢碑、石盆、石缸、石井栏、"石磉"[tɕiɔ⁵⁵sɔŋ³¹]柱础、门当、石人石马等"石像生"[tɕiɔ⁵⁵ɕiɔŋ³³sãi⁴⁵]、嵌在门楣上的各式石板图案、名胜处标志性巨石的图案及文字。雕制立体石器和浮雕艺术品，尤其是人物、动物等，雕制者要有空间立体想象与谋划能力，才能栩栩如生；雕制平面图文，要先描绘线廓，才能惟妙惟肖。

窑工 [iau³³kɔŋ⁴⁵]

建瓯无专业窑工队伍，所砌的"垌窑"[xo³³iau³³]陶瓷窑和砖瓦窑，一般分别由烧垌与烧砖瓦的老师傅兼任。过去多数是砌单窑，设一个窑门和一个排烟口；现在构筑的多为若干个窑门和排烟口的轮窑（也称龙窑），利于甲窑腔封门冷却期间乙窑腔仍可烧窑，轮番作业。有制坯、装窑等工序。新窑落成还要"祭窑"[tɕi³³iau³³]。

做佮作 [tsa³³kɔ²⁴tsɔ²⁴]

制作榥、桶、盆等圆木器具，也指从事这一行当的木工。板与板之间要用竹钉拼合，整体要用竹篾或铁线箍束。

作头家什箱 [tsɔ²⁴tʰe³³ka⁴⁵si⁵³ɕiɔŋ⁴⁵]

木匠的工具箱。建房的木匠叫"作头"[tsɔ²⁴tʰe³³]建木屋的木匠，家什是各种短小工具。家什箱便于携带凿、锉、钻、手锯和墨斗等工具。

5-67 ◆北辛街

5-68 ◆梨山

5-65◆田原

5-66◆东安

做作头 [tsa³³tsɔ²⁴tʰe³³]

做木工活。一般指建造木屋,所用原料为原木大料。现在,随着钢筋混凝土房屋对木屋的大量更替,除了乡下用木头建寺庙时会去找健在的"作头"进行指导外,此工种已匿迹。

做细作 [tsa³³sae³³tsɔ²⁴]

做木制家具。所用原料是细木。也指从事这一行当的木工,专业制作橱、柜、床、桌、椅、凳和箱子等家具。

5-69◆北辛街

落钻 [lɔ⁵³tsɔŋ³³]

手工钻。由旋握、钻杆、钻头、拉杆和牵绳等组成,内有圆孔,竹片与钻杆相接,可以自由转动,用来钻孔。常用的落钻有牵绳旋钻和弓摇钻两种,弓摇钻适用于钻较大的孔。这两种钻子都可以通过更换钻头来改变钻孔大小。

做圆竹 [tsa³³ũĩ³¹ty²⁴]

竹工行当之一。以圆竹为材料,专业制作竹椅、竹凳、竹轿、竹筏、竹床、竹梯和竹屋等,基本不需劈篾。"做圆竹"的人被称作"圆竹师傅"[ũĩ³¹ty²⁴su⁴⁵xu⁵⁵]。

5-70◆上屯

5-71◆龙村

做大篾 [tsa³³tuɛ⁵⁵miɛ⁵³]

竹工行当之一。专业制作"豨筻"[kʰy³¹ȵiãŋ³¹]猪笼、"大筼"[tuɛ⁵⁵ȵia⁵³]绑舟船木排的竹制缆绳、晒谷席、簸箕、竹篓、茶筛、"禽图"[kẽĩ³¹lẽĩ⁵⁵]罩关鸡鸭等家禽的无底笼具等粗篾器具。"做大篾"的人被称作"大篾师傅"[tuɛ⁵⁵miɛ⁵³su⁴⁵xu⁵⁵]。

编箬笠 [pʰiŋ⁴⁵liau⁵³sɛ⁵⁵]

编斗笠。将竹劈成篾条，编成上下两个一样的圆环加圆锥的篾罩，当中铺夹箬叶，再用篾丝将两层篾罩缝合。

5-72◆七道

做细篾 [tsa³³sae³³miɛ⁵³]

竹工行当之一。专业制作经篮、米筛、糠筛和篾编精致工艺品。人称"做细篾"的人为"细篾师傅"[sae³³miɛ⁵³su⁴⁵xu⁵⁵]。

编荐 [pʰiŋ⁴⁵tsoŋ³¹]

编床上稻草睡垫。过去物资紧缺，很少家庭有毛毯、线毯当床上睡垫，更没有电热毯，大多数家庭是将糯谷稻草梳去稻叶，剩下稻秆，先数十根扎成一束，叫作"秆穗"[kũĩ³¹so⁵⁵]。然后将"秆穗"横向拼连起来成为平展的睡垫，铺在床板上、草席下。夏天撤下、日晒，卷起竖放。

5-73◆梨坪

5-76◆长溪

5-74 ◆上屯

竹工工具 [ty²⁴kɔŋ⁵³kɔŋ⁴⁵ky⁵³]

主要有篾刀、大小圆凿、控厚刮刀和手摇孔把等。

5-75 ◆上屯

落竹钻 [lɔ⁵³ty²⁴tsɔŋ³³]

给竹器钻孔的手工钻。能垂直钻透叠加的厚竹块或竹管的两重管壁，便于敲进竹钉，固定竹轿、竹床、竹椅等圆竹器具。

抲草屩 [ma⁵³tsʰau³¹kiɔ²⁴]

编草鞋。用稻草编织，没有鞋面，只有鞋底与两边可供系绑的细绳。

雕花 [tiau⁴⁵xua⁴⁵]

其雕凿的材料为木、砖、石，又分为平面雕与立体雕，都要先在料面上勾描线廓，再使用錾、凿等各种不同的工具雕凿。

5-77 ◆洽历

5-78 ◆南门

5-79 ◆白水源

5-80 ◆川石

木雕 [mu⁵³tiau⁴⁵]

　　先用铅笔在木料面上描出所要展现的花鸟鱼虫或人物、动物的线廓，再用圆凿、斜凿、宽凿、狭凿等多种工具，雕凿出轮廓，然后细刻修光，刷上不同颜色的油漆。

砖雕 [tsũĩ⁴⁵tiau⁴⁵]

　　根据所要装饰墙面的艺术需要，以黏土烧造的大块砖为雕刻材料，分为平面雕与立体雕，先在料面上勾描线廓，再使用錾、凿等各种不同的工具雕凿。砖雕立面大多展现"福禄寿喜"和吉祥寓意的花纹图案。

做针工 [tsa³³tsẽĩ⁴⁵kɔŋ⁴⁵]

　　用"针工车"[tsẽĩ⁴⁵kɔŋ⁴⁵tɕʰia⁴⁵]缝纫机做衣裤等。面称其人为"针工师傅"[tsẽĩ⁴⁵kɔŋ⁴⁵su⁴⁵xu⁵⁵]。他们用布制"皮尺"围量顾客的肩宽、腰围、臀围、腿长等尺寸，用扁状粉笔在顾客带来加工的布料上，用祖辈师傅世传、仅自己看得懂的Ⅰ、Ⅱ、Ⅲ、乂、ǂ、亠、二、三、夂、拾，分别表示数字1至10。在20世纪"针工师傅"还较多，进入21世纪，由于现代工厂能规模化生产各种型号的服装，"针工师傅"就大多失业或改行了，只有少量续业，为人们缝补和裁改服装。

5-83 ◆中山路

5-81 ◆横街

5-82 ◆龙村

溪馃□绘画 [kʰae⁴⁵ko³¹lo²⁴kʰo³³ua⁵³]

鹅卵石绘画。根据所找到的石材，在头脑中想象所绘动物、人物或器物的造型布局，用油彩予以绘制，使之栩栩如生。

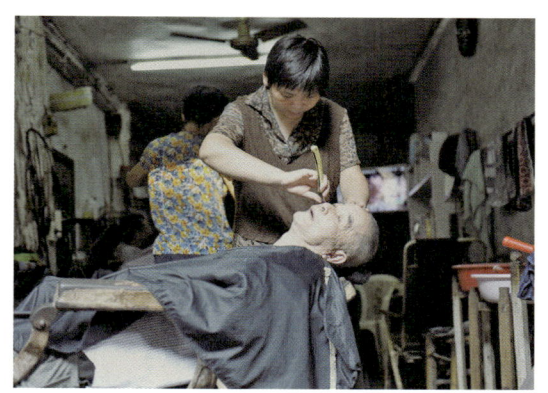

剃头 [tʰi³³tʰe³³]

男性理发。城里男性剃头多到专业理发店，由专业理发师进行：先用手推剪或电动推剪，按顺序将头颅右、后、左各部位的长头毛剪短，再洗头，并用电吹风吹干，然后用锯齿剪与平刃剪整修发型，最后用平刃剃须刀"修面"[ɕiu⁴⁵min⁵⁵]，即刮脸毛、修眉毛与刮胡子。

5-84 ◆七里街

5-85 ◆梨山

炭火熨斗 [tʰũĩ³³xo³¹y²⁴te³¹]

用铜或铁制成，分无盖敞开式（见图5-84）与封盖式（见图5-85）两种，里面装炭火，用以烫熨衣物或布料，使之平整。

补鞋 [piɔ³¹ae³¹]

建瓯专业鞋工很少，大多在店铺外屋檐下设摊，以手工与半机械化的补鞋机相结合为顾客补鞋。

5-86 ◆人民路

建瓯 伍·农工百艺

175

5-88◆南门

补垔 [piɔ³¹xo³³]

修补陶瓷器具。建瓯方言把陶器、瓷器叫作"垔器"[xo³³kʰi³³]。"垔器"用久了有"必痕"[pie³¹xɔŋ³³]裂纹，要补。其程序是：（1）将水倒入器物，查找渗漏的裂纹，并定位点记；（2）在裂纹两端适合位置用金刚钻凿出两个孔；（3）用蛋清与瓷粉调和，涂抹于裂痕处；（4）根据金刚钻所凿两孔的距离，用铜或铁锻打成的扁平的两脚钉，固牢龟裂的器物；（5）再次用蛋清与瓷粉调和，涂抹于两脚钉与陶瓷表面伏贴处。现在从事这一行当已不划算，没人再做了。

棕摇把 [tsɔŋ⁴⁵iau³³pa³¹]

将棕丝头与尾抽拧为互相含连的细绳的工具。

5-89◆北辛街

磨剪子 [muɛ³³tsãi³¹tɕie³¹]

过去家庭主妇要做全家的服装和鞋帽，用剪子较多，见到走街串巷吆喝的"磨剪子师傅"，便会出钱让其处理：卸掉铆轴，拆为两爿，一爿一爿地将剪刀放到磨刀石上磨利后，重新安上铆轴，并测试是否既严密又张合自如。当然，"磨剪子师傅"也兼带磨菜刀。

做棕床 [tsa³³tsɔŋ⁴⁵tsʰɔŋ³³]

棕床原是富裕人家的享用品，需向专业艺人定制。选用优质白坯的老硬木和棕丝做原料。先做床框，按照客户要求的大小尺寸，经锯、刨、划墨线、钻孔、制作榫卯，把4根木条拼合成床架，同时在中间横放1根微弧形的肚档。其后每10小根棕绳合成一股，穿到床框四周凿好的圆孔里，再用与织布类似的方法进行编织。高超的艺人能编织出"囍""萬""福""禄"等字，象征吉祥。

5-91◆长溪

5-90◆锦江

补鼎补面盆 [piɔ³¹tiãŋ³¹piɔ³¹miŋ⁵⁵pɔŋ³¹]

补锅、补脸盆。20世纪80年代之前，常有浙江温州一带的人到建瓯驻点，专业从事锢露工作。他们肩挑着小型的、用手推拉的木制风箱与装有木炭的土炉子及熔装金属液的耐高温小勺，走街串巷，一边吆喝，一边抖晃着成串的长柄钥匙等铁件，发出金属互撞声响，告知沿途住户，补锅、补脸盆的匠人来了；住户就会拿出漏水的锅、盆等让他们补。90年代以来，随着生活用品货源的丰富，漏水的锅、盆直接被当作废铁卖了，补锅、补脸盆的场景就很难看到了。

5-87 ◆中山路

弹棉花 [tũĩ⁵⁵miŋ³³xua⁴⁵]

手工弹棉花，所弹的棉花有两种：一是轧去棉籽的新棉（也叫皮棉）。新娘嫁妆两床棉被，绝对要新棉，并且附绕的纱线不能仅是通常的白色，而要红绿两色，以示吉利；二是扒去附绕在棉絮表面旧纱、并撕松的旧棉。弹棉花时，用"弹锤"[tũĩ⁵⁵tʰy³³]（见图5-94）频频击弦，使棉花渐趋疏松后，由两人配合用牵纱篾将棉絮的两面用纱线纵横布成网状，以固定棉絮，然后用木制圆盘压磨，使之伏贴。

5-92 ◆横街

5-93◆横街

弹弓 [tũĩ⁵⁵kœŋ⁴⁵]

由以下几个部分组成：一根状似"⌒"形的大硬木，一根绷紧在大硬木两端的牛筋和从弹棉人腰部顺着背部上伸至头顶上空、状似钓鱼竿的小径弯竿及钩提大硬木的悬绳与提钩。

5-94◆横街

弹锤 [tũĩ⁵⁵tʰy³³]

弹棉花时击打"弹弓"的木槌。用硬木锯削而成，长约30厘米。用于频频击拨靠在棉团堆上的"弹弓"弓弦，以使棉团变蓬松。

塑泥佛 [su³³nae³³xo⁵⁵]

建瓯自古就有专业"塑佛师傅"[su³³xo⁵⁵su⁴⁵xu⁵⁵]，用黏土塑造佛、道和民间信俗的各类神像。

金银器制作 [kẽĩ⁴⁵ŋœŋ³³kʰi³³tɕi³¹tsɔ²⁴]

建瓯金银器制作，共有范铸、捶揲、錾花、花丝、焊接、铆接和镶嵌7种技法。

5-95◆太平

5-98◆鼓楼后

5-96 ◆横街

嘣蜂子 [poŋ⁵³pʰoŋ⁴⁵tɕiɛ³¹]

　　用手摇膨胀器烧制爆米花。爆米花状似"大蜂子"[tuɛ⁵⁵pʰoŋ⁴⁵tɕiɛ³¹]个儿大的蜂蛹，大米、玉米等原料烧熟以后，随着膨胀器闸盖开启，"嘣"的一声巨响，米粒瞬间膨胀成"蜂子"状，故名"嘣蜂子"。

抇铁 [ma⁵³tʰiɛ²⁴]

　　打铁。将铁件置于炭火炉中炼红，用铁钳夹出，置于铁砧上，由师徒两人用铁锤敲打塑型，然后伸进水里"浪水"[xɑ̃i³³ɕy³¹]淬火，以增加强度和韧性。有一则方言谜语形象地道出了打铁时火星四溅、淬火、用铁钳夹出铁件、师徒快速轮番落锤敲打的过程：噼里啪啦满天星，白"煠"[ia⁵³]旺火煮肉块酱油蘸；一头老鸦衔出城，两只饿鬼来相争。

5-97 ◆北津

版画 [pãĩ³¹ua⁵³]

建瓯版画源于五代十国时期的建安版画，盛于两宋，传续于元、明、清与民国时期。明代中期，建安版画以上图下文的形式编印书籍，史称"建安版"，对明代后期版画高潮的到来起着重要作用。新中国成立后，建瓯版画在陈德等老一辈版画家的带领下，蓬勃发展。2003年建瓯被文化和旅游部命名为"中国民间版画艺术之乡"。木刻版画制作共有构思、选板、放样、刻版、设色和印刷6个步骤。

5-99 ◆鼓楼

做线面 [tsa³³sũĩ³³miŋ⁵⁵]

相传建瓯线面制作始于宋代，以精白面粉为原料，辅以精盐溶水，调匀拌搅成团后，经过按揉、搓条、松条、绕串、押拉、日晒、包装等9道工序制成，每次长达9—10个小时。

5-100 ◆东溪

5-101 ◆敷锡

四 商业

食杂店 [si⁵⁵tsa⁵³tã ŋ³³]

    主要售卖蜜饯、糖果、香烟等副食品。

杂货铺 [tsa⁵³xua³³pʰy⁴⁵]

    主要售卖木桶、斗笠、筐、篮、箅、绳等当地产的竹、木、麻产品。

土特产铺 [tʰu³¹tʰɛ²⁴sũĩ³¹pʰy⁴⁵]

    主要销售建瓯当地出产的"闽笋"[mẽĩ³¹sœŋ³¹]白笋干、"烟笋"[iŋ⁴⁵sœŋ³¹]烟火烘烤的褐色笋干、香菇、红菇、黑木耳、白木耳、竹荪、矮脚乌龙茶和炭焙水仙茶等特产。

5-102 ◆管葡

5-103 ◆管葡

建瓯 伍·农工百艺

181

5-105 ◆管葡

5-106 ◆中山路

草药摊 [tsʰau³¹ iɔ⁵³ tʰũĩ⁴⁵]

专门售卖青草药的摊位。

点心店 [tãŋ³¹ sẽĩ⁴⁵ tãŋ³³]

用以制售肉包、菜包、"朦糕" [mɔŋ⁴⁵ kau⁴⁵] 发糕、"扁食" [pẽĩ³¹ si⁵⁵] 扁肉、馄饨、煎饺、"鼎边馃" [tiãŋ³¹ piŋ⁴⁵ ko³¹] 锅边糊 等点心。年轻人现在随大流，店铺招牌和口头上都叫作小吃店。

铿铿敲 [kʰẽĩ⁵⁵ kʰẽĩ⁵⁵ kʰɔ⁵³]

这是对麦芽糖担子及其挑担人的常用通称。挑担人一手持着小铁锤敲打另一只手操执的"铁箄" [tʰiɛ²⁴ pae⁴⁵] 厚铁片，接连发出"铿——铿——敲——"的声响，告知人们以麦芽糖换取碎铜废铁的货郎担子来了。敲，《广韵》苦教切，去声。

5-104 ◆前街

中国语言文化典藏

5-108◆黄园

针秤 [tsẽĩ⁴⁵tsʰẽĩ³³]

　　大杆秤。乡下称作"栳" [lɔ⁵⁵]。关于杆秤有一则方言谜语是这样说的：头大尾细，一身"生疥" [sãŋ⁴⁵kae³³]秤杆表示重量的秤星像生了疥疮；揪"渠" [ky⁵³]它"耳子" [nẽĩ⁵³tɕie³¹]耳朵，这里指提纽，问你"取债" [tɕʰiu³¹tsae³³]讨债，这里指要货款。

麦芽糖 [ma⁵³ŋa³³tʰɔŋ³³]

　　少儿十分喜爱的一种甜食。主要原料为小麦和糯米。将小麦入桶内加温水浸泡24小时捞起，入甑，置于灶台后锅上保温，每天洒一至两次冷水，经6—7天，麦芽长到10厘米左右时，切成碎段。糯米浸泡约10小时，捞出沥干，入甑蒸熟，倒入大木桶，加入碎麦芽、温水，混合搅匀后让其发酵。数小时后，把发酵的糯米麦芽浆舀到纱布里过滤，拧出糖水，入锅煎煮，蒸发掉大部分水分后，改用文火慢熬，直到熬成黄褐色糊状，舀起，一面冷却，一面撒上少许面粉拌匀，防止粘连，同时进行抻拉，使之由团状变成条状。这样，麦芽糖就制成了。

5-107◆豪栋

5-109◆管葡

戥盘秤 [tãĩ³¹pũĩ³³tsʰẽĩ³³]

盘秤。在使用电子秤之前，零售摊贩普遍使用。

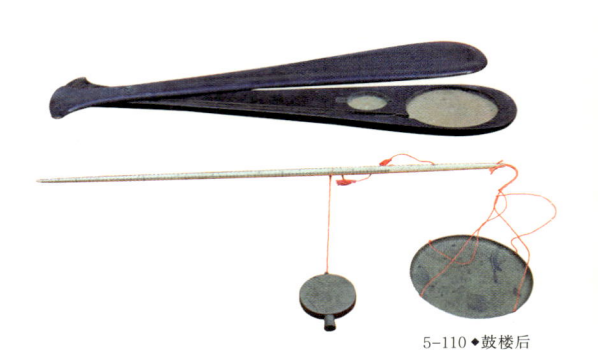

5-110◆鼓楼后

厘戥 [li³³tãĩ³¹]

小盘秤。药店与金银首饰店用于称重。外用盒子装护，便于携带。秤盘与秤砣用铜制成，秤杆旧时多用象牙制成，现在则不允许了。

米管 [mi⁵³kɔŋ³¹] │ **米斗** [mi⁵³te³¹]

均为量米的器具，按所容重量定制。"米管"多用一段毛竹留下竹节削去竹皮做成。"米斗"比米管大。用原木板劈、刨成长短适当的桶板。有两则谜语揭示了米斗的形状与特点：（1）有得食时"摞嗒摞"[lɔ⁵⁵ta³³lɔ⁵⁵]接连或连续，无得食时搁住饿；饱其时候"扨"[no³³]装填半死，饿其时候无人理。（2）"话"[ua⁵⁵]说是"滚囵"[kɔŋ³¹lɔŋ³¹]圆形四角都一般，实在高矮厚薄有机关，富人拿"渠"来相量，穷人食亏无伸冤。

5-111◆钟楼

粟斗 [ɕy²⁴te³¹]

用于量稻谷的量具。按所容稻谷重量定制，有棱台形、圆台形。有的顶端当中设提梁。

5-112◆黄园

五 其他行业

5-113 ◆下抱

烧炭 [tɕʰiau⁴⁵tʰũĩ³³]

建瓯烧炭的老工艺，就是把树木截成段，在炭窑烧到一定程度后，封闭窑门，不使空气进入，利用余热继续加热木材，干馏出水分和木焦油，木材便碳化成为木炭。这和过去家庭烧柴火的时候憋木炭是相似的。现在则多使用废料加工机制木炭，将木屑等废料压制成形，在炉中间接加热、干馏。

老鼠磕 [lau³¹tɕʰy³¹kʰɔ²⁴]

捕鼠箱。由固定的箱体、支柱、横梁和盖板（通常为厚重的砖块）以及暗藏的触动机关组成。将它放在老鼠经常出没的地方，在箱体中的食物引诱下，老鼠进入箱体时触动机关，砖头盖板随即落下，老鼠在劫难逃。这种捕鼠箱结构简单，便于移动，捕鼠量大，尤其适用于家庭捕鼠。

老鼠弓 [lau³¹tɕʰy³¹kœŋ⁴⁵]

用来捕捉山鼠和田鼠的工具。由捕鼠筒、竹弓、触碰机关和套鼠绳等几部分组成。傍晚时分，在田垄、山脚的草丛或山坡的树林中找到鼠道，先将"老鼠弓"设置好，在捕鼠筒内放几粒米，并将"老鼠弓"的底端插在鼠道上，鼠道上也放几粒米用以引诱老鼠，老鼠一旦入筒吃米，必碰到小竹钩而引发竹弓上弹，绷紧捕鼠筒内的环状套鼠绳，老鼠便被勒住，在劫难逃。

5-115 ◆郭源

5-114 ◆长溪

5-116 ◆南科

□漆 [uae³¹tsʰɛ²⁴]

割漆。建瓯至20世纪80年代，木制家具涂刷的还是因产自建溪流域而被称为"建漆"[kūĩ³³tsʰɛ²⁴]的生漆，其中以房道镇南科村出产的为上品。每年6—9月的日出前，割漆人割开漆树皮，露出木质，切成斜形刀口，再把蚌壳或长约10厘米的厚树叶插在刀口下方，令漆液流入挂着的斜口竹筒。也有割漆人将漆树杆斜着割开月牙形的小口，用长约10厘米的厚树叶，对折再对折后，插进口子下方，让生漆液沿着口子边缘流入树叶中，一两小时后再收漆。

暎羊 [iãŋ³³iɔŋ³³]

放羊。可使羊群边吃草边活动，长得更快，又不会走失。建瓯因无大片草场，养羊业历来不发达，品种也仅为山羊。建瓯有的公羊没长胡子，母羊反而长胡子，颇为怪异。据传是三国时期一员吴国将领率骑兵追杀一个步行道人，道人走进羊群就不见了，将领大怒，下令把所有羊的头都砍下，挥师而去。牧童大哭，道人复出，便让他把羊头重新安上，羊居然复活，由于忙中出错、不分公母，故而有此怪象。暎，看护、牧管之义。

5-117 ◆黄园　　　　　　　　　　　　　　　　　5-118 ◆小桥

栽菇 [tsɛ⁴⁵u³¹]

栽菇有段木栽与代料栽两种：（1）段木栽，选料是树龄15—25年，直径12—20厘米，材质坚实，树皮较厚、不易脱落的杂木，伐倒截枝后用5%新鲜石灰乳涂刷截面，防止染菌。其后按行距约6厘米、穴距12厘米钻出深1.5厘米的穴孔，在气温为5—20℃的环境下，将买来的菌种接入，用蜡涂封穴面；将段木搬入室内直立排放，并保持室温10—15℃、段木含水量为50%—60%，两周后，菌菇从穴中长出，便可分批采摘烤干。（2）代料栽，用木屑或棉籽壳等代料，植入菌种，保持大棚内空气湿度为85%—90%，培育出食用菌菇。

瞑牛 [iã³³ȵiu³³]

放牛。建瓯牧养的畜禽有好几种，一个顺口溜道出了牧养者的特点："瞑"牛得"嬉"[xi⁴⁵]玩，"瞑"马得骑，"瞑"羊勾"骹趾"[kʰau⁴⁵i³¹]脚趾，"瞑"鸡"瞑"鸭替人死。人们认为放牛、牧马和放羊各有好处，看鸡看鸭却不得清闲，显得没出息。

5-121 ◆下抱

暎鸭 [iãŋ³³a²⁴]

牧放群鸭。建瓯溪流、山塘、水田多，养鸭业与板鸭制售业历来发达，"建州板鸭"远近闻名。百只以上规模化群鸭，均有专人放牧。群鸭雇主对受雇的牧鸭人，除了付酬和约定责任制外，还按母鸭月均产蛋量规定上交鸭蛋。有经验的牧鸭人为了额外增收，便会在夜晚给每只母鸭的嘴里塞进一个冰糖粒和一条当归丝，使其咽下，鸭子每月增下1—3枚蛋，牧鸭人另卖而雇主全然不知。

狗无法 [e³¹mau³¹xua²⁴]

鸡鸭等家禽的餐具。家禽的头可伸进去用食（见图5-123），而狗却不能（见图5-124）。

5-123 ◆陈田

5-124 ◆边溪

赢鸡 [ɕiã³³kae⁴⁵]

建瓯招唤鸡来进食，一般喊"角噜噜"，直到群鸡聚拢前来为止。赢，引申指引诱、利诱，这里指呼唤。

5-122 ◆南门

犁牛语 [lae³³ȵiu³³ŋy³¹]

这是跟在牛身后扶持犁耙的人发出的驭牛口令。要牛向左耕行，就发出"哦 [ɔ²⁴]、哦、哦"；要牛向右耕行，就发出"吡 [pʰi²⁴]、吡、吡"；要牛立地停下，就发出"□□" [ɔ³¹tiu²⁴]；要牛上田埂回家，就把牛轭卸下。相传远古时期建瓯牛犁田，也是要一个人在前牵牛，一个人在后扶犁，后来八仙之一的铁拐李酒葫芦的绳子霉烂了，路过建瓯，农夫剪了一段牛鼻绳给他，铁拐李便传授了"驭牛咒"。当然，这只有建瓯的牛听得懂，外地来的牛就不听使唤了。

建瓯弓鱼 [kũĩ³³e⁴⁵kœŋ⁴⁵ŋy³³]

不是鱼名，而是用一条小麻绳，将刚出水的鱼捆绑成"弓"状运输和出售的一种离水保存活鱼的技艺。源于明代。做法为：用罾捕到鱼后，捞于小网，用左手抓住，右手从腰间抽出细麻绳咬在嘴齿上，同时抽出尖竹扦穿透鱼唇，穿入麻绳的一端打成结，然后左右手配合，将鱼向右弯，用麻绳的另一端缚住鱼的肛门打成结。这样就形成了弓状的鱼。其好处有三：一是不让鱼体动弹，保持体能，能让鱼多活2—3天；二是"弓"好的鱼置于活水中吐故纳新，除去泥腥味；三是省去运输水，又便于过秤、提带。

5-125 ◆马汶

5-126 ◆东溪

5-127 ◆西大

鸬鹚排搁鱼 [lu³³tɕi³³pae³¹na⁵³ŋy³³]

晚上七点半左右，鸬鹚的主人就会带上鱼篓、安有铁钩的撑篙、十几头颈脖处套上绳子的鸬鹚和照明的燃料——"松明"[tsœŋ³¹miãŋ³³]照明、助燃的松柴，蹬上竹排，把流网横截于河床中，放鸬鹚潜入水里啄捕鱼。每当鸬鹚钻出水面，喙里衔着鱼，渔农立即用撑篙的钩把它钩拉上来，握住其颈部，把鱼捋吐出来。有的鸬鹚非常"懂事"，遇到大鱼，会几只合起攻击，把鱼眼啄瞎，鱼漂浮在水面，渔农便用长柄小网将其捞进鱼篓。

做烧酒 [tsa³³tɕʰiau⁴⁵tɕiu³¹]

做白酒。民间认为，因是酵粮在锅底烧火蒸馏所得，故称"做烧酒"。其酒液呈白色，但除丧宴外，皆曰"烧酒"，以避讳。烧酒以籼米或高粱为主料，浸软，将老窖池中的糟醅取出，连同谷壳与用小麦预制的酒曲搅拌均匀，入甑蒸出"酒雾"，通向可冷却的"天锅"冷凝，获得酒液；又将醅料出锅摊凉，撒入曲粉拌匀，入池"固态发酵"25—30天，取出，按照新粮与醅料约1:4的比例，拌入大米、谷壳，再次烹蒸获酒。依此循环操作。

5-130 ◆仓长

5-128◆北津

鱼笱 [ŋy³³ke³¹]

捕鱼的竹笼。每年2—7月，建瓯的溪鱼会贴着湍急的水底逆游或绕着物体嬉动，人们利用此特性，笼内安装一束厚篾条，其一端削尖，设为倒刺卡口，选在水流湍急的河段放置，并用一根绳子将其与岸上树木系牢。这样的"鱼笱"，鱼进得去却出不来，随时提起竹笼，解开笼尾的束绳就可取鱼。

5-131◆仓长

发酵 [xuae²⁴xau³³]

放入经蒸熟晾冷的粮食进窖池，踩实后盖上草席或薄膜，让其深度发酵。

蒸红酒 [tsẽi⁴⁵oŋ³¹tɕiu³¹]

建瓯的黄酒因用乌衣红曲做酵母，酒液呈绛红色，故名红酒。红酒以糯米为主料，浸软蒸熟晾温，拌入乌衣红曲，放入陶埕，打入生水，满至大半埕，每日用"酒扤"[tɕiu³¹tai⁵³]一种使红曲与酒水充分混合的木制工具伸入推搡两下，让其"液态发酵"透彻，沉淀后滤出酒液即可。

5-129◆铁井栏

建瓯　伍·农工百艺

5-132 ◆仓长

5-133 ◆南门

蒸馏出酒 [tsẽĩ⁴⁵liu³¹tɕʰy²⁴tɕiu³¹]

将窖池中的酵料取出，用谷壳搅拌均匀，入甑烹蒸。所蒸出的"雾气"，通向冷凝器冷却。先流出酒精浓度为75度以上的"酒头"，而后分别流出35—75度的"酒中"和35度以下的"酒尾"，分类输入贮罐。

窖存 [kau³³tsɔŋ³¹]

将蒸馏所出的"酒头""酒中"和"酒尾"，分输入罐，存入窖库陈酿老熟三年，再勾调灌装小瓶。

做茶 [tsa³³ta³³]

建瓯制茶历史悠久。五代时期茶坊业主张廷晖在凤凰山一带所辟茶园，被闽王收为北苑御茶园，入宋以后所种茶叶，初为研膏茶，制成龙凤团饼，宋真宗咸平元年（998年）以后改为小团茶，成为名扬天下的"龙团凤饼"茶。入明后明太祖朱元璋下令罢造团饼茶，使叶形茶得以发展至今。建瓯叶形茶大宗为半发酵的青茶——乌龙茶。

做光饼 [tsa³³kuãŋ⁴⁵piãŋ³¹]

"光饼"的主要原料是面粉，经和面、揉面团、摘为小团、摁扁（光肉饼还要包馅）、研圆、上炉、扇旺炭火烤熟焙酥等环节做成。光饼以前多用木炭高炉烤焙，呈现"金面、银边、铁底、棉花心"特色；矮炉则要逊色得多，人们常用"矮炉饼"[ae³¹lu³³piãŋ³¹]来比喻水平低、办事能力差的人。

2016年，建瓯高炉光饼被福建省政府列为非物质文化遗产保护项目。

5-134 ◆东溪

5-135 ◆西大

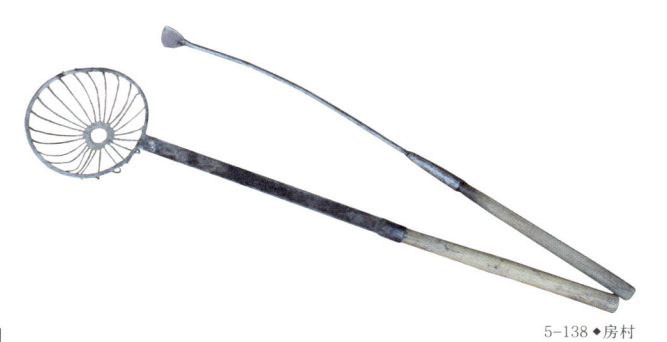

铲饼具 [tsʰũĩ³¹piã³¹ky⁵³]

5-138◆房村

铲取光饼的工具，包括光饼铲和光饼篮。饼铲一头用圆铁棍敲扁磨光，一头用圆木棍充当手柄。饼篮一头用铁线绕编，一头用圆木棍充当手柄。炉内光饼烤熟后，做饼师傅双手分别执握饼篮与饼铲的木柄，将饼篮与饼铲伸进饼炉内，双手配合着将贴附在炉壁上的熟饼铲下取出。

焙饼高炉 [po⁵⁵piã³¹au³¹lu³³]

用于烤焙光饼，主要由木制炉架和敲去一个缺口的无釉敞口倒置陶缸组成。炉内置炭火，炉壁按顺序挨着贴上饼坯；将炭火扇旺，烤熟并焙酥光饼。

焙饼矮炉 [po⁵⁵piã³¹ae³¹lu³³]

用缩口陶缸充当，置于一个圆框内，框内壁与陶缸外壁之间填以黄泥浆。烤饼时，将炭火篮放入炉膛烤熟、焙酥饼坯。

5-136◆房村

5-137◆西大

5-139◆中山路

光饼广告雕版 [kuāŋ⁴⁵piāŋ³¹kuāŋ³¹kau³³tiau⁴⁵pãĩ³¹]

　　这是一块清代早期的木刻雕版，用于建瓯房村制作的光饼等糕点食品袋上印制广告，长20厘米，宽12.2厘米，厚1.4厘米，材质为当地楠木，为书卷型。雕版上方注明"房村前街"，右上方刻有商号名称"品香居"。

做笋脯 [tsa³³sœŋ³¹py³¹]

　　做笋干。包括挖笋、修整、水煮、压榨和烘焙等环节。

掘笋 [ky⁵⁵sœŋ³¹]

　　挖笋。春季，地下毛竹笋撑裂土层，冒出笋尖，只要用锄头扒开笋体四周泥土，将其挖出即可。

5-140◆北坪　　　　　　　　5-141◆吴大元

5-145 ◆黄园

5-144 ◆龙村

豆腐架 [te⁵⁵xu⁵⁵ka³³]

做豆腐的器具。由木条通过榫卯构成框状。做豆腐时，将其置于平案，铺上纱布，将淋有卤水或石膏水的豆浆舀于纱布内，盖上盖子。随着豆浆中的水分渗出纱布，豆腐渐成，揭盖，用刀片划割为小块即可。

做豆脯 [tsa³³te⁵⁵py³¹]

做豆腐。将黄豆浸水磨浆，煮透，滤去豆渣，舀入垫有纱布的扁方形容器，用石膏水或卤水"点"凝成豆腐。

腥油榨 [sãĩ³³iu³³tsa⁵³]

榨取山茶油的木榨。建瓯种植山茶树和榨茶油的历史悠久。茶油由山茶树的籽实榨制而成，榨山茶油的步骤是：将籽实曝晒至壳胀裂脱落，碾碎磨细；用蒸笼蒸熟，趁热踩揉成饼；放入油榨中压榨，滴下油液。过去，碾碎是在水碓坊利用水流的冲击力带动木制"水车"（见图5-43）转动，进而带动碾盘运行；榨油则是将茶油饼装入由一整根老硬大木柱凿成的油床里，陆续打进斜楔形木块，进行挤、压、榨，从而滴下油液。腥，《广韵》苏佞切。

笋榨 [sœŋ³¹tsa⁵³]

榨干竹笋水分的工具。像一层一层套叠的方形蒸笼，笼底为木箅，剖开煮好的竹笋平整地摆列其中，层层叠摞，最上面一层压以重物，便能向下各层传导压力，把笋中水分压挤出来，便于晒干。

5-142 ◆边溪

5-143 ◆大庙

建瓯 · 伍 · 农工百艺

195

做板糖 [tsa³³pãĩ³¹tʰɔŋ³³]

建瓯做板糖，专门用一种比果蔗甜、但比果蔗硬的糖蔗为原料，将其整根榨出汁，滤去渣屑，放入大铁锅，一边熬煮，一边撇除浮起的泡沫杂质，每50公斤蔗汁加入50—100克石灰，并不停搅动，以中和蔗汁中的酸性和防止焦化；待汁液变成糖羹时，舀入四周围有浅沿的竹席上，冷却凝固后，切成方块状即成板糖。过去，将糖蔗榨汁，是利用木制"水车"带动碾盘运行，现在则采用电力带动轧榨机榨汁。

5-146 ◆大房

建瓯根雕 [kũĩ³³e⁴⁵kũĩ⁴⁵tiau⁴⁵]

以树根的自生形态为创作对象，通过艺术加工，创作出人物、动物、器物等艺术形象。每件根据根的各异形态而创作，故每件都是独有的。其工艺流程为：去皮清污、脱水干燥、构思立意、描廓制坯、细刻修光、打磨除痕、上蜡防腐、配备底座和命名点题等。

5-149 ◆叶坊

中国语言文化典藏

196

5-147◆后路

5-148◆王厝

□松油 [uae³¹tsœŋ³¹iu³³]

割松脂。"松油"可用来制造松香和松节油。采松油时，在松树胸径 20 厘米以上处，先在树干向阳面上刮去粗皮，割出"Y"字形泌油沟槽，具体为：正中开中沟，长约 25—35 厘米，宽约 1.5—2 厘米，深度以不伤及内皮为宜；在中沟顶端开割"V"字形侧沟，沟深 0.3—0.4 厘米，宽度不超过 0.2 厘米。"Y"字形泌油沟槽割好后，在刮面底部或中沟下端安上导油器和受油器，这样就可待收松油了。此后每年都在原"Y"字形泌油沟槽的基础上割出新沟采油。图 5-148 为泌油沟槽侧影。

做面人 [tsa³³miŋ⁵⁵nẽi³³]

捏面人。用水和面粉搅拌成较为结实的大面团，再摘取少量，通过两只手的拿捏，变成人、动物、器物等小玩件，插进小竹棒，涂上所需色彩，便可卖给小朋友玩赏了。

做垾 [tsa³³xo³³]

做陶瓷。共有挖泥采料、掺水踩料、揉泥、制坯、阴干、修坯、施釉、再阴干、装窑、焙烧、封窑降温和开窑取器等 12 道工序。图 5-151 为用泥团拉制水缸坯。

5-150◆南门

5-151◆坤口

建瓯 伍·农工百艺

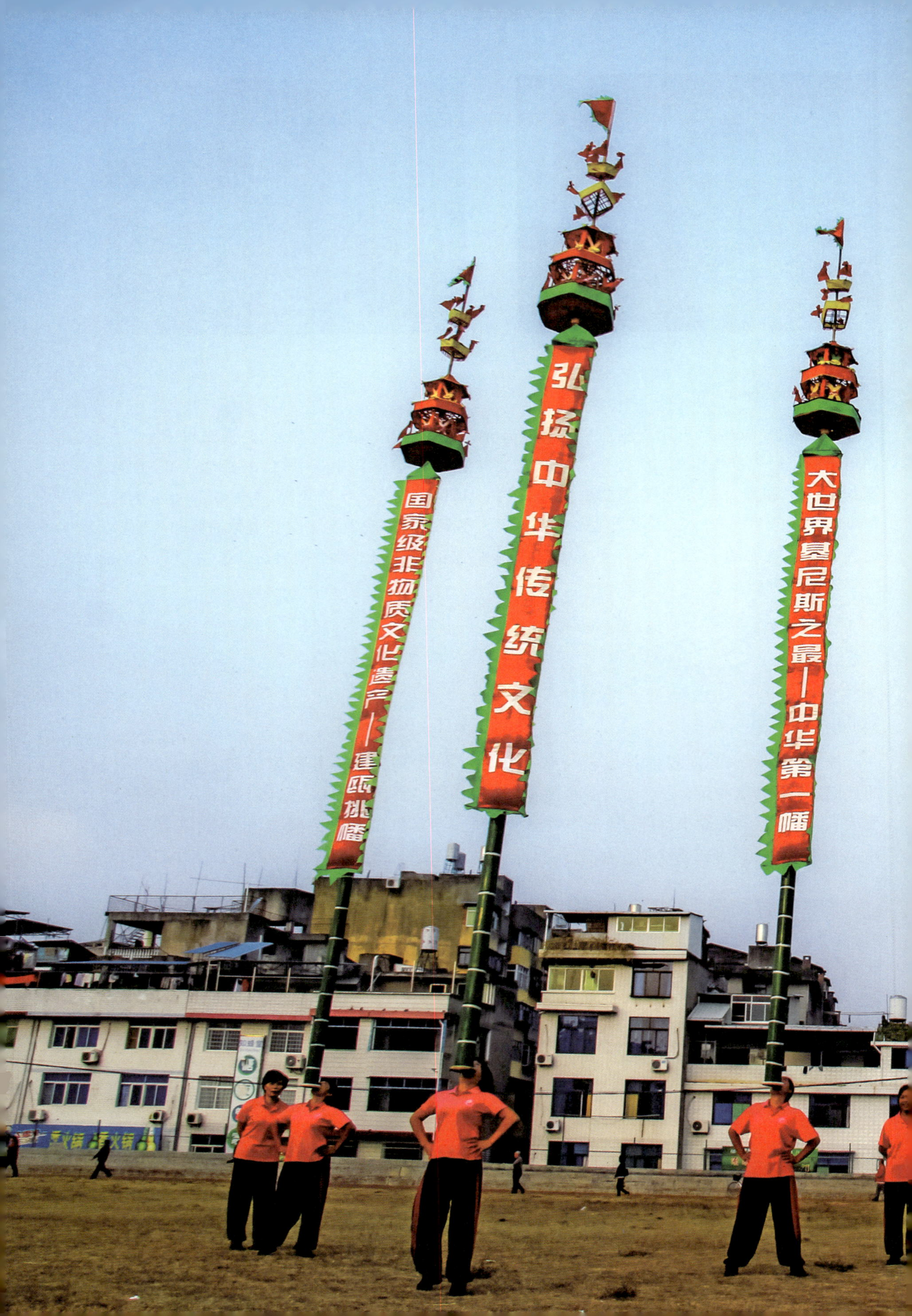
国家级非物质文化遗产—建瓯挑幡
弘扬中华传统文化
大世界基尼斯之最—中华第一幡

陆·日常活动

21世纪到来之前,建瓯人整体的生活基调可用"慢节奏"与"悠哉"来概括。这与建瓯自然环境优越、土层肥厚、种什么长什么、不愁吃穿有关。这种悠然自得的生活环境,也使建瓯人有时间下棋、打扑克、"嬉雀牌"[xi⁴⁵tɕʰiɔ²⁴pae³¹]打麻将和欣赏戏剧、学唱曲段,到"故时场"[ku³³si³³tiɔŋ³¹]听说书的场所听"说书",到庙堂看"抽傀儡"[tʰiu⁴⁵kɔ³¹lo³¹]木偶戏、听"唱曲子"[tɕʰiɔŋ³³kʰy²⁴tɕiɛ³¹]一种方言曲艺。现在,却是另一番景象。打扑克、嬉雀牌和学唱戏曲,仍大有人在,可谓"巷巷棋牌馆,昼夜麻将声"。"抽傀儡"和方言"唱曲子"虽已列为"非遗"保护项目,但仅剩的几个耄耋传统艺人已唱演困难,人们也不感兴趣,完全被跳广场舞和唱"卡拉 OK"取代了。

20世纪80年代前,孩子们课外作业不多,都会在年老长辈的教示下,唱方言"花子"[xua⁴⁵tɕiɛ³¹]童谣、儿歌、"估对子"[ku³¹to³³tɕiɛ³¹]猜谜语,其乐融融;孩子们还自做玩具,相互比试,结伴玩耍,童趣十足。城区孩子们常玩"跳索"[tiau³¹sɔ²⁴]跳绳、踢球、"跳厝"[tiau³¹tɕʰiɔ³³]过家家、"□角猴"[ty³¹ku²⁴ke³¹]捉迷藏、"食橄榄"[iɛ⁵³kãŋ⁴⁵lãŋ³¹](又叫"翻花索"[xuãĩ⁴⁵xua⁴⁵sɔ²⁴])、"嬉车圈"[xi⁴⁵tɕʰia⁴⁵kʰũĩ⁴⁵]滚铁环、"拍轻骨头"[ma⁵³kʰiãŋ⁴⁵kɔ²⁴tʰe³³]

抽打陀螺、"扳手劲"[pāi⁴⁵ɕiu³¹kʰēi³³]掰手腕、单脚独立互撞较劲等游戏。具有很强的互动性和合作性，非常利于健康成长。乡下孩子则会"摸鳅"[mɔ⁴⁵tɕʰiu⁴⁵]捉泥鳅、"拾塍螺"[ɕiɔ²⁴tsʰãĩ³³sɔ³³]捡田螺、摘野果、"搦塍鼠"[na⁵³tsʰãĩ³³tɕʰy³¹]捉田鼠等。这些都是过去的事了。现在孩子的玩具都是买的，而且被各种新奇刺激的电动玩具和网络游戏所替代。

以前，建瓯人居所为一至二层平房，邻里之间的联系密切，遇上谁家婚丧嫁娶，邻里乡亲都会来帮忙。互助协作的民风体现在日常生活中。现在不少人购买高楼大厦的单元房，关上门便自成体系，互不往来，连同楼层的邻居也互不认识。

有的建瓯人信奉佛教、道教。很多文化程度低的人分不清佛与道、神与灵，实际上大多搞的是民间信俗，因而算命、测字、抽卦等活动仍流行。

建瓯人还信奉茶神张三公、陈林李三大奶、马大仙、萧公太保爷和水神妈祖等地方神祇。

一起居

6-2 ◆下屯

百桌宴 [pa²⁴tɔ²⁴iŋ³³]

　　佛诞（又名"佛期"）庙会期间，为信众举办的盛大宴会，往往百桌千人以上。信众所捐善款多寡不限，自觉投入庙堂所设功德箱。

对拳 [to³³kũĩ³³]

　　划拳。建瓯盛行这种饮酒风俗和斗酒博戏。有句戏言"酒输拳赢，拳输酒赢"，开口与出手都是赢。按习俗，一般以三杯或六杯酒为一回合。若此回合全输，还得"奖"酒一杯。颇具特色的是"地名拳"，从一到十，全是建瓯街、巷、村、路名：一中口、双坪村、仨梨园、四角井、五通巷、六一坡、七里街、八角楼、九曲巷、十字街。此外还有"加减正"[ka⁴⁵kãŋ³¹tɕiãŋ³³]、"觑斗里"[tsʰu⁵⁵te³¹ti³¹]、"抐通关"[ma⁵³tʰɔŋ⁴⁵kũĩ⁴⁵]、"搭小和"[ta²⁴ɕiau³¹ua³¹]等既斗智又斗量的对拳方法。

6-4 ◆黄园

6-1 ◆水西

6-3 ◆漈上

食饭 [iɛ⁵³puĩ⁵⁵]

建瓯人吃饭，早餐叫作"食早"[iɛ⁵³tsau³¹]，城镇居民多以豆浆、粉条为主，农村则多以米粥为主；午餐与晚餐，分别叫作"食昼"[iɛ⁵³te³³]与"食暝"[iɛ⁵³mãŋ³³]，以米饭为主。

食酒 [iɛ⁵³tɕiu³¹]

饮酒。建瓯空气潮湿，自古农业发达，农户居家必自酿糯米红酒，除备民俗礼节之用外，主供农田耕作者常年食用，以达祛湿祛风之效。建瓯还被称为"酒城"，酒风盛行，有客必令饮，有饮多成醉，否则不足以显示热情待客。酒宴上，不论菜肴昂贵还是价廉，东家在开场白中总有一句话："大家行得难，无菜食，多食几杯酒。"

座次 [tso⁵⁵tsʰu³³]

建瓯人吃饭与入宴，讲究座次规矩。在家里，餐桌设于厨房或厅堂，面朝门的座位为主座，由年龄或辈分最高者入座，并以此为中心，"先右后左"依次按辈分落座。若是婚宴，"新娘桌"[sẽi⁴⁵ȵioŋ³³tɔ²⁴]设于大厅中央，新郎与新娘坐主座，"舅子"[kiu⁵⁵tɕiɛ³¹]新娘的弟弟挨着新娘坐，而后是接与送新娘的人入座。若是寿宴，"寿星桌"[ɕiu⁵⁵sãi⁴⁵tɔ²⁴]设于大厅靠墙中央，便于晚辈拜寿。若是"做晬"[tsa³³tso³³]办周岁酒，幼儿由母亲抱着坐主座，便于宾客观望、逗摸和送上祝福。

6-5 ◆北门

6-6 ◆鼓楼后

6-8 ◆凉墩

食茶 [iɛ⁵³ta³³]

喝茶。建瓯对茶的尊崇与礼遇蔚成风俗。北宋大观年间（1107—1110 年），宋徽宗赵佶以建安北苑御茶园为主要研究对象，撰写《大观茶论》共 20 篇，其中首倡茶道，成为其后日本茶道的祖源。通常百姓家亦以茶做东，家家必备，包括以茶会友、待客、联谊、相亲、祭祖、迎神，传承至今。其中尤其有趣的是相亲中的"献茶"。若东家一眼就相中，会在热茶中加进一小团冰糖和一粒红枣，表示满意与甜美；若未相中或表示有待接触和深入考察，则只献茶。

食樟烟 [iɛ⁵³tɕiɔŋ⁴⁵iŋ⁴⁵]

抽旱烟。用竹龄五年以上"观音竹"[kũĩ⁴⁵iŋ⁴⁵ty²⁴]一种小径竹，常被人们寓予吉祥如意的内涵的竹箆及其相连的竹竿做成的烟筒，抽自种自烤烟叶所切成的烟丝。食樟烟的人说食香烟没劲没味。有一则谜语戏谑"食樟烟"的人：五兄弟扛把铳，扛去"揞"[ma⁵³]打"人熊"[nẽĩ³³xœŋ³³]喻胡子拉碴的男人；"人熊""揞""起烟"[kʰi³¹iŋ⁴⁵]冒烟，"喙"[tɕʰy³³]嘴里"□"[nuɛ³³]屙"鸡粘"[kae⁴⁵niŋ⁴⁵]状似鸡屎的痰。

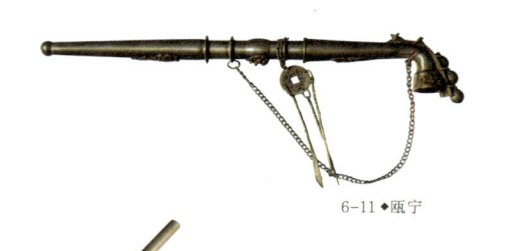

6-11 ◆瓯宁

铜烟管 [tɔŋ³¹iŋ⁴⁵kɔŋ³¹]

专业工匠用铜材打制，由燃烟窝及其连接管、吸烟嘴及其连接管组成，两部分之间可拆卸、可套接。

水烟筒 [ɕy³¹iŋ⁴⁵tɔŋ³³]

专业工匠用铜材打制，由烟丝筒及其燃烟窝、吸烟管和贮水罐三部分组成。燃烟窝置于烟丝筒上端，吸完烟只要向上抽提烟丝筒，向吸烟管内吹气，气流就会经过贮水罐的水面把烟窝里的烟丝灰烬吹出。贮水罐能起到滤烟降热的作用。

6-10 ◆通济

6-9◆南门

食水烟 [ie⁵³ɕy³¹iŋ⁴⁵]

用铜制或竹制水烟筒,抽自种自烤烟叶切成的烟丝。往往将草纸卷搓的纸捻窝着的暗火吹出火苗,并将烟丝点着。水烟筒内灌了水,从嘴里吸入胸肺的烟,通过水的过滤,就不会太热。

圩场 [xy⁴⁵tioŋ³¹]

集市。建瓯圩场有两种:一为住户与人口密集的乡镇政府驻地所设的天天集中贸易的场所,二为大的村庄所设的每五天赶圩一次的圩场及其延伸街边。

6-7◆东峰

食香烟 [ie⁵³ɕioŋ⁴⁵iŋ⁴⁵]

抽卷烟,不论有无海绵过滤嘴。有一则谜语描摹道:你"喙"对我"喙",我手掐你腰;"放着"[poŋ³³tio⁵⁵]点着一把火,"逮"[tae⁵⁵]从你"奏⁼口"[tse³³pʰae³¹]屁股烧。

逮圩 [tae⁵⁵xy⁴⁵]

赶集。建瓯自古为农耕社会,农村集市贸易活跃,以乡镇所在地的街市为圩场,以农历日期为圩期,每五天设一圩,并错开安排,如有的逢一、五,有的逢二、六,有的逢三、七,有的逢四、九。是时,城里的商贩下乡从事购销,周边各村农户也肩挑手提,带着自产的农产品到圩场出售,买回所需的油盐布等生活用品。

6-12◆水源

6-13◆丰乐

建瓯 陆·日常活动

205

二 娱乐

6-15 ◆鲁口

挃雀牌 [ma⁵³tɕʰiɔ²⁴pae³¹]

打麻将。传说建瓯仓长路片区古代设有很多丰年购、灾年赈的存粮"义仓"。粮仓多，雀患也多，府衙为了鼓励各仓吏和守差捕雀护粮，制作竹码作为捕雀和发赏的筹牌，上刻"饼、索、万、东、南、西、北、中"等，年终结算。"饼"的图案是火铳射管的横断面，几饼表示火铳数。"索"是捆串起雀鸟的绳索，几索表示几串鸟。"万"是赏钱的数目。"东、南、西、北、中"为库区方位。雀患不是时刻有，守差闲得无聊，便用雀牌玩"输赢"，赢来的在年终也可领赏。故名。

挃扑克 [ma⁵³pʰu⁴⁵kʰɛ²⁴]

打扑克。扑克玩法多样，通常有"争上游" [tsãĩ⁴⁵tɕiɔŋ⁵⁵iu³¹]、"接七" [tɕiɛ²⁴tɕʰi²⁴]、"吹牛皮" [tsʰuɛ⁴⁵niu³³pʰuɛ³³]、"钓红点" [tiau³³ɔŋ³¹tãŋ³¹]、"挃百" [ma⁵³pa²⁴]、"21 点" [ni⁵⁵i²⁴tãŋ³¹] 和 "24 点" [ni⁵⁵si³³tãŋ³¹] 等。

斗骸劲 [te³³kʰau⁴⁵kẽĩ³³]

一种比脚劲、赛平衡的游戏，多由少年儿童进行。参与者双手抱住一条弯曲的腿脚，另一条腿直立，蹦撞对方，看谁能保持平衡直立而不歪倒。玩耍时，可一对一，也可一对俩或一对仨。

6-14 ◆陈田

6-18 ◆龙村

6-17◆梨坪

6-16◆梨坪

磨树 [mɔ⁵⁵tɕʰiu⁵⁵]

此为村头或村尾有"风水林"[xɔŋ⁴⁵ɕy³¹lãŋ³³]（见图6-70）大树的儿童娱乐活动。小孩数人，后者依次拉住前者的衣尾，围着大树转圈，类似北方的马转碾、驴推磨。

蒙搦 [mãŋ⁴⁵na⁵³]

蒙着眼睛的人捉拿同伴的一种儿童游戏。数人轮流用布条蒙住"目珠"[mu⁵³tɕiu⁴⁵] 眼睛，在空地一定范围内，根据脚步声，捉拿自由活动的人；被捉住的人，反过来充当捉拿人，直至捉到替换的人为止。

食橄榄 [iɛ⁵³kãŋ⁴⁵lãŋ³¹]

也叫"翻花索"[xuãĩ⁴⁵xua⁴⁵sɔ²⁴]。两个小孩以双手的手指，将绳头绳尾闭合的红头绳，分别翻转出两层以上的"橄榄"（即菱形）、正方、长方等线形。民间认为这种游戏可以愉悦身心和提升小孩多种"翻转变形"的能力。橄，声调特殊。

扳手劲 [pãĩ⁴⁵ɕiu³¹kʰẽĩ³³]

掰手腕。由两人各出右手或左手，胳膊肘放于桌面作为支撑点，然后双方使力较劲，把对方的手背掰到贴至桌面，对方就算输了。此游戏能够培养耐力和使劲的技巧。

6-19◆黄凌

6-20◆黄凌

建瓯　陆·日常活动

207

6-21 ◆黄凌

6-22 ◆黄凌

跳骹乐 [tiau³¹kʰau⁴⁵lɔ²⁴]

由三至四人各出一条相同的腿，抬起勾搭住，另一条腿向相同的方向蹦跳，因而有的向前跳，有的向后跳。需要很强的协作性，快乐无比。跳，《广韵》徒聊切。

跳橡皮筋 [tiau³¹ɕiɔŋ⁵⁵pʰuɛ³³kũĩ⁴⁵]

由两人分立左右，将环状橡皮筋撑开为平行的两条，其他人用脚面钩住皮筋弹跳一下，松开一下；若未出现缠绊，皮筋渐次平行升高，再用脚面钩住皮筋弹跳。如此反复，直至皮筋升高至颈脖处，看谁跳得更高。

弹珠珠 [tũĩ⁵⁵tɕy⁴⁵tɕy⁴⁵]

弹玻璃珠。两人将各自数量相等的玻璃珠，逐一放在桌面上，弯起一只手的食指或中指，轮番将自有的玻璃珠弹射向对方的玻璃珠。若对方的玻璃珠被射中滚落，则输"一珠"；若对方数量对等的玻璃珠先被射中滚落，则对方先输一轮。一般以三轮定全盘输赢。

瞎子摸人 [xae²⁴tɕiɛ³¹mɔ⁴⁵nẽĩ³³]

若干个小孩玩的游戏。其中一个被先用手帕或红领巾蒙住双眼，充当盲人，用手去捉摸一个人的个头、脸、鼻等，估猜其名字。若猜不对，则继续充当盲人，去捉摸另一人；若猜对，则交换角色，被捉摸者充当盲人去摸人。

6-25 ◆黄凌

6-26 ◆黄凌

6-24 ◆锦江

6-27 ◆黄凌

跳厝 [tiau³¹tɕʰiɔ³³]

跳房子。小孩两人或数人玩的比脚劲与巧使蹴力的游戏。在平地上画出"田"字或"昌"字,或"日"字下加个空心"十"字等,按顺序标上1、2、3、4、5……。每人先后分别用一小块碎瓦片,掷向"1",然后单脚跳入,用脚尖将碎瓦片蹴向"2"、蹴向"3"、蹴向"4"……,其间若脚掌踩线、踩压碎瓦片,或碎瓦片压线、出框格,就被淘汰出局。其间若没出现以上情况,顺利返回,就算闯过第"1"关,便可将碎瓦片掷向"2",依顺序施行。最后根据闯关的多寡,分得名次。

嬉水激枪 [xi⁴⁵ɕy³¹ki²⁴tɕʰiɔŋ⁴⁵]

玩水枪。选一段竹节长的苦竹,在靠近一头竹节的地方,将竹子锯为一长一短的枪栓与枪筒两段。枪栓用"毛竹肉"[mau³³ty²⁴ny⁵³]竹壁削一根圆柱形的竹条,一头塞进短竹节;另一头用一小段棉布窄带缠包住,并用棉纱线绑实。枪筒则用铁钉在竹节当中打一个小洞。玩耍使用时,将枪栓塞至枪筒靠近竹节处,伸入水中,抽提枪栓,这样,水在虹吸原理作用下,灌入枪筒;再推挤枪栓,水柱就从枪筒口喷射出来了。

踢球 [tʰɛ²⁴kiu³¹]

踢毽子。毽子分有反弹力和无反弹力的两种。无反弹力的,可单人踢,也可多人踢。踢球高手时常翻新花样,像跳舞那样,很是好看。有反弹力的,两人或人数相等的双方对决,一方用脚面踢出的毽子落地反弹又下落的瞬间,对方挥起脚面又将毽子踢高,如此反复,谁接不准、接不住,便输了一局。这种活动不以输赢为目的,有利于锻炼腿脚、愉悦身心。

6-23 ◆福宁

建瓯 陆·日常活动

209

6-28 ◆黄凌

嬉车圈 [xi⁴⁵tɕhia⁴⁵khũĩ⁴⁵]

滚环。车圈实际是箩底坏掉的竹筛或"竹□"[ty²⁴lia⁵³]竹制圆形晒具的外圈，少年会用一根约1米长的竹子做竿，用粗铁线做一个"乙"字形的驱动钩，塞进竹竿的管孔，组成驱使柄，驾驭着车圈向前、向左、向右滚动，驾驭技能娴熟的可跃沟过坎。

樵车子 [tshau³³tɕhia⁴⁵tɕie³¹]

家长为孩子做的儿童玩具车，由掌控方向的车把、载人车身、运行车轮三部分组成。车轮为工厂废旧的钢制轴承。儿童坐于车身板上，双手把控车把，双脚落地向前蹬撑，车子就运行起来了，遇下坡可自动滑行。

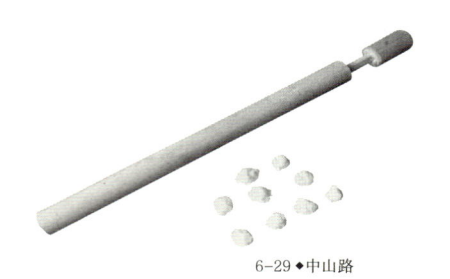

6-29 ◆中山路

嘹嘹子 [phɔ⁵³phɔ⁵³tɕie³¹]

弹射"纸子"[tsuɛ³¹tsɛ³¹]小纸团的竹管枪。按其发射时的声响取名。子弹用废纸浸湿后掰成的小团充当；枪管选择裁去两头竹节的小径竹子充当；枪栓用削圆的竹筷，塞到一小段的竹节内充当。射击时，先将一个湿纸子弹，用枪栓顶入枪管，推到管端，再将一个湿纸子弹塞进枪管，猛地一推或猛拍一下枪栓，位于枪管端的那粒子弹，在管内无处可去的空气压摧下，随着"嘹"的一声，就射出去了。再塞进一个湿纸子弹，同用此法，就可间续发射。

6-32 ◆中山路

樵枪 [tshau³³tɕhiɔŋ⁴⁵]

木头枪。儿童玩具，多是家长的杰作。用干硬木锯削而成，一般不配皮制枪套。

6-31 ◆上屯

纸鹞 [tsue³¹iau⁵⁵]

　　风筝。纸鹞用细竹篾拗折做骨架,并用油纸搓制的细绳捆扎定形,外糊色纸,绑上可收放的线团,在空旷的地方竞放。

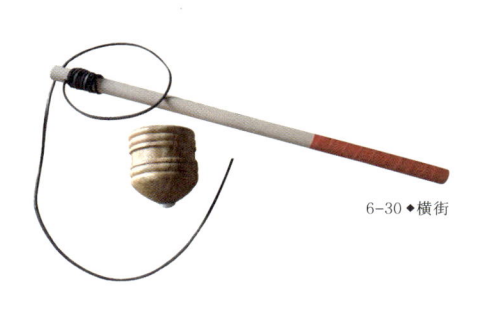

6-34 ◆南门

6-30 ◆横街

轻骨头 [kʰiã ŋ⁴⁵ko²⁴tʰe³³]

　　陀螺。不抽打就不旋转,故名。

风车子 [xɔŋ⁴⁵tɕʰia⁴⁵tɕiɛ³¹]

　　用一张方形厚纸,每两角对折一下,形成一个"×"形折痕,以这个"×"形折痕的交点为中心,在正中画一个"口"字,与方形纸的四条边组成一个"回"字,从纸的四个角向内剪至纸内"口"字的四个角,将每两个对称的角弯向中心点,用糨糊粘住,再用点着的香从中心点烫出一个小圆洞,当作风车转轴的空心卯,其后用竹条削制一个"┐"形的手持柄,将一头插入转轴的空心卯,这样,随着人的跑动,纸制风车的轮就转动起来了。

唱曲子乐器 [tɕʰiɔŋ³³kʰy²⁴tɕiɛ³¹ŋa⁵³kʰi³³]

　　又名"唱曲子家伙"[tɕʰiɔŋ³³kʰy²⁴tɕiɛ³¹ka⁴⁵si⁴⁵]。"唱曲子"是用建瓯话说唱的一种曲艺形式,流行于建瓯、建阳、松溪、政和、顺昌等县(市、区),已被福建省政府列入非物质文化遗产名录。其伴奏乐器是扁鼓和竹板。说唱时,说唱人端坐椅子上,扁鼓放在并拢的双腿或鼓架上,一手执鼓槌,一手执竹板,配合着口中唱词与念白的快慢而敲打,很有节奏和韵律。过去多为盲艺人演唱,现在学艺传承,主演、主唱不受限制,并有若干人配以肢体语言助演,更能适应现代人的欣赏习惯。

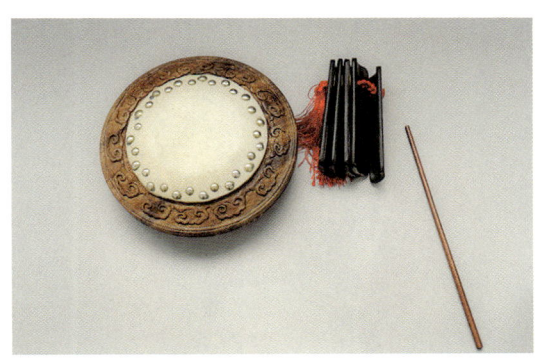

6-33 ◆西大街

6-35 ◆鼓楼

建瓯　陆·日常活动

211

6-36 ◆东门

锣鼓钹 [lɔ³³ku³¹puɛ⁵³]

民族打击乐器的统称。按《上四板》[tɕiɔŋ⁵⁵si³³pãĩ³¹]、《下四板》[a⁵³si³³pãĩ³¹]、《十番乐》[si⁵⁵xuãĩ⁴⁵ŋa⁵³]等器乐曲目，分器种、有节奏地配合敲打。其中，"钹"方言叫作"镲镲子"[tɕʰiɛ⁵³tɕʰiɛ⁵³tɕiɛ³¹]。

鼓板 [ku³¹pãĩ³¹]

由鼓与硬木敲板两部分组成，是"傀儡"[ko³¹lo³¹]木偶剧团的打击乐器。鼓面稍凸，悬空挂在鼓架上，敲出的声音很结实，微有金属声。

6-37 ◆玉山

嘀嗒 [ti⁵⁵ta³³]

唢呐。吹管乐器，音色明亮，音量大，管身木制，呈圆锥形，上端装有带哨子的铜管，下端套着一个铜制的喇叭碗。多在民间鼓乐班和戏曲的伴奏中应用。

6-38 ◆玉山

傀儡 [ko³¹lo³¹]

　　木偶。外穿服装用色布缝制,身体各部位用木头雕刻,其肘、掌、指、肩、脖、下巴、膝盖、屁股等活动关节均有转轴,由艺人提线控制,根据剧情施展动作。现在建瓯傀儡戏班所用傀儡均系民国时期所传留,当时雕刻傀儡与表演傀儡戏最好的是一个叫"南佬"的艺人。有一则谜语道出了傀儡的艺术特征:"鸢"[tau⁵³]远"觑"[tsʰu⁵⁵]看一片林,近"觑"一排人,有"喙""儃"[mae⁵³]不会"话事"[ua⁵⁵ti⁵⁵]说话,借"喙"唱古人。

6-39 ◆东峰

扦担舞 [tɕʰiŋ⁴⁵tãŋ⁴⁵u³¹]

　　"扦担"即挑杠,"扦担舞"是以"扦担"为主要道具的舞蹈。最早出现在青少年男女中。他们上山砍完柴火,就地取黄竹劈篾扎捆后,砍一根篙竹削尖两头,插进柴火捆充作扦担。在篙竹削尖前,他们追逐嬉闹,用竹竿对敲,或用刀背、刀柄有节奏地敲击竹竿,发出声响,手舞脚踏,哼呀呼唱。后来,经过舞者与音乐人编串,成了一种音乐舞蹈。柴刀原先在舞台上是真家伙,后来考虑到安全因素,改用木制柴刀模型替代。

6-40 ◆芝山

6-41◆郑魏

戏台 [xi³³to³¹]

　　戏台没有礼堂、会堂的舞台那么大，但皆有遮雨的斜面房顶，有的为单檐歇山顶，有的为重檐歇山顶。戏台的台柱由木材构筑，高约 1.2 米；台面由厚木板铺成，或固定或可灵活拆卸。活动型的戏台设于场地当中，平时收去台板，供人通行，演出时铺上。

6-42◆胜利

6-43 ◆水西

建瓯挑幡 [kũĩ³³e⁴⁵tʰiau⁴⁵xuãĩ⁴⁵]

　　源于明末清初，当时郑成功入闽，一面抗清复明，一面筹收台湾，从建瓯征招了许多青壮年造船工匠入伍。收复台湾后，部分将士退役返乡，将带回的明朝军旗挂在长竹竿头，挥舞呐喊，为在海战中牺牲的同乡招魂；驻守清军前来取缔，造船工匠们便互相传护旗幡，使得清衙无奈放弃。之后，每逢农历正月二十四，均举行此活动，逐渐演变成游乐健体习俗与技艺。动作有"手舞东风转""脚踢西方柱"等24招式。2008年被列入国家级非物质文化遗产名录。

6-44 ◆中田

谢⁼新娘 [tɕia⁵⁵sẽĩ⁴⁵ɲiɔŋ³³]

  背新娘。是迪口镇郑魏、值源等高山村旧时特有的婚嫁习俗。新娘出嫁，由其母亲的兄弟"谢⁼"去。出门时，一对灯笼导前，箫笙鼓乐数人随后，好不热闹。途中，若舅舅背累了，休息片刻，新娘落地，脚下须垫竹筛；若新娘肥胖，舅舅背得气喘吁吁，私下叫新娘走一小程，新娘认为不合规矩，死也不肯，引得送亲队伍忍俊不禁。此番婚俗与情境，被改造配乐，作为踩街游乐与舞台表演节目，民俗风味十足。

估对子 [ku³¹to³³tɕie³¹]

  猜谜。建瓯方言所说的"对子"，是指谜面与谜底相对应的谜语，而非上联与下联对称的对联。

6-45 ◆青云

6-47 ◆南门

三信奉

财神爷 [tso³¹sẽĩ³¹iɛ³¹]

　　传说中主管财源的神明，主要有两类：一是道教赐封，二是民间信仰。道教赐封为天官上神，民间信仰为天官天仙。建瓯的寺庙一般供奉五路财神，而三清宫供奉八方财神，分别是：武财神赵公明、东路财神萧升、南路财神陈九公、西路财神曹宝、北路财神姚少司、中武财神陆逊、东南财神鲁肃和西北财神吕蒙。

关帝爷 [kũĩ⁴⁵ti³³iɛ³¹]

　　亦称"关公"[kũĩ⁴⁵kɔŋ⁴⁵]。与一些地方不同的是，建瓯还有红脸的文关公，护佑信士的进学、提擢。

三宝佛 [sãŋ⁴⁵pau³¹xo⁵⁵]

　　也称"三世佛"[sãŋ⁴⁵si³³xo⁵⁵]。光孝寺大雄宝殿正中是如来佛，佛教界的万佛之尊，掌管现在；左边是燃灯佛，掌管过去；右边是弥勒佛，掌管未来。如来佛像前的两尊弟子分别为阿难和迦叶。

6-48 ◆党城

6-46 ◆马汶

建瓯　陆·日常活动

217

茶神张三公 [ta³³sẽĩ³¹tioŋ⁴⁵sāŋ⁴⁵koŋ⁴⁵]

原名张廷晖，字仲光，号三公。当地茶人奉为"茶神"。北宋年间，北苑茶的发展，让建瓯成为著名茶都。张廷晖因献凤凰山方圆30里茶山给朝廷建茶园，并在制茶技艺上有过重大贡献，被授封为阁门使，深受茶人和朝廷赞赏。宋咸平年间，凤凰山建立了张阁门使庙。宋绍兴年间朝廷追封张廷晖为美应侯，赐匾曰"恭利"，敕建恭利祠祀之，民间茶农茶工称为茶神庙，久而成俗，香火延绵至今。每年农历八月初八为茶神祭祀日。

6-49 ◆霞镇

孔庙 [kʰɔŋ³¹miau⁵⁵]

始建于宋宝元二年（1039年），几经毁圮重建。现存的大成殿，虽重建于1869—1879年，但其柱础皆为宋物。孔庙建筑群，由照壁、棂星门（见图6-53）、泮池（见图6-54）、戟门、两庑、拜台、明伦堂、尊经阁、春风堂、藏书阁、集贤堂、聚星亭、崇圣祠、大成殿（见图6-51）等组成，占地4688平方米。2013年被国务院确定为第七批全国重点文物保护单位。

6-51 ◆青云

三大奶 [sãŋ⁴⁵tuɛ⁵⁵naɛ³¹]

民间信奉陈靖姑、林九娘、李三娘三位"神嬷"[sẽi³¹ma³¹]。民间认为，敬拜之，可使结婚多年未生育的妇女怀孕，也可使体弱多病的婴幼儿不致夭折，并身体好转，平安长大。

6-50 ◆南门

大成殿歪材正用 [tuɛ⁵⁵tsʰẽi³¹tãĩ⁵⁵uaɛ⁴⁵tso³¹tɕiãŋ³³œŋ⁵⁵]

闽北并不缺乏栋梁大材，但孔庙大成殿内不少梁柱用的却非大而直的"规格材"[ky⁴⁵kɛ²⁴tso³¹]质量在等级标准以内的木材，而是弯曲不一的金丝楠"等外材"[tãĩ³¹ŋuɛ⁵⁵tso³¹]质量在等级标准以外的木材。经工匠巧用，重心垂直于地，柱歪而力不歪，支撑起宏大稳固的殿宇。或认为蕴含了孔圣人"有教无类""因材施教"的教育理念。民间认为，这也让信心不足的参与科举考试的学子看到了"天生我材必有用"的希望。建瓯历史上共出了1154名进士，是全国18个"千名进士县"之一。

6-52 ◆青云

棂星门 [lẽi³¹sãĩ⁴⁵mɔŋ³³]

棂星代表天上的文曲星，后来人们又将棂星解释为天镇星、文曲星、魁星。棂星门是在明太祖洪武十五年（1382年）以后出现的，只有孔庙才有，象征祭孔如同尊天。以棂星命名孔庙大门，象征施行教化、广育英才的孔子可与天镇星相比，又意味着天下文人学士统一于儒学的门下，汇集于此。

泮池 [pʰũĩ⁵⁵ti³¹]

位于孔庙庭院棂星门之后，是半月形的水池，意即"泮宫之池"，它是官学的标志。因孔子曾受封为文宣王，"泮池"为其规制。泮池上一般有石桥，或拱或平，称为泮桥。科举考试时，学生过桥去拜孔子，称为"入泮"[ni⁵³pʰũĩ⁵⁵]。

6-53 ◆青云

6-54 ◆青云

字纸炉 [tɕi⁵⁵tsuɛ³¹lu³³]

寺庙、祠堂等场所和旧时巷尾专门用来焚烧有字纸张的炉子。民间认为，读书识字是神圣的事情，纸张写的字是孔子的眼神目光，是不允许随意丢弃的，需要放进字纸炉或火盆内焚化，以示对文化知识的敬畏。

6-55 ◆党城

三清宫 [sãŋ⁴⁵tsʰẽɪ⁴⁵kœŋ⁴⁵]

建于云际山上，传说此地在三国时期为东吴大将吕蒙后裔的家宅，后来捐作寺庙，初名"林泉寺"，唐武德元年（618年）扩建。据史载，明万历年间这里就有丹青阁、马大仙庵等。其主殿三清殿坐西朝东，面积960平方米，为重檐歇山式屋顶、五步梁十一檩抬梁式屋架，四侧翼角高翘，金柱全部采用锥栗树原木；三清殿北侧有百仙殿和吕祖殿。1998年重建时，从旧基中清理出许多珍贵文物，石刻"慈航道人"神像，已确认为国家二级文物。2012年，三清宫被国家宗教局确定为先进宫观。

6-58 ◆南门

6-56◆南门

光孝寺 [kuaŋ⁴⁵xau³³tɕi⁵⁵]

　　始建于南朝陈武帝永定二年（558年），一直是闽、浙、赣僧人受戒圣地，且历代福建佛教法会都以此为戒坛。明代鼎盛时，僧侣数百人。据传，清顺治皇帝拜光孝寺维琳和尚为师，封其为国师。现存光孝寺占地91亩，分为三组建筑群。大雄宝殿为重檐歇山式屋顶，架梁式屋架。1987年光孝寺重修，中国佛教协会会长赵朴初题写了"光孝禅寺"匾额。

东皇庙主殿 [toŋ⁴⁵uaŋ³³miau³³tɕy³¹tãĩ⁵⁵]

　　建瓯在三国吴景帝永安三年（260年）时就设为闽境建安郡，晋朝也沿袭，为了彰显这一特殊地位，于公元317年在白鹤山建起了东岳行宫，由东岳大帝统领全郡鬼神。建筑群由金刚殿、前殿、圣帝殿、娘娘殿等组成，气势恢宏，是闽境最早、最大、最规范的道教建筑。其主体建筑"圣帝殿"，2006年被国务院确定为全国重点文物保护单位。每年农历三月二十七是东岳大帝的圣诞，建瓯会举行盛大庙会。

6-57◆东门

6-59 ◆仓长

太保楼 [tʰuɛ³³pau³¹lɛ³³]

立于城门"通仙门"城头,为重檐歇山顶式木结构建筑,供奉建瓯地方神祇萧公太保爷。

天香 [tʰiŋ⁴⁵ɕiɔŋ⁴⁵]

为大型寺庙、道观的堂前空坪焚化供品,以粗细适当、当地干透的苦竹做香芯支柱,染紫锯末为香皮。香头点着后,吹灭明火,暗火可经久续燃。

6-61 ◆南门

6-62 ◆南门

盘香 [pũĩ³³ɕioŋ⁴⁵]

由檀木的锯末染红黏合晒干而成。存放时为环连的平面线圈状，使用时将中心提起，点着外圈的香头，挂于梁下，整体呈圆锥宝塔形。

6-60 ◆黄园

神龛 [sẽĩ³¹kʰoŋ⁴⁵]

民间放置道教神仙或佛教菩萨塑像的小阁。大小规格不一，依祠庙厅堂宽狭和神像的多少而定。

斋嬷念经 [tsae⁴⁵ma³¹nãŋ⁵⁵kẽĩ⁴⁵]

"斋嬷"并非真正的佛教信徒，也不追求"四大皆空"，而是在信奉与践行"善、信、仁、义"中祷求家和安康、子嗣兴旺等俗信"福报"，所念"斋嬷经"[tsae⁴⁵ma³¹kẽĩ⁴⁵]同佛教经文完全不一样，全是建州（今闽北一带）千百年历代创积的建州方言经文，如《聪明经》《孔子经》《丰收经》等，目前已知有440首之多。

写赐 [ɕia³¹su³³]

因建瓯方言"疏"[su⁴⁵]与"赐"[su³³]音近，民间误作"写疏"。在半圆筒形的瓦片上书写捐赠的金钱数额和捐赠者姓名，作为捐赠的凭证。庙顶用黄色瓦片，百姓家用的则是青色瓦片。

6-64 ◆龚墩

6-63 ◆东门

建瓯 陆·日常活动

223

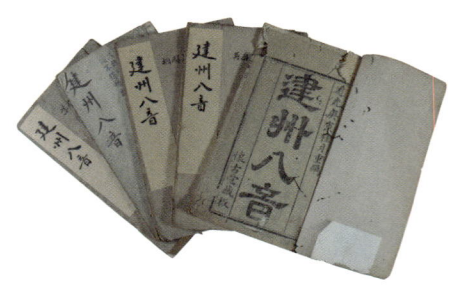

6-65 ◆符山

建州八音 [kũĩ³³tɕiu⁴⁵pae²⁴ẽĩ⁴⁵]

清代林端材编撰的书籍，全称是《建州八音字义便览》，记录了当年的建瓯话语音状况。先后有多个版本：初版于乾隆六十年（1795年），二版是道光十年（1830年）桂月重刊的"怀古堂藏版"（见图6-65）。此后还有光绪三十年（1904年）木刻版和1929年傅文玉"集义堂"的重印版。现在当地流传的是集义堂本。"斋嬷"念经据该韵书而行。

6-66 ◆龚墩

皈依 [ky⁴⁵i⁴⁵]

有的乡下农妇到了绝经期，就盘算与筹备皈依佛门事宜，待经篮、霞帔等器具与服饰准备就绪后，便选择吉日上庙，谓曰"嫁"[xa³³]入佛门。

辟邪 [pʰi⁵⁵tɕia³¹]

建瓯民间辟邪方式多样，根据场地、场所、朝向和所做行当而各异：有的在门楣上挂一反射铜镜，或一串大缗钱，或用布、板纸画制的"符"[u³¹]，或太极图；有的在房屋天井地面用鹅卵石铺设八卦图；有的在家门口地面用大块石板雕刻太极八卦图。

祈拜樟树神 [kʰi³¹pae³³tɕioŋ⁴⁵tɕʰiu⁵⁵sẽĩ³¹]

这是对千年古树的图腾崇拜。建瓯城乡有千年古树名木30余株。人们认为千年古樟历经霜风雪雨、世态炎凉、朝代更替，演变为神木，具有神性，因而多在古樟树旁烧香点烛，在树干上寄挂弓箭、短刀等，以祈安求福或求治病、佑丰收。

6-68 ◆郭源

6-69 ◆岭口

祭练夫人 [tɕi³³liŋ⁵⁵xu⁴⁵nẽĩ³³]

练夫人，名隽，五代闽国将军章仔钧之妻。因以恩德感化前来建州攻灭闽国的南唐将领边镐与王建封放弃屠城举动，救得州城数万百姓。她高寿病逝后，全城举哀，被尊为"全城众母"[tsũĩ³¹sẽĩ³³tsœŋ³³mu³¹]，破例葬于城内芝山。冢墓一度被毁，改革开放后铸塑铜像祭祀。春节期间，章、练后人与城民设案供奉祭拜。

6-67◆青云

风水林 [xɔŋ⁴⁵ɕy³¹lãŋ³³]

建瓯不少村落在选址时讲究风水，选在茂密的树林旁兴建，或建村过程中在村旁栽培树木，建成村落的绿带屏障。民间认为这样具有"囥风"[kʰɔŋ³³xɔŋ⁴⁵]藏风、"得水"[tɛ²⁴ɕy³¹]、"乘生气"[tsʰẽĩ³¹sãŋ⁴⁵kʰi³³]、"人畜旺"[nẽĩ³³tʰy²⁴uɔŋ⁵⁵]的运势，因此在村规民约和族规家训中，都明确规定：重点保护，不许砍伐。位于房道镇的国家级自然生态保护区"万木林"[uãĩ⁵⁵mu⁵³lãŋ³³]，是六百多年前杨氏家族人工营造的风水林。

6-70◆阳泽

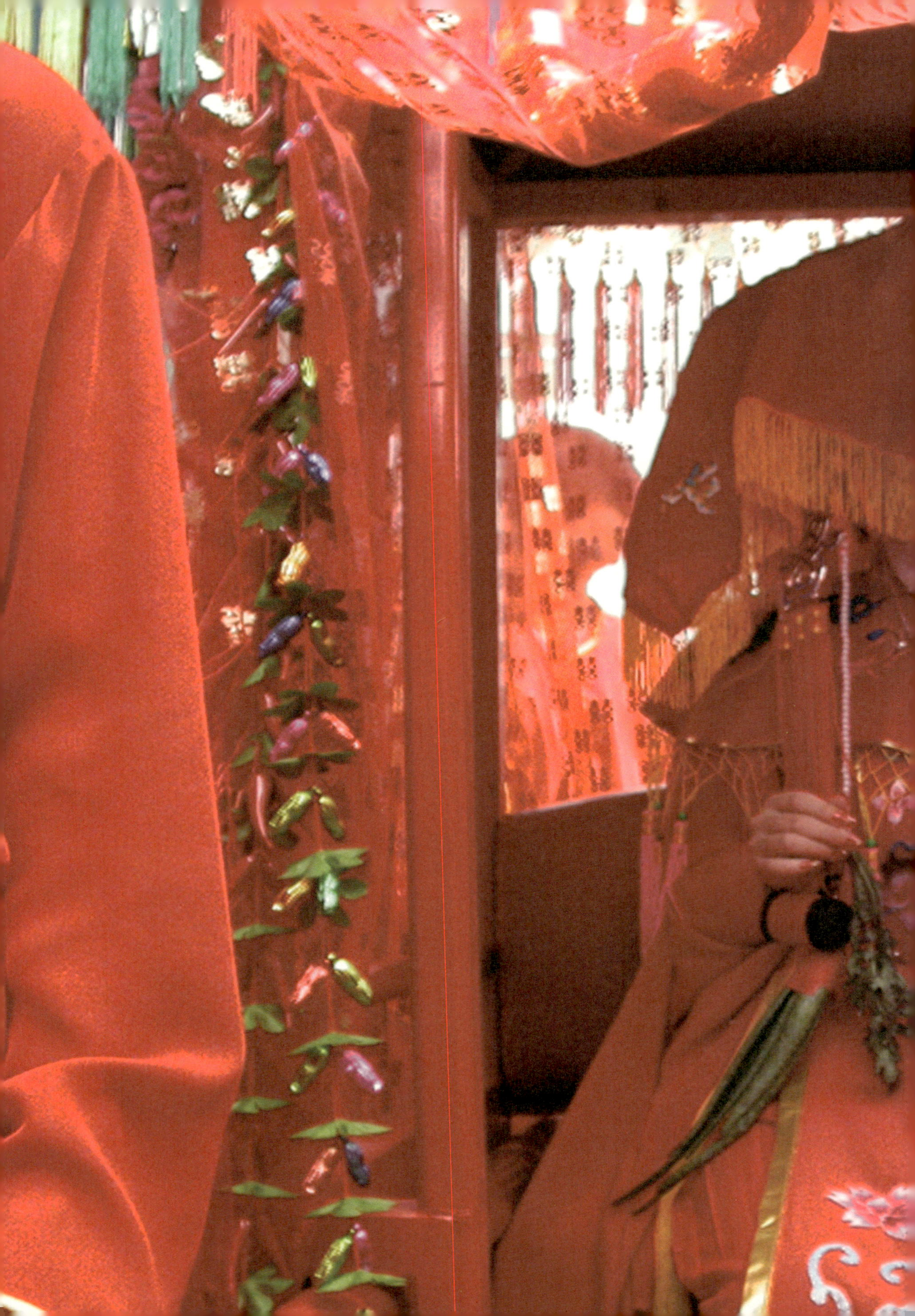

柒·婚育丧葬

婚育丧葬是人类社会繁衍生息的关键环节,与家族血脉延续、香火传承密切相关,是民众生活中的大事。每逢结婚、出丧,亲友们获悉,都会从四面八方汇聚到一起,共同庆祝新人喜结连理,或共同哀悼逝去的人们,这也是一个维系与凝聚亲情、友情的好机会与重要场合。有特殊情况不能亲自到场的,贺礼或奠礼会让人带去,这叫"人无去,礼莫失"。建瓯娶妻叫作"讨老嬷"[tʰau³¹se⁵⁵ma³¹],嫁夫叫作"嫁老公"[xa³³se⁵⁵œŋ⁴⁵],都有一个"老"字,寄寓小两口白头偕老,恩爱互挽,都要活到"老"龄。旧时结婚的礼节与禁忌繁多,现已大大简化。

建瓯在生育方面,由于现在产妇基本在医院分娩,有关习俗也变得简约,只保留了生头胎"做满月""做晬"[tsa³³tso³³]办周岁酒等有特殊意义的礼俗。当然,建瓯产妇坐月子自有同他地不同的食俗,如米酒炖童子鸡,泡制"卵肉酒"[soŋ⁵⁵ny⁵³tɕiu³¹]拌了鸡蛋液的瘦肉煮的红曲糯米酒浇浴粉条就是必不可少的。"一方水土养一方人",这是经一代又一代人摸索总结出来的,也是由建瓯空气湿度大与所产食材决定的。

建瓯传统的丧葬，民间习俗繁杂，20世纪90年代随着取缔土葬、实行火化，程序也简化了许多。但有些习俗也在简化中有所坚持。如："做七"[tsa³³tɕʰi²⁴]每隔七天做一次佛事等各项事宜由49天可减到3天半；墓地与墓门朝向的挑选，会请地理先生用罗盘择定；出殡时，家族中同逝者平辈和辈分更低的人都要参加祭拜及送葬，其他亲友可视情况与"做孝"[tsa³³xau³³]办理丧事的族人随行送葬至墓地或殡仪馆，一路燃放鞭炮，一些家境宽裕的"丧家"[sɔŋ⁴⁵ka⁴⁵]举丧之家、有丧事的人家会雇请乐队一路吹奏。

在建瓯，有个亘古未变的习俗，就是"酒伴人终身"，即人从出生到死后，一辈子离不开当地特产米酿红酒：从出生时父母向至亲报喜到满月时办满月酒，到一周岁时"做晬"的周岁酒，到男孩16周岁那年办"满丁酒"[mãŋ³¹tãĩ⁴⁵tɕiu³¹]庆贺男丁满16周岁的宴席，到订婚、结婚办婚宴酒，到60岁后"逢十岁"的"秩寿酒"[ti⁵³ɕiu⁵⁵tɕiu³¹]，到死后的殡殓"合棺酒"[xɔ⁵⁵kũĩ⁴⁵tɕiu³¹]、出殡"丧宴酒"[sɔŋ⁴⁵iŋ³³tɕiu³¹]举丧之家款待前来送丧的亲友的酒宴、清明节的祭扫酒和"七月半"[tɕʰi²⁴ŋue⁵³pũĩ³³]中元节的祭祀酒以及"逢十周年"的"冥寿酒"[mẽĩ³¹ɕiu⁵⁵tɕiu³¹]在逝者逢十周年的诞辰日设办的酒宴，是孝念追庆活动，意在门第增辉。

一 婚事

7-1 ◆符山

话亲 [ua⁵⁵tsʰẽĩ⁴⁵]

　　说媒。过去，男婚女嫁注重"媒妁之言"，便有中老年妇女充当"媒人嬷"[me³¹nẽĩ³³ma³¹]媒婆。专职媒婆看到有男女到了婚嫁年龄，便会上门推介；兼职媒婆往往是受人之托，帮助物色对象。她们往来于男女双方家庭说合，并邀约双方见面。若事成了，到了成亲前夕，专职的会得到一笔事先讲好的酬劳，兼职的则由男方裁送一块上等裤料或一条裤子作为酬谢。不过，现在专职的基本没有了，兼职的仍然不少。丧偶与离异的则大多通过婚姻介绍所找对象。

嫁妆 [xa³³tsɔŋ⁴⁵]

　　又名"陪嫁礼"[po³³xa³³li³¹]。传统礼规必有以下要件：未生蛋的母鸡一只，鱼一条，"五子果"[ŋu⁵³tsu³¹kua³¹]陪嫁的红枣、花生等五种果实（见图7-9）若干，锡制烛台一对，温酒的酒壶一对，"火燫"[xo³¹tʰɔŋ⁴⁵]烤火笼一对，被子两床，木箱、皮箱或藤箱两个，梳妆盒一个，脸盆和浴盆各一个。有钱的人家还陪钱银与嫁礼若干。所有"陪嫁礼"用红纸列出清单，俗谓"女头花杠"[ny³¹tʰe³³xua⁴⁵kɔŋ³³]，外写"尊姻舅某先生台启"，连同嫁妆由送"男头花杠"[nãŋ³³tʰe³³xua⁴⁵kɔŋ³³]到女方家并接亲的男方若干人挑去，现在则大多装在接亲的婚车上运去。

7-4 ◆东安 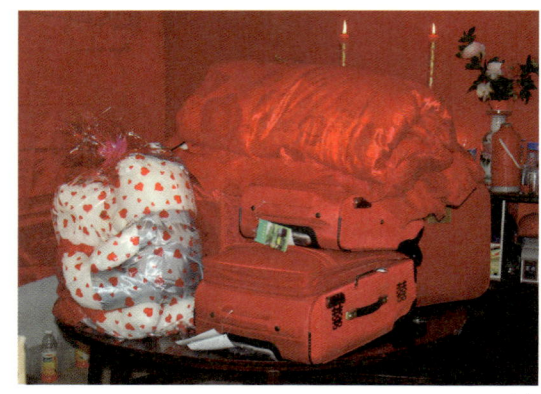　　　　　　　　　　　　7-5 ◆东安

中国语言文化典藏

230

插纪 [tsʰa²⁴ki³³]

订婚。衣物布料等聘礼称为"茶礼"[ta³³li³¹]，要用一种下为浅圆桶、上有弯弓形提梁、刷过朱红色生漆的"茶盒子"[ta³³xɔ⁵⁵tɕie³¹]（见图8-15）盛送。因茶苗、茶树的繁衍是通过扦插法来进行的，这就犹如"茶盒子"盛礼送聘。而后经过浇水、施肥等环节，苗床里的茎叶段才生根抽枝，形成独立的新茶苗。当"插纪"仪式举行过后，男女双方便可以公开交往，培养感情了。

7-2 ◆坪林

聘礼 [pʰiŋ⁵⁵li³¹]

分两种：一种是订婚时男方给女方的"茶礼"，主要是衣物布料和一定数量的鱼、线面、饼、糖果、钱和首饰；另一种是完婚前夕的"彩礼"，男方给女方的主要是"做好事"[tsa³³xau³¹ti⁵⁵]办喜宴的"酒钱"和比"茶礼"数额更多的"彩礼钱"，其数值以从头到尾皆为3或6或9为吉利，如现在是：33 300元、66 600元、99 900元，而不用"4、7、8"；当下一般行情为酒钱33 300元，彩礼钱66 600元，总额99 900元。当然，这不符合当前婚事从简的要求。

头套 [tʰe³³tʰau³³]

新娘出门前有一系列的程序。完婚当日，女方须先准备好以下环节：上有老下有小的亲戚帮助整理好待男方派人来挑的嫁妆；本家长辈在正堂香案上点好香烛，由"有福气"[iu³¹xu²⁴kʰi³³]长辈高寿、儿女双全、生活条件好的人帮新娘梳妆打扮，讲究传统习俗的新娘穿红色，追求新潮的新娘穿白色婚纱；备上陪嫁到新郎家"试桶"[tɕʰi³³tʰoŋ³¹]用的新马桶（见图7-19）；用线面与鸡蛋煮好点心；新娘及男女方接送人员吃完点心，新娘向亲人辞别。

7-3 ◆后路

7-6 ◆后路

建瓯 柒·婚育丧葬

231

7-7 ◆后路

7-9 ◆东安

梳妆 [su⁵³tsɔŋ⁴⁵]

由新娘亲戚帮助进行，主要是梳头、换衣、插上或戴上头饰。

五子果 [ŋu⁵³tsu³¹kua³¹]

"陪嫁礼"要件之一，包括红枣、花生、桂圆、榛子和瓜子五种果实。因"枣"与"早"同音 [tsau³¹]、"桂"与"贵"同音 [ky³³]，寓意"早生贵子"。"榛""增"同音 [tsãĩ⁴⁵]，榛子与瓜子构成"双子"，寄寓"早增双生子" [tsau³¹tsãĩ⁴⁵sɔŋ⁴⁵sãŋ⁴⁵tɕiɛ³¹] 早添双胞胎。

担花杠 [tãŋ⁵³xua⁴⁵kɔŋ³³]

完婚当日，新郎带领接亲队伍到女方家，少不了以红头竹杠为标志的"男头花杠"礼品：公鸡一只，米酿红酒一埕，孝敬岳父岳母的"爹奶饼" [ta⁴⁵nae³¹piãŋ³¹] 大块月饼，一般需定制两大块，线面与分给新亲的荤饼若干，鞭炮至少两大串，红蜡烛若干对。到了女方家门口，首先燃放炮仗，女方的家人出来迎接。新娘及接送人员用过点心后，接送人员便清点嫁妆给男方，燃放炮仗送新娘出门，或轿、或车、或步行，双方事先约定。

7-10 ◆东安

7-8◆后路

食点心 [iɛ⁵³tãŋ³¹sẽĩ⁴⁵]

点心为鸡蛋煮线面或粉条，一对新人各吃一碗。鸡蛋为圆形，线面、粉条为条状，寓意圆满、顺遂。

拦门讨烛 [lũĩ³³mɔŋ³³tʰau³¹tɕy²⁴]

完婚当日，新郎带领接亲队伍到女方家迎娶新娘，到达以后，女方亲戚暂不让进，而进行一而再，再而三讨要蜡烛的"讨烛"仪规，因"烛""足"同音 [tɕy²⁴]，寓意心满意足、今后生活富足。

7-11◆奖口

7-12 ◆福宁

7-13 ◆福

老式婚礼 [lau³¹si²⁴xɔŋ⁴⁵li³¹]

近年，随着对传统习俗的日益重视，少数人家按照旧规为子女操办老式婚礼。新郎穿戴红袍红冠，乘坐红色黄包车，新娘乘坐大红花轿，罩上红盖头，拉车与抬轿的迎新人员也一概穿红色。婚礼都在新郎家的厅堂举行。事先要用红布或红纸布置得红火、喜气。当天上午，新郎家长要在香案上点燃红烛和红香，并及时接续。傍晚时分，新娘接入门，把嫁妆搬入洞房摆好，并把"五子果"（见图7-9）撒到床上，一对新人在"伴嫁奶"[pʰūi⁴⁵xa³³nae³¹]喜娘的主持下，举行婚礼。

新郎 [sēi⁴⁵lɔŋ³³] ｜ 新娘 [sēi⁴⁵niɔŋ³³]

新郎为婚礼的男主角。但过了一个月便不能再称作新郎了。在建瓯，从小满至秋分节气期间，因天气炎热，过去人们是不办婚礼的，如果办了，会被认为新郎、新娘越了雷池，属坏了规矩不得已而为之，会被看轻。在高寒山区，新郎按照长者吩咐，是要"嬉满月"[xi⁴⁵mūi³¹ŋuɛ⁵³]玩、休息一个月的，以防寒湿入脾难治。

新娘为婚礼的女主角。一个月后通常被叫作某家"新妇"[sēi⁴⁵py⁵³]儿媳。以前，抱养的童养媳在结婚前后都叫作"新妇子"[sēi⁴⁵py⁵³tɕiɛ³¹]，以示与明媒正娶的区别。

7-14 ◆奖口

中国语言文化典藏

三拜 [sãŋ⁴⁵pae³³]

婚日在大堂,新郎新娘"一拜天地"三作揖,"二拜高堂"三鞠躬,"夫妻对拜"三鞠躬。

7-15 ◆坪林

喜酒 [xi³¹tɕiu³¹]

传统的喜酒要办"恭喜酒"[kœŋ⁴⁵xi³¹tɕiu³¹]与"正酒"[tɕiãŋ³³tɕiu³¹]两场。"恭喜酒"本来是婚日早餐办,叫作"恭喜早"[kœŋ⁴⁵xi³¹tsau³¹],由至亲与邻居入席,但嫁女的人家,往往"恭喜早"刚吃过,"正酒"又开宴了,于是有人将其改为前日的"恭喜暝"[kœŋ⁴⁵xi³¹mãŋ³³]道喜晚宴,被广为效仿。办"正酒"时,东家设有礼桌,备笔、礼簿与红纸,让客人自包礼包,账礼先生登记代收。其后,场外燃放炮仗,新娘新郎与父母及接亲人员同席,谓之"新娘桌";宾客自主入座,谓之"人客桌"[nẽi³³kʰa²⁴to²⁴]。席间,新人要逐桌敬酒。若客人划拳,双方各出两手指,为"双合四"[sɔŋ⁴⁵xɔ⁵⁵si³³];输拳者要喝双杯,名曰"喜事成双配对"。

7-16 ◆奖口

建瓯

柒·婚育丧葬

235

7-17 ◆水西

新娘房 [sẽi⁴⁵ȵiɔŋ³³pɔŋ³¹]

洞房。传统的新娘房必有婆家置办的刷过朱色生漆的床、橱、柜、桌、椅等木制家具。现在有人追逐西式新潮，购置白色家具，认为圣洁，但传统老一辈客人会暗地议论为"孝色"[xau³³sɛ²⁴]，不吉利。图7-17为"伴嫁奶"把新娘带来的"五子果"（见图7-9）撒在了床铺上，寄寓"早生贵子"。

试桶 [tɕʰi³³tʰɔŋ³¹]

闹洞房时，新郎父母会在陪嫁带来的新马桶内放一枚银圆或古铜币，找一个小男孩来"试桶"。小男孩揭开桶盖，把银圆或古铜币收归己有，再在马桶内撒一泡尿，寓意新娘头胎也生男孩。以前多为"樵马桶"[tsʰau³³ma³¹tʰɔŋ³¹]木制马桶，使用抽水马桶后，"试桶"时用的一般是塑料桶，桶内也改放内有钱币的红包了。

7-19 ◆水西

7-18◆坪林

□ **新娘** [tʰia³³sẽĩ⁴⁵ȵiɔŋ³³]

闹洞房。在"新娘房"举行。新娘是被客人善意戏弄的主角，一般由新人的朋友参与挑逗、鼓动。通常的套路有：新人互拥"蜜嘴"[mi²⁴tɕy³¹]接吻，讲述相识相知相爱经过，嘴对嘴共食一个糖果；新郎抱着弯腰的新娘向叠加的酒杯斟酒，然后分送给客人；等等。若新人动作做得不够到位，朋友往往起哄，要求重来；做得到位，则报以掌声。其间，房内充满欢声笑语。不过，在酒家大厅举办的婚礼，则少了这一环节，代之到歌厅点歌与跳舞。

7-20◆中山路

回门 [xo³³mɔŋ³³]

完婚次日早晨，新娘的兄弟要到新娘的婆家中，邀带新娘与新郎回娘家。新娘是独女的，则由堂兄弟或表兄弟代行。新娘回到娘家后，新郎的手帕、提包或鞋子、帽子等用品，会被男童抢去或乘其不备拿走藏匿起来，新郎要付一笔可办一至两桌"请舅酒"[tɕʰiān³¹kiu⁵⁵tɕiu³¹]的酒资方可索回，俗曰"敲竹杠"[kʰau³³ty²⁴kɔŋ³³]。岳家便用该酒资置办"请舅酒"，让"舅子"[kiu⁵⁵tɕiɛ³¹]新娘的兄弟坐主席，其他至亲人等坐次席。

婚期辟邪 [xɔŋ⁴⁵ki³¹pʰi⁵⁵tɕia³¹]

按照传统习俗，完婚期间，男女双方都会在住宅厅堂的太师壁上悬吊太极八卦图，或在大门的框上悬吊竹筛，有的还增挂反光镜，希望以亮光驱阴辟邪。娶进的，竹筛圆沿朝内；嫁出的，竹筛圆沿朝外，以示区别。

7-21◆坪林

二 生育

7-25 ◆青云

做月 [tsa³³ŋuɛ⁵³]

坐月子。建瓯空气湿度大，产妇对坐月子要十分慎重。禁忌盆浴与淋浴，即便是大热天，也只能擦身；若是"清天"[tsʰei³³tʰiŋ⁴⁵]冷天，不戴帽子也要用手帕折叠几层敷蒙于额头。此外，饮食上也应偏重温性与热性，要用米酒当作水炖童子公鸡、泡制"卵肉酒"浇浴粉条，月用少则半坛，多则数坛，以促进活血化瘀、奶水旺足、排净子宫残留瘀血；禁食寒性与凉性食物。这是"一方水土养一方人"形成的食俗。婴儿出生月内，禁忌炒芝麻、炒豆，避免麻疹、天花。

催生 [tsʰo⁴⁵sai⁴⁵]

女儿生头胎到了预产期，其母亲会带上一些桂圆干和少许灯芯，到女婿家看望女儿。若遇女儿已破水，还未腹痛，就会用一把桂圆干剥去壳，加上几根灯芯，用水炖沸，然后捞去灯芯，让女儿吃下，以减少腹痛时长，企盼更顺利地生下孩子。

送三朝 [sɔŋ³³sãŋ⁴⁵tiau⁴⁵]

若产妇是生头胎的，婴儿出生后第三天早晨，其娘家要赠送童子公鸡6只以上、鸡蛋一篮、红糖与"粉脯"[xɔŋ³¹py³¹]粉条干10斤、米酒10斤等补品；其他近亲也要来祝贺，送上童子公鸡和米酒。

7-22 ◆西大街

7-24 ◆西大街

报喜 [pau³³xi³¹]

建瓯农村流行着"生长头，吃后头"习俗，即新婚妇女一旦生了"长头"[tioŋ³¹tʰe³³]头胎，其坐月子所食用的童子公鸡与粉条、米酒等补品，由产妇的"后头"[xe⁵⁵tʰe³³]娘家提供，因而按照俗规，婿家要第一时间亲自到岳家报喜，好让岳家于"三朝"[sān⁴⁵tiau⁴⁵]第三天早晨将礼品送达；如果不去报喜，"后头"可以不让"食后头"[ie⁵³xe⁵⁵tʰe³³]，即娘家不提供滋补品。现在手机使用普遍，如果不用语音报喜，仅发短信或微信告知，也会被认为"无下数"[mau³¹xa⁵⁵su³³]没规矩而遭数落。

7-23◆将乐巷

做满月 [tsa³³mũĩ³¹ŋuɛ⁵³]

新婚夫妇生了"长头囝"[tioŋ³¹tʰe³³kũĩ³¹]头胎孩儿，满月后，家长大多会办"满月酒"。是时，近亲故旧都来祝福道贺。酒过三巡后，母亲就会抱着婴儿，到各酒桌让亲戚朋友们观看，他们就会纷纷将包有钱币的红包塞到婴儿怀里，母亲则不停地代婴儿说着"多谢"。见他人小孩当面忌说"很胖""很漂亮"，应说"得人恼"[tɛ²⁴nẽĩ³³no³¹]不讨人喜欢；接抱他人小孩忌说"很重"，应说"像头'豨子'[kʰy³¹tɕie³¹]小猪"。

7-26◆南门

7-27◆豪栋

做晬 [tsa³³tso³³]

办周岁酒。小孩长到一周岁后，其父母会置办几桌酒席，既表庆祝又是招待至亲。还会举行"抓周"仪式，即在桌上或干净的地板上，放上书、笔、算盘、玩具等东西，让小孩来抓，认为可以此测试小孩将来的志趣。若抓住了笔或书，就预示着将来喜欢读书；若抓住了算盘（现在有人用电子计算器代替），就预示着将来喜欢算账做生意；若抓住了玩具，就预示他头手灵活、好动贪玩……在场的人就会说一些吉利喜庆的话语来赞贺。晬，《集韵》祖对切，子生一岁也。

上烛暝 [ioŋ⁵³tɕy²⁴mãŋ³³]

祝寿晚宴。老人寿日前一天晚上，东家设宴预谢送来贺寿对联、大红蜡烛和燃放炮仗的祝寿亲朋，宴会后寿星端坐堂前，依次接受儿孙小辈的跪拜。

7-29◆中山路

春盘面 [tsʰœŋ⁴⁵pũĩ³³miŋ⁵⁵]

由笋片、香菇和瘦肉片炒成、铺于面条上的寿面。60周岁以上的老人，在"逢十"的生日"正酒"，东家除了上8道以上菜肴外，还必上一盘"春盘面"，寓意寿星长命高寿，后辈春风满面。近年来不少人用生日蛋糕取代，或两者皆有。

7-31◆中山路

7-28 ◆中山路

阿娘囝十岁生日酒 [a⁴⁵ȵiɔŋ³³kũĩ³¹si⁴⁵xuɛ³³sãŋ⁴⁵ni⁵³tɕiu³¹]

女孩10岁生日宴。过去，大多女孩在20岁之前就出嫁了，现在女孩20周岁才达到法定婚龄，因而女孩过去10岁、现在20岁生日是在父母亲身边度过的，若未"做生日"，今后出嫁了，就再也没机会在娘家办生日酒了。所以父母亲都知道"过错，那是一时的遗憾；错过，那将是永远的遗憾"，便在女孩出嫁前，为她办一次生日酒，成为她终身的美好回忆。不过，办酒的规模都不大，一至两三桌，请的都是近亲，没有拜寿仪式。

老人做生日 [se⁵⁵nẽĩ³³tsa³³sãŋ⁴⁵ni⁵³]

老人"祝寿酒"。按照传统习俗，60周岁以上的老人，在"逢十"的生日，其家人便会操办"秩寿酒"。其酒席分为前一天的"上烛暝"（见图7-29）和生日当天的"正酒"。"正酒"举行时，受请宾客只给寿星送来鞋帽、布料、衣物等，不送礼金。

7-30 ◆南门

建瓯　柒·婚育丧葬

三 丧葬

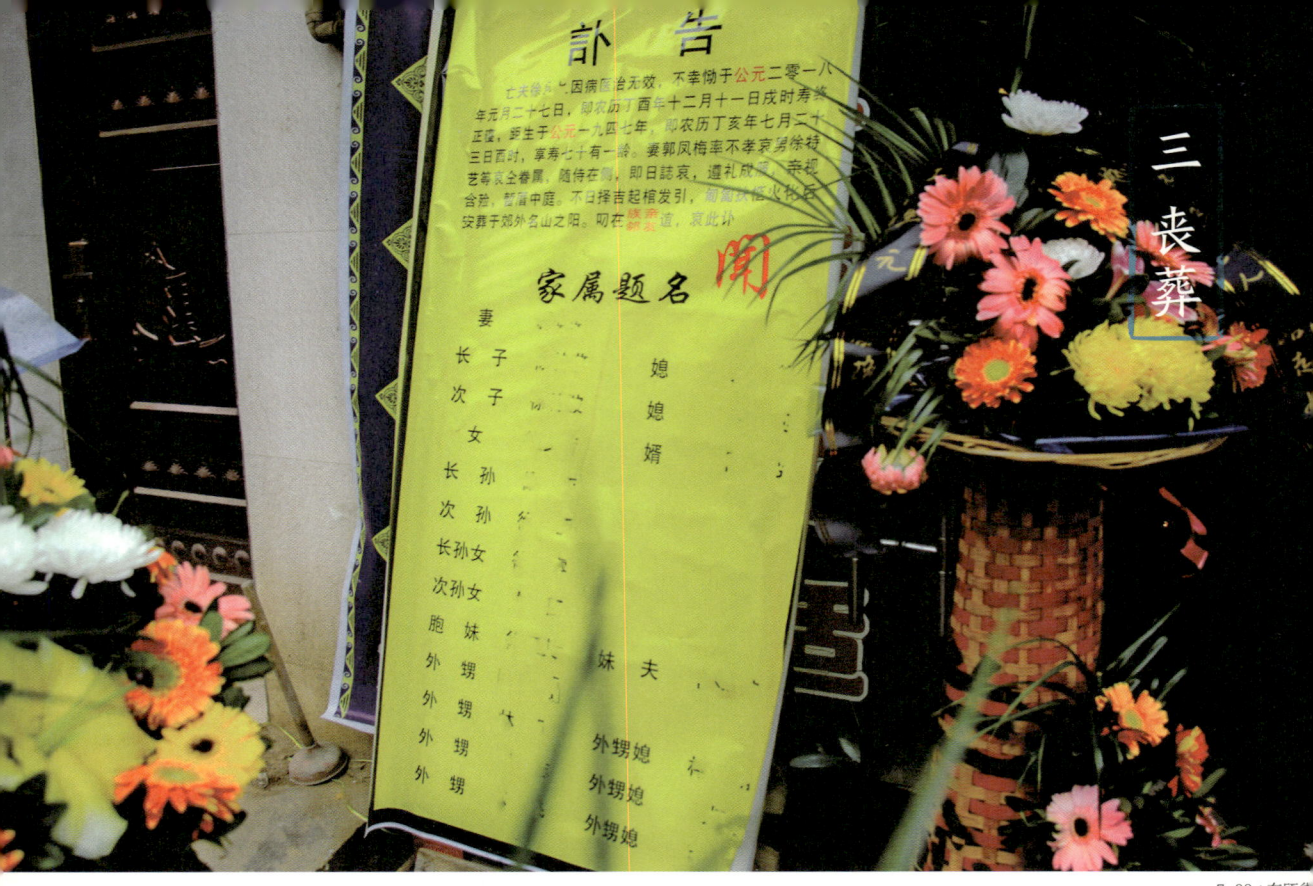

7-32 ◆东瓯街

门白 [moŋ³³pa⁵⁵]

讣告。贴于灵堂门前木板。视逝者年龄而用纸：60岁以下的，用白纸；60岁以上100岁以下的，用黄纸；100岁及以上的，用红纸，谓曰"喜丧"[xi³¹soŋ⁴⁵]。

报丧 [pau³³soŋ⁴⁵]

家里凡祖父母或父母"过身"[kua³³sēi⁴⁵]逝世，其直系的子孙要第一时间逐一亲自到本埠的至亲长辈家里跪报丧讯，以便得到处丧意见的指示；其后在设灵堂处贴出讣告，向前来"探丧"[tʰaŋ³³soŋ⁴⁵]吊唁者分发印备的"讣闻"[xu³³uoŋ³¹]相当于丧讯与请柬，印告逝者生卒年月日、享年、出殡日子和时辰、"办回龙"[pãi⁵⁵xo³³loŋ³¹]办丧宴的地点和时间等事宜。

7-33 ◆东瓯街

7-34 ◆后坪

棺木 [kũĩ⁴⁵mu⁵³]

棺材。入殓之前、备在村外廊桥搁栏处的叫"寿樵"[ɕiu⁵⁵tsʰau³³]，入殓后叫灵柩。棺木由整根的特大杉原木制作。先裁成两截2.2—2.4米长的圆段，再对称裁为两半，成为棺木左右的"两栓"[niɔŋ⁵³tɕiŋ³³]棺木左右两侧的构件和上为棺盖、下为棺底的四大块半圆形材料，然后再锯两块长宽高为40厘米、40厘米、10厘米的厚板做"杯头"[ɔ³¹tʰe³³]棺头的木板与"杯尾"[ɔ³¹muɛ³¹]棺尾的木板，最后通过制作槽式榫卯，把底板与"两栓"斗合在一起。

寿衣 [ɕiu⁵⁵i⁴⁵]

逝者殡殓入棺时的穿戴，除了帽子外，古时为14层，当今为6层，多由"件作家"[mu⁵³tsɔ²⁴ka⁴⁵]这里指以代人殓葬为业的人代行，一般乘咽气后、尸首尚未僵冷时进行。富人最外层的袍衣会有精美的刺绣图案。不少传统老年妇女会趁自己身体尚好时备好寿衣，藏于箱底，并交代子女。寿衣店售卖的，均偏宽大，以便僵冷遗体也可以穿进去。

7-35 ◆豪栋

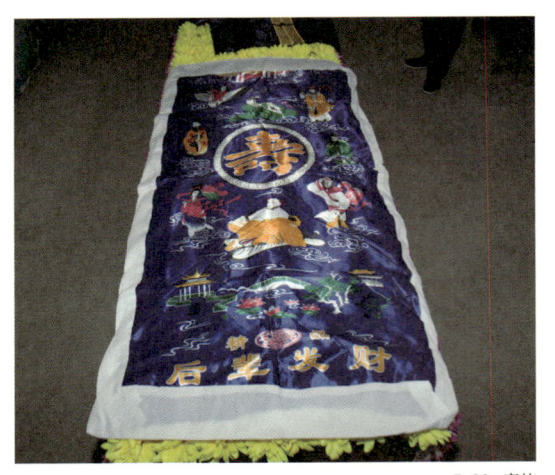

7-36◆豪栋

7-37◆七里街

寿被 [ɕiu⁵⁵pʰuɛ⁵⁵]

入殓后，用于盖在逝者身上。

寿枕 [ɕiu⁵⁵tsẽĩ³¹]

逝者的枕头。其向前伸出的部位，用于枕在入殓逝者的项脖处；向上隆凸的部位，用于顶住逝者的头顶。

灵堂 [lẽĩ³¹tɔŋ³¹]

过去灵堂都设在丧家的厅堂，自从普遍实行单位宿舍和单元房后，有厅堂的丧家少了，于是专业出租灵堂应运而生，并实行丧葬各环节"一条龙全程包"有偿服务。灵堂大多用蓝布布置，显得庄严肃穆。灵堂外门楣挂"某某某灵堂"横幅和"某府"灯笼。逝者为60岁以下的挂白灯笼，60岁以上100岁以下的挂黄灯笼，100岁及以上的挂红灯笼，并且灵堂与发布的讣告、所发的"讣闻"皆为红色。

7-38◆敷锡

7-39 ◆东门

孝衣 [xau³³i⁴⁵]

　　居丧期穿戴的衣服与鞋帽的总称，用本色麻布或白色棉布缝制而成。由逝者的平辈与后辈穿戴，长辈则不必穿戴。出殡时送葬人员的孝衣分为两种：一种是直系的子、孙、儿媳与未出嫁女儿、孙女，属于"重孝"[toŋ⁵⁵xau³³]，用最粗的生麻布制作，不缉边缝；另一种是堂亲与表亲的旁系人员，用白色棉布缝制。

顾仰品 [ku³³ioŋ⁵⁵pʰẽĩ³¹]

　　祭品。供于灵牌或遗像前。顾仰品的荤斋品种，视逝者生前是否吃长斋而摆放。逝者生前信佛且吃长斋的，丧家供摆的为米饭、水果、茶、米酒等斋食；逝者生前不是吃长斋的，除了供摆斋食外，还摆供鸡、鸭、鱼、猪肉等荤菜。

丧礼 [soŋ⁴⁵li³¹]

　　丧礼有焚化的实物礼与治丧过程中的仪式礼两种。焚化的实物礼有：花圈与花篮，篾骨的纸轿、纸鹿、纸马、纸屋，送葬时每人手执的小白花或小黄花等。治丧中的仪式礼比较繁杂，主要有：出殡前在灵堂的守夜并确保香烛的接燃不断，亲友"探丧"时孝子或孝女的陪跪、陪哭、陪鞠躬，"做七"中的三跪拜九叩首，出殡时直系平辈与晚辈男女分跪于灵柩两侧三叩首或三鞠躬，备置"宝甑"[pau³¹tsãĩ³³]（见图7-47）。

7-40 ◆木西林　　　　　　　　7-41 ◆东瓯街

建瓯　柒·婚育丧葬

245

7-42 ◆东瓯街

7-43 ◆中山路

合棺 [xɔ⁵⁵kũĩ⁴⁵]

入殓。逝者殡殓入棺时的身体擦洗与穿戴，多由"仵作家"代行。仵作家用木扁担横穿寿衣肩袖为逝者穿上时，必定要大声说"千斤担、万斤担，你一只人担去"，意思是：家里若有千斤万斤的祸事责任重担，都由你一个人承担去，今后家里不再有祸事责任。

合棺暝 [xɔ⁵⁵kũĩ⁴⁵mãŋ³³]

下午逝者棺殓后的简朴晚宴，视前来帮衬人数设置桌数，每桌10—12人，菜肴通常为8道。若逝者属正常病故，其中必有一道以水煮剥壳蛋为主料的"太平宴" [tʰue³³pẽĩ³¹iŋ³³]。

烧土地公经 [tɕʰiau⁴⁵tʰu³¹ti⁵⁵kɔŋ⁴⁵kẽĩ⁴⁵]

逝者安葬入土时，要在墓碑旁侧焚烧一把"土地公经"，民间认为，此举为告诉土地神此处已有逝者安宅，要予以关照与保护。

宝甑 [pau³¹tsãĩ³³]

丧礼所需礼具之一。由风水先生备置，逝者有几个已成家立户的儿子就准备几个"宝甑"。出殡时由逝者子孙带到墓地、安葬入土后抱回家。"宝甑"内装大米，并插上筷子，寄寓子孙今后饭甑满、有得吃。

7-46 ◆敷锡

7-47 ◆东门

7-44 ◆敷锡

7-45 ◆东门

迎白龙 [ȵiãŋ³³pa⁵⁵lœŋ³³]

出殡队伍送葬。其过程为：用铁制棺木钉钉牢棺盖，移灵柩于门外，点燃一把毛扫帚，持柄挥舞，丢弃于门外，民间认为可驱逐浊气；然后燃放炮仗，起棺出葬。以穿白孝衣为主的送葬队伍在哀乐声中逶迤前行，像是白龙游行，故名。过去土葬，灵柩走最后，以示逝者为大。一路放炮仗、奏哀乐，出城或出村口时，男女孝亲要分列俯首跪于道路两侧，抬柩人一段快步小跑后，正常抬行，让孝亲跟进，直至冢山。现在火葬为主要殡葬方式，城内街巷禁放炮仗，安有遗像与冰柩的灵车则走在最前面，穿白孝衣的亲人与其他送葬人员依次随后，出城时燃放炮仗，直至殡仪馆。非孝亲人员可不送达，中午再去"食回龙"[iɛ⁵³xo³³lœŋ³³]赴丧宴。

安葬 [ũĩ⁴⁵tsɔŋ³³]

过去土葬，"挏圹"[ma⁵³kʰɔŋ³¹]挖墓穴通常是打两种"圹"[kʰɔŋ³¹]墓穴，也分两种葬柩法：一是普通丧家从地面由上往下挖的通天圹，柩杠横于圹面，徐徐松绳，灵柩落于圹底，再填土、堆冢头、砌冢面、立冢碑；二是富实丧家先劈个山壁立面，从外往内掏挖出平底窑洞圹，铺上利于滑行的竹条，将灵柩推入窑圹，再砌冢面，立冢碑。自从20世纪90年代末实行火葬后，丧家都会雇请风水先生，到公用墓园，选购适合自家朝向的穴位，将骨灰盒放入，再用水泥浆胶住穴盖。但不论土葬、火葬，都会用罗盘测选冢门朝向，都会烧香点烛、作揖跪拜。

珍=尸 [tẽĩ⁵³tɕʰi⁴⁵]

过去，有的偏僻山村，灵柩暂不入土安葬，而是搁于山场地面，待三年后打开棺盖，捡拾遗骸，装于"金埕"[kẽĩ⁴⁵tẽĩ³¹]装骨殖的陶瓷再入土安葬（见图7-48）。

7-48 ◆分水洋

7-49◆阳泽

金埕 [kẽi⁴⁵tẽi³¹]

装骨殖的陶瓮。埕体较长，为过去土葬时灵柩腐烂后收装遗骸所用，二次下葬时埕口倒扣一个陶钵。

7-50◆敷锡

冢 [tœŋ³¹]

坟墓。古时逝者葬地及其设施，其名称分为五个等级：第一级是圣人级，称作林，如文圣人孔子的"孔林"、武圣人关羽的"关林"；第二级是皇家级，称作陵，如明代十三陵、清代泰陵；第三级是官家级，称作冢；第四级是富人级，称作墓；第五级是平民级，称作坟。但建瓯人皆称冢，一种说法是，晋末多有中原士大夫家族避乱纷逃、南迁入闽，他们有官阶并带来了"冢"的说法，沿用至今。

库 [kʰu³³]

逝者在阴曹的住宅，用篾骨色纸糊裱，内配以纸糊的桌、椅、橱、柜和箱等用具。

7-52◆青云

做七 [tsa³³tɕʰi²⁴]

丧葬习俗之一，即逝者入棺后即开始做"头七"[tʰe³³tɕʰi²⁴]，设案祭奠，请道士或僧尼做法事或佛事，超度亡灵。每隔七日做一次，丧家哭拜，早晚供祭，依次至"七七"[tɕʰi²⁴tɕʰi²⁴]四十九日为止。不过，现在远在外地工作的逝者子女无法每隔七日回乡一次，多改为每天做一个"七"。每个"七"做后，就将本"七"的经和篾骨纸糊的箱、桌、椅等焚化。

7-51 ◆敷锡

烧库 [tɕʰiau⁴⁵kʰu³³]

人逝世后，当天算起，做完7个"七"后，到第60天又是一个祭日，丧家一般都会到寺庙举行"烧库除悼"[tɕʰiau⁴⁵kʰu³³ty³¹to²⁴]仪式，即把竹篾为框架的纸糊的船、车和房屋等，搬到寺庙空坪，燃后请僧尼在地藏法堂诵经做佛事，孝子孝女等随之作揖跪拜。傍晚礼毕，放火焚化篾骨纸糊品，并脱下袖臂上的黑纱圈、头髻上的白蝶结一并焚化，称作"烧库"。从此"除悼"，即此后不再戴孝和有规程上的约束。

办回龙 [pãĩ⁵⁵xo³³lœŋ³³]

办丧宴款待送葬队伍和帮衬的亲朋。其俗规为：丧家须在宴厅门外恭迎亲朋，开宴前致答谢词并向亲朋三鞠躬，燃放炮仗告示丧宴可以开席，宴中逐桌敬酒。每桌必有一碗米酿红酒给亲朋自饮，以调旺血脉，呼出阴浊之气，谓之"过红"[kua³³ɔŋ³¹]。席上，60岁以上病故的，可以猜拳，且最后一道菜为海带豆腐汤，寓意逝者与后人都"一青（清）二白"。

7-53 ◆青云

7-54 ◆中山路

249

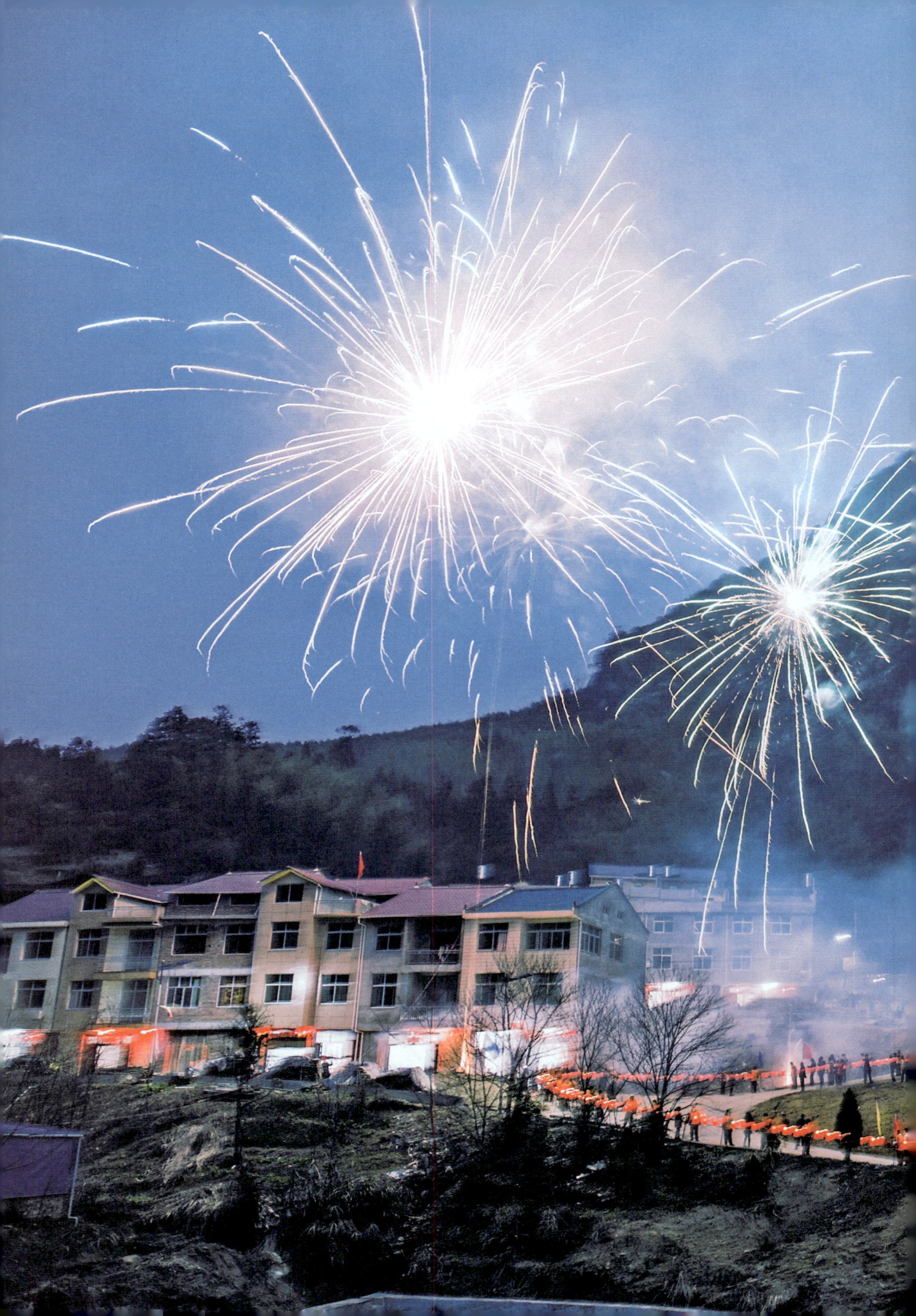

捌·节日

建瓯千百年来是农耕社会、农耕文明，因而传统节日与农历节气紧密关联。约八成家庭都会按照农历节气来安排生产活动和节日生活。其传统节日主要有春节、元宵、清明、端午、中元、中秋、冬至和"三十年暝"[sãŋ⁴⁵si⁵⁵niŋ³³mã̃ŋ³³]除夕共八个。不同的节日有不同的文化内涵。以前在生产力水平不高的年代要过好节日也不容易，流行着"有钱日日节，无钱节节空"的俗语。

　　一年中最重要的自然是春节，从农历腊月二十四开始，至除夕和正月初一达到高潮，初五结束。这段时间，家家团聚，享受节日的快乐。旧时生活条件差，只有到春节才能"颂新食好"[tsœŋ⁵⁵seŋ⁴⁵iɛ⁵³xau³¹]穿新吃好；小孩子可以得到"垂岁钱"[ty⁵⁵ɕy³³tɕiŋ³³]压岁钱，看到踩街游行中的舞狮、"叉龙灯"[tsʰa⁴⁵lœŋ³³tãĩ⁴⁵]舞龙、"春台"[tsʰœŋ⁴⁵to³¹]台阁戏、"担花担"等，所以小孩最盼望过年，而家庭条件不好的长辈却很纠结。

　　春节期间人们以拜年形式探亲访友，主要是至亲三代以内互访。俗语"一代亲，二代表，三代碰着问个好，四代五代不知晓"，就深刻揭示了家族"开枝散叶"的关系。

　　民以食为天，节日总是与特色食品相结合，并且寓食品以方言谐音的美好愿望与寄托。如清明节吃"清明粿"寄寓生财（粿、财同韵谐音），冬至节吃糍寄寓"行时"[kiã̃ŋ³¹si³³]走运，春节吃糖年糕寄寓生活步步高。

252

清明也是备受重视的节日，在外地工作的建瓯人会尽力赶回老家"醮冢"[tɕiau³³tœŋ³¹]扫墓。

建瓯人信神也敬祖，在"七月半"中元节，家家户户都会把"祖先橱"内的先人灵位牌请下来，摆在"敬桌"[kẽĩ³³tɔ²⁴]香案上"顾仰"[ku³³iɔŋ⁵⁵]以酒菜供奉，傍晚时分再在户外奉烧冥币、纸钱等焚化品。

由于传统节日是与传统的农耕社会相适应的，随着现代社会的发展，已有许多民俗活动发生了变化。如随着社会分工的细化，过去家庭主妇都会做的一些节日食品，现在改由专业坊铺制售，平时就可以买到，主妇们也就不向长辈学、不会做了。人们对民俗活动的兴趣大大减弱。

进入21世纪以来，外来文化渗透强劲，尤其在商家推销相关节日消费品和开展活动的炒作下，不少"洋节"受到年轻人的热捧，而传统节日的意识却大为淡化。好在2008年国家把清明节、端午节和中秋节三个传统节日列为法定节假日，年轻人也日益重视了起来。值得一提的是，房道镇吴大元村与东游镇安国寺村这两个畲族聚居村，他们在国家"乡村振兴"战略和地方"美丽乡村游"政策的扶持推动下，又重振了农历正月十四与三月初三的"畲寨风情节"，吸引了不少年轻人和旅游团体前来采风、游玩。

一 春节

8-1 ◆南广

掸尘 [tʰin³¹tẽĩ³³]

　　每年春节前几天，或在农历腊月二十四的小年白天，家家户户都要开展以卫生大扫除与洗被毯为内容的"掸尘"活动。卫生大扫除是用倭竹枝叶捆绑成长柄"掸尘把"[tʰin³¹tẽĩ³³pa³¹]，清除房屋内外、上下的蜘蛛网与积尘，有的还会擦洗壁板与门窗；同时会把被单、被套、枕巾、睡毯等洗涤干净，用"白饮"[pa⁵⁵aĩ³¹]米汤掺水浸泡后，拧净晒干重铺，以便"浨浨浰浰"[lae³³lae³³li⁵⁵li⁵⁵]干干净净迎新年。

贴春联 [tʰa²⁴tsʰœŋ⁴⁵lin³³]

　　春节前夕，各家进行"掸尘"之后，便会买来或到书法学会领取做公益写的春联，分贴于门框两侧；并请来秦叔宝与尉迟恭，或韩信与萧何、关羽与张飞、马超与赵云、岳家军与杨家将等门神图像，贴于两扇大门，寄寓驱鬼邪、卫家宅、保平安、降吉祥。

8-3 ◆紫芝街

中国语言文化典藏

送灶众公上天 [soŋ³³tsau³³tsœŋ³³kɔŋ⁴⁵iɔŋ⁵³tʰiŋ⁴⁵]

建瓯人把灶神爷叫作"灶众公"。农历腊月二十四晚，各家主妇把过年吃的"蜂花"[pʰɔŋ⁴⁵xua⁴⁵]一种米制甜食（见图8-4）、"豆屑糖"[te⁵⁵so²⁴tʰɔŋ³³]一种豆屑做的甜食（见图8-5）、"粿脯子"[ko³¹py³¹tɕie³¹]油炸晒干的粿皮、"麻子糕"[muɛ³³tɕie³¹kau⁴⁵]用麦芽糖羹与熟芝麻粉做的一种甜食、"薄粉豆"[pɔ⁵³xoŋ³¹te⁵⁵]用麦芽糖羹与炒熟的大豆做的一种酥甜豆品（见图8-6）、花生串等糖果，用盘或碟装上，摆在贴有灶神爷神像的案前供奉，点上香烛，进行揖拜，口中念念有词，民间认为此举是为了让灶神爷上天向天庭玉帝汇报时对本户多进美言，并转谕玉帝对本户的吉言祝福，再行揖拜后，将神像揭下，放于火盆焚化，谓之升天；待来年农历正月初五再花钱请新像贴上，恭迎回户。

8-2◆南门

豆屑糖 [te⁵⁵so²⁴tʰɔŋ³³]

一种豆粉屑做的食品。先将大豆炒熟，磨成粉屑。再将锅中油烧热后，加入少量水，下白砂糖和麦芽糖熬煮，不停搅动，待溶为糖羹并起疙瘩时，捏起一两个疙瘩，扔至锅沿，会发出"当"的声响就熄火，倒入豆粉屑，搅拌均匀，铲入木夹，用圆木碾滚压结实。拆除四周夹板，切成小块，冷却后即可食用，或收藏于密闭铁皮桶防潮。

蜂花 [pʰɔŋ⁴⁵xua⁴⁵]

过年期间流行的一种糕点。凉水浸泡糯米10小时，入笼蒸熟，倒出晒干，成为实心"蜂子"[pʰɔŋ⁴⁵tɕie³¹]蜂蛹大小的硬饭粒。选中粒河沙，洗去泥土，入锅炒干，下"蜂子"翻炒，膨发至酥，成为爆米花，筛去沙子。猪油入锅，文火熬，热时加水少许，下白砂糖和麦芽糖，中火熬煮，不停搅动，待融化并冒气泡，倒入爆米花搅拌均匀，舀入木夹，用圆木碾滚压结实。拆除四周夹板，切成小块，冷却后即可食用，或收藏于密闭防潮铁皮桶。

8-5◆鼓楼

8-4◆鼓楼后

建瓯

捌·节日

255

8-7 ◆紫芝街

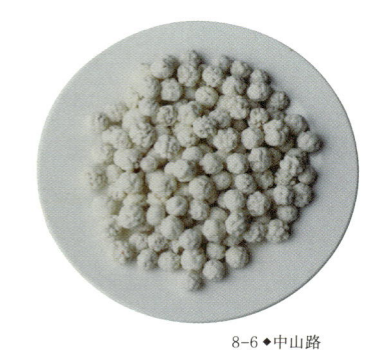

8-6 ◆中山路

三十年暝 [sãŋ⁴⁵si⁵⁵niŋ³³mãŋ³³]

除夕。这是个辞旧岁、迎新年的庄严日子。这一天，家庭主妇最忙了，从上午就开始准备至少8道菜的"拔岁暝"[pi⁴⁵ɕy⁵³mãŋ³³]年夜饭，其中少不了宰杀一只"鸡角"[kae⁴⁵ku²⁴]公鸡做菜，因而建瓯有一句方言俗语"鸡角怀食米"[kae⁴⁵ku²⁴ẽĩ⁵⁵ie⁵³mi⁵³]，意思是时间期限到了，啥也不干了。这天出门在外的家人一定要赶在傍晚之前回家团聚，共吃年夜饭，之后"封大门"[xɔŋ⁴⁵tuɛ⁵⁵mɔŋ³³]关上大门与守岁。

薄粉豆 [pɔ⁵³xɔŋ³¹te⁵⁵]

选用一种当地特有、叫作"青壳绿"[tsʰaŋ⁴⁵kʰu²⁴ly⁵³]的单季大豆，温水浸泡12小时，使其充分膨胀，捞起沥干；选中粒河沙，洗去泥土，入锅炒干，下"青壳绿"翻炒至酥脆；大米炒熟，磨成粉；锅中油烧热后，加入少量水，下白砂糖和麦芽糖熬煮，不停搅动，待溶为糖羹并起疙瘩时，倒入豆子，搅拌均匀，铲入米粉中翻拌，让每一粒豆子都均匀地粘上米粉。这样，香甜绵脆且互不黏糊的"薄粉豆"就做好了。

守岁 [ɕiu³¹ɕy³³]

在除夕夜进行，家人在子时过后丑时到来前一般不入睡。以前守岁的内容大多为：试穿正月初一要穿戴的服装鞋帽、商谈来年的活计，祖父、祖母向幼孙教唱"花子"，或"估对子"。现在守岁则是合家观看央视的"春晚"节目，或用手机向亲友发送拜年短信和"微信""抖音""微博"等。过了子时，开门到户外放一串鞭炮再闭户入睡。

8-10 ◆中山路

8-8 ◆中山路

8-9 ◆管葡

酥糕 [su⁵³kau⁴⁵]

酥年糕。将年糕切成块状，入碗翻蘸裹以蛋液，入锅油炸或油煎而成。外酥内绵，色味俱佳。

拔岁暝 [pi⁴⁵ɕy³³mãŋ³³]

年夜饭。"拔岁暝"是全家团聚的宴会，以前都在自家办，现在有的在酒楼办。除了必有寓意升高的糯米年糕与寓意生财的粳米粿外，还视家境状况，烹食8—16道菜肴；讲究汤干搭配，糕粿首进，双数为吉。因天气寒冷易于保存，一餐吃不完的，也可来年再吃，寄寓富足有余。

开大门 [kʰuɛ⁴⁵tuɛ⁵⁵mɔŋ³³]

农历正月初一清晨，主妇打开大门，在厅堂摆上香案，先点燃蜡烛，插进烛台，再点燃一束香，手持香束朝着大门外的天空作揖，民间认为这是给天"接顺" [tɕiɛ²⁴sœŋ⁵⁵]恭敬地告说，都要说些"请天神庇佑新年丰收、生意兴隆、合家安康吉祥"之类的话语；而后在门框两侧各插三支香，其余的插入香炉后，在门外燃放一串鞭炮。正月，特别是正月初一，禁忌打骂小孩和说不吉利的话；正月初九天公生日，忌晒任何东西，否则会认为影响天公休息。

8-11 ◆东门

8-12 ◆水西

8-15 ◆东安

垂岁钱 [ty⁵⁵ɕy³³tɕiŋ³³]

　　压岁钱。"垂",意为传承、延续;"垂岁",意在延年增岁。拜年时,长辈将事先准备好的"垂岁钱"放进红包分给小孩,小孩得到就寓意可以平安增长一岁。

送头年 [soŋ³³tʰe³³niŋ³³]

　　新婚女婿"头年"[tʰe³³niŋ³³]第一年的除夕之前必向岳家赠送礼品,称作"送头年"。常规礼品有:年糕一笼、粳米馃一"茶盒子",约10斤;另加约10斤重的猪"膀蹄"[pʰɔŋ³³tae³³]臀部割去腿骨的环状肉块一个、3斤以上的鱼一条。"茶盒子"是用杉木制作、有弧形提梁的浅圆桶,用红色油漆刷过。

拜冢年 [pae³³toeŋ³¹niŋ³³]

　　凡家里有人在清明过后、春节之前"过身"[kua³³sẽĩ⁴⁵]去世的,第二年春节期间,其家人会按照清明"醮冢"[tɕiau³³toeŋ³¹]扫墓的仪程,带上切成块的年糕和粳米馃两样供品,去给逝者拜年。

8-14 ◆东门

8-13◆光孝路

拜佛年 [pae³³xo⁵⁵niŋ³³]

　　农历正月初一至初五上午，凡信奉佛、道和民间神祇的人，往往会自选时段到庙宇去烧香点烛，跪拜祈福，祷告许愿。是时，香客云集，摩肩接踵，香火鼎盛。有戏台或广场的庙宇，届时也请来戏班演出，更添人神旺象。

接灶众公 [tɕiɛ²⁴tsau³³tsœŋ³³kɔŋ⁴⁵]

　　农历正月初五，很重要的一件事，就是要花钱到字画店请来一张灶众公神像，贴在灶台原有位置的木板上，点上香烛，摆上供品，在门侧燃放鞭炮，恭请神灵回府。

8-16◆中山路

8-17 ◆中山路

小元宵 [ɕiau³¹ũĩ³¹ɕiau⁴⁵]

　　农历正月初五是春节的最后一天，从初六开始，人们的生产、生意、生活就要恢复如常了。因而初五这天，家人会再次宴聚，吃年糕、粳米馃和菜肴。夜晚，街上或文化场所有灯饰展示和舞龙、舞狮等踩街活动。"小元宵"由此得名。

8-18 ◆中山路

迎 [ȵiã³³]

　　踩街。一种娱乐项目游行展示活动。

二 元宵节

8-19 ◆玉溪

元宵灯会 [ũĩ³¹ɕiau⁴⁵tãĩ⁴⁵xo⁵⁵]

在建瓯，元宵节叫作"大元宵"[tuɛ⁵⁵ũĩ³¹ɕiau⁴⁵]，其原因有二：一是这天为正月十五，一轮圆月通宵璀璨；二是家家户户必吃糯米粉制的芝麻馅"汤圆"[tʰɔŋ⁴⁵ũĩ³¹]，有人叫作"食丸子汤"[iɛ⁵³ɔŋ³³tɕiɛ³¹tʰɔŋ⁴⁵]、"食油徟"[iɛ⁵³iu³³kãĩ³¹]，并且要把春节的年货通通"消掉"。这天，城区和吉阳镇玉溪村步月桥都会举办灯会。是夜，地面上各式彩色灯笼云集汇挂，赏灯者络绎不绝，万头攒动；天空中烟花爆竹此起彼伏，焰火绽放，绚彩夺目。

8-20 ◆玉溪

建瓯 ── 捌·节日

261

8-21◆青云

叉龙灯 [tsʰa⁴⁵lœŋ³³tãĩ⁴⁵]

舞龙。撑张长龙布制鳞皮的每节篾笼内点有"油楠"[iu³³nɔŋ³¹]浸油耐燃布条捻成做灯，篾笼下接有杉木棍做的手柄，用以叉动翻转，故名。节日踩街游行或在广场表演时，穿有彩服的龙珠与龙身的"叉龙"者，按照锣鼓声的节奏，叉动龙珠、龙头与龙身，左右翻转，上下腾挪，观众喝彩。龙在街上巡游时，会有深宅大院的富足人家，在门口手执红包，燃放大串鞭炮，恭迎长龙入宅穿行一番，说是"龙进厝、有彩头、行大运、必旺发"。

迎春台 [ȵiãŋ³³tsʰœn⁴⁵to³¹]

"春台"又名"台阁戏"[to³¹kɔ²⁴xi³³]、"铁基戏"[tʰiɛ²⁴ki⁴⁵xi³³]，一般在节日踩街游行时演出。下层由彩车或大人扛着杠板作为固定戏台，上层由小孩装扮成剧中人物，看似单腿独立，其实人是坐在外有服饰遮藏着的铁基上，用裤管套住假腿。或者固定戏台上的人物一路巡游都"叠罗汉"，其体重也是通过隐藏在服饰内的铁基来分散承担。

8-23◆北门

8-22 ◆中山路

樵凳龙 [tsʰau³³tãĩ³³lœŋ³³]

  板凳龙。由多条无腿木凳连接而成。每条凳板长约1.5米，当中凿洞，穿入圆木棍作为手柄；板前后端凿卯洞，通过活动短榫拼连；凳面上缀以圆桶形或四方形彩色灯笼。夜晚，凳龙出游，在鼓乐声和鞭炮声中穿街走巷，进乡入村，逶迤前行，犹如天街灯市。

担花担 [tãŋ⁵³xua⁴⁵tãŋ⁴⁵]

  挑花担。农历正月十五元宵节踩街游行中的一个游乐项目。表演者游行时挑一对或两对花担。花担是用竹篾扎制的大花篮，装缀以各色鲜艳的花草和红绸带。扁担以篾竹削制，柔软而有弹性，表演者有男有女，挑着花篮，随着民乐伴奏的节拍，迈着碎步，行进三步，后退一步，步态轻盈，挑着的花篮随着肩上扁担的晃悠而上下抖动，耀眼夺目。花担旁常有男丑角反穿皮袄，手握芭蕉扇，插科打诨。

8-24 ◆北门

建瓯 捌·节日

263

8-25 ◆东门

伞技 [suĩ³¹ki⁴⁵]

建瓯的竹骨纸伞在刷贴伞纸之前，要旋动伞面，检验伞骨是否匀称、耐受，伞技雏形由此产生。后有舞者与音乐人介入，给予"加花"[ka⁴⁵xua⁴⁵]增加花样，多角度旋伞，并配以多种动作，发展成为健身娱乐技艺。现在，伞技表演者把圆球、藤球、铁圈、火圈、无檐帽等置于无纸伞面上，让其同步旋转，并配以金鸡独立、侧卧、抛高弹接等各种技巧性动作进行表演，很有观赏性。技，声调特殊。

大头宝 [tuɛ⁵⁵tʰe³³pau³¹]

大头宝是可从头顶往颈项处套落的立体面具。面具可不按身体与头的比例，夸张地制作。角色有手摇芭蕉扇的老媒婆、手执"樟烟筒"[tɕiɔŋ⁴⁵iŋ⁴⁵tɔŋ³³]旱烟管的庄老汉，有喜笑颜开的小丫头、俏皮打闹的男少年等。他们两步一扭，三步一晃，招摇过市。这也是节日踩街巡游时的传统项目。

8-27 ◆豪栋

8-26 ◆中山路

高跷戏 [au³¹kʰau⁴⁵xi³³]

踩高跷。为节日踩街巡游时的传统项目。高跷以木棍或生长期五年、直径适中的毛竹为材料，在离地面 1.2—1.5 米处凿一卯洞，穿进一根外露的横榫，作为脚掌的踩踏处。演员多为腿脚灵活的青少年，表演前，先按角色化好妆，坐着将脚掌与小腿分别绑在跷棍上，由他人帮衬站立起来，然后边行走边表演动作。

肚丝鸡绒 [tu⁵⁵si⁴⁵kae⁴⁵œŋ³¹]

用鸡肉与猪肚切成绒状细丝熬煮而成的糊状菜肴。原料为：细嫩纯鸡肉半斤，鸡蛋 4—6 枚，蛏干、目鱼或猪肚，蕉芋粉（蕨粉最佳）半斤，猪油 4 两。做法为：鸡肉切细丝再捣成酱，蛋打散渗进肉酱里搅拌，蛏干、目鱼或猪肚煮熟切成细丝。锅里放适量水，蛏干、目鱼或猪肚也相继加入。待水烧开，将蕉芋粉用水搅拌，要求浓而均匀；同时把肉、蛋浆下锅，一边煮一边搅拌，务求均匀。在煮熟起锅前调入米酿红酒、味精，加些猪油。该菜肴表面不见热气，其实相当灼热，食之须慢匀细品。

8-28 ◆中山路

建瓯 ｜ 捌·节日

8-30 ◆中山路

抱鱼爪 [pʰau⁵⁵ŋy³³tsau³¹]

目鱼猪爪汤。"抱鱼"为经苏打水浸泡变大、变软的目鱼干，同切块的猪爪一同烹煮而成。

8-29 ◆中山路

冬笋窝底 [toŋ⁴⁵sœŋ³¹ua⁴⁵tae³¹]

一道山珍特色菜。"窝底"又作"挖底"[ua⁴⁵tae³¹]。之所以叫"冬笋窝底"，是因以冬笋丝为料，锅底窝着用灰烬覆盖的炭火熬煨四五个小时才可中和至味。之所以又称作"挖底"，因味美诱人，总被吃个碗底朝天。

油𩛩 [iu³³kãĩ³¹]

一种拇指大小的饺子状米制食品。用糯米与"早米"[tsau³¹mi⁵³]籼米按8:2比例搭配磨浆制皮。由熟芝麻粉和白糖、"膏油"[kau³³iu³³]熟猪油搅拌成馅。烹煮时放入生姜，食之，姜香微漾，香甜绵柔。

8-31 ◆中山路

什锦太平燕 [si⁴⁵kẽĩ³¹tʰuɛ³³pẽĩ³¹iŋ³³]

用"什锦"辅料一起煮的禽蛋汤菜。"什锦"包括鸡或鸭的肝、心、肫，水发香菇，黑木耳，熟冬笋，胡萝卜等十样辅料。寓意十全十美、平平安安。

丸子汤 [oŋ³³tɕie³¹tʰoŋ⁴⁵]

汤圆煮汤。这是元宵节一定要吃的一道菜，寓意红火、热闹。

8-33 ◆中山路

8-32 ◆中山路

三 清明节

8-34 ◆丰乐

醮冢 [tɕiau³³tœŋ³¹]

扫墓。清明节的"前三后四"共7天均可进行。《广雅》:"醮,祭也。"《说文解字》:"冢,高坟也。"冢是贵族、有身份者去世后的居所。西晋末,中原战乱,一些士大夫为了避乱,南迁闽北,去世后的葬墓便称作"冢",沿用至今。"醮冢"仪式为:劈除荆草,清扫冢坪;摆上供品和杯酒,进行"顾仰"[ku³³ioŋ⁵⁵]供奉;点燃香烛,鞠躬揖拜,祷告;焚化冥币和弥陀经、往生经等;再行祭拜,手捧酒杯,举与眉齐,洒于地面;燃放鞭炮,告慰先灵;灭熄明火,辞冢回家。

讨野味 [tʰau³¹ia³¹mi⁵⁵]

采摘野果、野菜。建瓯历为农耕社会,工业很少,生态环境未受污染,土层肥厚,野生植物繁多。清明期间,市民除到郊外"醮冢"扫墓外,还常邀帮结伙,在郊游踏青中"讨野味",主要有:"拗蕨"[au³¹ue³¹]折取蕨菜、"摘黄花子"[tia²⁴uãŋ³³xua⁴⁵tɕiɛ³¹]摘鼠曲草、"讨葫芦泡"[tʰau³¹u³¹lu³¹pʰau⁵⁵]采撷野草莓、"劙苦荬"[le⁴⁵kʰu³¹tsue⁵³]挖一种野生苦菜。既踏青舒心,又收获颇丰,一举两得。

8-35 ◆东边

8-37 ◆西大街

炒雷笋 [tsʰau³¹lo³³sœŋ³¹]

炒雷竹笋。"雷笋" [lo³³sœŋ³¹] 又名"雷公笋" [so³³kɔŋ⁴⁵sœŋ³¹]，因早春打雷即出笋而得名，是一年中最早上市的笋种。

8-36 ◆慈口

艾子粿 [ŋuɛ⁵⁵tɕiɛ³¹ko³¹]

艾叶粿。采摘野生的艾草嫩叶，洗净甩干，剁为羹状。凉水浸泡籼米数小时，磨成米浆；锅底烧文火，把艾叶羹、米浆和适量细盐、楠草水倒入锅内，用锅铲背面反复按擦搅和，使之融合；随着温度升高，米浆渐熟变稠成为粿酱，此时锅底与锅壁就会黏结着一层"粿疕" [ko³¹pʰi³¹] 粿疤，将粿团打起另盛，用手搓圆，便是"艾子粿"。

8-40 ◆水南

8-38 ◆符山

薄饼 [pɔ⁵³piãŋ³¹]

春卷。用五花肉丝熬油，加笋丝翻炒做成馅，装在用铁鏊焙熟的面浆外皮上，包卷成圆筒状即成。清明期间，春笋大量上市，是吃薄饼的好时节。

8-39 ◆符山

黄花子粿 [uãŋ³³xua⁴⁵tɕiɛ³¹ko³¹]

因在清明时节产出，又名"清明粿"[tsʰẽi⁴⁵mẽi³³ko³¹]。"黄花子"即鼠曲草。带有草香，柔韧适中，有祛风除湿、调中益气之功效。

粿疤 [ko³¹pʰi³¹]

粿疤。籼米与大豆用凉水浸泡后磨成浆，倒入锅内，加适量盐水、楠草水，锅底烧火，用锅铲不断搅捣，随着温度升高，米浆渐熟变稠成酱成团，此时锅底与锅壁就会黏结着一层"粿疤"，将粿团打起另盛，用斜口菜刀沿着锅壁将"粿疤"铲离，并整张托出；随即在锅内加入半碗清水，把粿团倒进，又用锅铲不断按擦搅捣，随着温度升高，又会黏结着一层"粿疤"。如此反复多锅，粿团依次变成"粿疤"，可直接食用，也可分切包馅食用。

粿筒 [ko³¹toŋ³³]

"粿筒"的皮由籼米磨浆制成，有无油与油煎两种。"粿筒"皮做好后，将其摊开，在中缝位置竖着放上几根葱段，再放入事先炒好的馅，双手配合，包成卷筒状食用。

8-42 ◆符山

8-41 ◆黄园

建瓯

捌·节日

四 端午节

8-44 ●黄园

做粽 [tsa³³tsoŋ³³]

每逢农历五月初五前夕,家家户户包粽子。尤有地方风情的是每锅粽子都有一个"喜粽"[xi³¹tsoŋ³³],即粽内芯馅是一个用小箬叶捆包的小粽,民间认为谁吃到了谁今年就有喜运,家人说些吉利话,表示祝贺,为家庭平添一些乐趣和喜庆。

扒龙船 [pa³³lœŋ³³ũĩ³¹]

划龙舟。建瓯同其他地方唯一不同的是,在赛前每条船会先唱和一番龙船号子。具体是:在敲鼓司号者的领唱下,划桨众人齐声唱和。其号子为:"领:'嘞喔嘞'[le⁵⁵o⁵⁵le⁵⁵]。和:'喇喔

8-45 ◆铁井栏

8-46 ◆上西河

挂青艾 [kua³³tsʰãŋ⁴⁵ŋue⁵⁵]

端午节，建瓯叫作"五月节"[ŋu⁵³ŋuɛ⁵³tsae²⁴]。这一天家家户户会采来或买来青艾，每两三枝捆扎成束，摆在香案上，或插于大门门框两侧和悬挂于房门空中，用青艾芳香拦阻和驱逐虫害，净化空气。

熏艾把 [kʰœŋ³³ŋue⁵⁵pa³¹]

端午节这一天，家家户户会把事先晒干的艾草扎成捆，点着，伸进阴暗处晃动，用艾烟熏驱蚊虫，优化环境。

嘞'[la³¹o⁵⁵le⁵⁵]。齐：比得头名食'豨头'[kʰy³¹tʰe³³]猪头。领：'扒喔扒'[pa³³o⁵⁵pa³³]。和：'煞把'[suɛ²⁴pa³¹]用力扒。齐：争得第一'啜'[tsʰuɛ²⁴]喝好茶！领：啜好茶喔！和：啜好茶！"如此唱和两遍后，下一条船方始。

8-43 ◆东游

8-47 ◆南门

8-48 ◆黄园

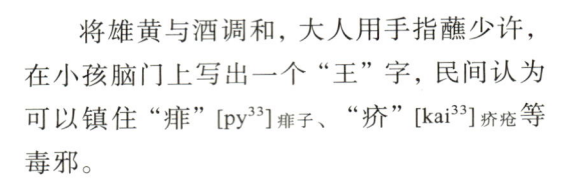

喷雄黄酒 [pʰœŋ³³xœŋ³¹uãŋ³³tɕiu³¹]

雄黄酒有杀菌驱虫解毒功效。在端午节这天，人们把雄黄粉与"烧酒"[tɕʰiau⁴⁵tɕiu³¹]高度白酒或黄酒掺和拌匀，或嘴含鼓腮口喷或用手指拨洒到床底、墙角、房屋壁角等阴暗处，以驱灭蚊子、苍蝇、蟑螂等害虫及其虫卵，清洁环境。

抹雄黄 [muɛ²⁴xœŋ³¹uãŋ³³]

将雄黄与酒调和，大人用手指蘸少许，在小孩脑门上写出一个"王"字，民间认为可以镇住"痱"[py³³]痱子、"疥"[kai³³]疥疮等毒邪。

香包 [ɕiɔŋ⁵³pau⁴⁵]

有的用小布块缝制，有的用五色丝线缠成，内装香料，佩在胸前，香气扑鼻。端午节小孩佩上内装朱砂、雄黄、香药等香料的香包，民间认为，这不但有避邪驱瘟之义，而且有襟头点缀之风。若是热恋中的情人，姑娘很早就会精心制作别致的香包，赶在端午节前送给情郎。

焖螺 [mẽĩ⁵⁵so³³]

焖田螺。有两则童谣戏谑吮吸田螺时的无奈情状：（1）你"喙"对我"喙"，我手"抶"[kʰa⁵³]掐你腰。"搦"[na⁵³]拿你无办法，"逮"[tae⁵⁵]从你头顶挑。（2）弯弯曲曲，曲曲弯弯，"搦"你无法，"嗍"[sɔ²⁴]吮吸你"奏⁼穿"[tse³³tsʰūĩ⁴⁵]屁股。

8-49 ◆中山路

8-50 ◆符山

五 中秋节

8-52 ◆玉溪

做花灯 [tsa³³xua⁴⁵tãĩ⁴⁵]

以竹篾做不同造型的灯笼骨架,在不同的部位外表糊以不同的色纸或图案帛,内部横档可插蜡烛,顶部系上制作的提手便成。

做中秋饼 [tsa³³tœŋ⁴⁵tɕʰiu⁴⁵piãŋ³¹]

月饼,传统建瓯人称"中秋饼"[tœŋ⁴⁵tɕʰiu⁴⁵piãŋ³¹]或"嫩饼"[nɔŋ⁵⁵piãŋ³¹]。由嫩饼店专业制售,主要有两种:一为斋饼,叫"大乌麻"[tuɛ⁵⁵u⁴⁵muɛ³³],以熬熟的山茶油与砂糖、炒熟的黑芝麻碾粉拌匀做馅,外面包以白糖水搅拌的面粉做皮,碾成扁圆状,轧以白芝麻为衬底,嵌入用食红染色的白芝麻拼成的"福、禄、寿、禧"等字,入铁鏊用炭火两面交替焙熟;另一种为荤饼,叫"肉膳饼"[ny⁵³siŋ⁵⁵piãŋ³¹],碾焙方法与斋饼相同,只不过馅中增加了肥肉丁与熟猪油。

嬉花灯 [xi⁴⁵xua⁴⁵tãĩ⁴⁵]

玩赏花灯。大人把花灯做好后,小孩便会挑选稍小盏的,点上蜡烛,提着到户外相互比试谁家的漂亮好看,也引来路人驻足观赏。

8-53 ◆玉溪

8-51 ◆西大街

建瓯

捌·节日

273

8-54 ◆玉溪

步月桥灯会 [pu⁵⁵ŋuɛ⁵³kiau³³tãĩ⁴⁵xo⁵⁵]

  吉阳镇步月桥除了正月十五元宵节举办灯会外，每当中秋月夜，该镇巧溪与玉溪两村的村民，便会到步月廊桥上送、摘红色或白色灯笼，然后回家。红灯笼寄寓吉祥生财，白灯笼象征平安添丁。不论摘取哪种灯笼，都须在次年同夜"以一还十"把灯笼挂到步月桥上，让别人来摘取。这一传统文化习俗数百年来延绵不断，至今传承。图 8-55 为挂灯笼。

8-55 ◆玉溪

放孔明灯 [pɔŋ³³kʰɔŋ³¹mẽĩ³¹tãĩ⁴⁵]

  "孔明灯"又名"许愿灯"[xy³¹ŋũĩ⁵⁵tãĩ⁴⁵]，作为祈福之用。用细竹篾扎成圆筒或方形框架，糊上纸，做成大灯。底盘用细铁丝扎成，放置蘸满松脂的布团。灯笼的外形像诸葛孔明的帽子，故名。中秋夜，施放者在灯上写下寄托心愿的话语，点燃灯内布团，灯就会靠热空气的作用飞上天空。施放者目送其升空飘远，心中默默祈祷。

烧塔 [tɕʰiau⁴⁵tʰa²⁴]

  中秋晚宴后，社火协会已在空地上用砖块间隔着搭起了临时矮塔。人们投柴火、枝叶于塔中，点火燃烧，主事者向塔内撒盐，随即"哔啵"爆响，火苗腾焰升空，人们欢声呼喊，喜歌者敞喉高唱，其他人随其节奏拍掌附和而舞，喜气洋溢，一片欢腾。是时，"云遮中秋月，和风拂彩灯，塔火腾烈焰，辉光映笑脸"，不亚于篝火晚会。

8-58 ◆仓长

8-59 ◆翠墩

8-56 ◆陶朱

8-57 ◆仓长

中秋送灯 [tœŋ⁴⁵tɕʰiu⁴⁵sɔŋ³³tãĩ⁴⁵]

女儿出嫁第一年的中秋"暗暝"[ɔŋ³³mãŋ³³]晚上，父亲要将事先备好、饰以花彩和"观音送子"或"麒麟送子"图案造型的灯具，让女儿时为少年的弟弟或妹妹送到女婿家。彩灯送达，女婿家点燃鞭炮，出迎接入，挂于厅堂中央，大放光明。建瓯方言"灯""丁"同音 [tãĩ⁴⁵]，送"灯"寓意送"人丁"。图 8-56 为婆婆将儿媳娘家送来的彩灯挂于厅堂。

拜月 [pae³³ŋuɛ⁵³]

建瓯的道教尊月神为"太阴星君"，百姓则尊之为"月二奶"[ŋuɛ⁵³ni⁵⁵nae³³] 第二母亲。中秋夜月升时，道观在空地上搭拜台、设香案，先由道士祭月，而后由信众自行祭拜。百姓家则在"厝坪"上，朝月亮方向设香案，点香烛，摆上圆镜、月饼、柚子、西瓜、红枣、榛子等供品，家人依次拜祭，然后按人数切分月饼、剥食柚子。

冰莲 [pẽĩ⁴⁵lãĩ³³]

中秋前后是莲子产出季节。古建州（今建瓯）吉阳镇出产的"建吉莲"[kũĩ³³ki²⁴lãĩ³³] 品质上乘，素称"建吉白莲"[kũĩ³³ki²⁴pa⁵⁵lãĩ³³]，简称"建莲"[kũĩ³³lãĩ³³]。现在多认为"建莲"就是建宁县的莲子，如果了解建宁县境曾隶属于建州的历史，就会明白这里的"建"应是"建州"了。"冰莲"，用白冰糖熬羹浇淋在蒸熟的莲子上，显得冰清剔透，故名。

8-61 ◆新修

8-60 ◆胜利

莲子脱壳板 [liŋ³³tɕiɛ³¹tʰo²⁴kʰu²⁴paiŋ³¹]

用两片同样宽度的硬木板，雕凿出比莲子直径略小的圆孔，使用时，将莲子摆入一片板的圆孔，再将另一片板的圆孔套上，双手按压，使莲壳破裂，倒出时莲肉与莲壳已分离，省去了逐一剥壳的时间和麻烦。

8-62◆台尾

榛子煨排骨 [tsãĩ⁴⁵tɕiɛ³¹o⁴⁵pae³¹ko²⁴]

锥栗炖排骨。"榛子"[tsãĩ⁴⁵tɕiɛ³¹]原是古代进贡给皇家享用的"闽贡榛"[mēĩ³¹koŋ³³tsãĩ⁴⁵]。因与"增子"[tsãĩ⁴⁵tɕiɛ³¹]谐音，把这道菜给儿媳吃，寄寓早生贵子、增子添福。有一则谜语描绘"榛子"裂壳吐核的情状：爹"颂"[tsœŋ⁵⁵]穿红袍，"囝"[kūĩ³¹]儿子颂黄袄；爹一"掰喙"[pa²⁴tɕʰy³³]张开嘴，囝就"囝⁼倒"[tūĩ³¹tau³¹]跌倒。建瓯锥栗盛产于秋季，现有42万亩，年产达2.3万吨，居全国首位，获得原产地域保护，"榛子煨排骨"也算是一道节令菜了。

8-64◆西大街

8-63◆龙村

六 其他节日

8-65 ◆吴大元

对歌 [to³³kɔ⁴⁵]

农历三月三为畲族盛大节日，房道镇吴大元村与东游镇安国寺村有对歌的传统习俗。这天，畲民穿上畲族服装，到山林稍平处，以一问一答形式对唱畲语歌曲。内容有山歌、水歌、情歌、"讨樵歌"[tʰau³¹tsʰau³³kɔ⁴⁵]砍柴歌、"莳塍歌"[tɕʰi⁵⁵tsʰãi³³kɔ⁴⁵]插秧歌、"逮圩歌"[tae³³xy⁴⁵kɔ⁴⁵]赶集歌等。

乌饭 [u⁴⁵pũĩ⁵⁵]

白色糯米用叶汁煮黑的米饭。"食乌饭"[iɛ⁵³u⁴⁵pũĩ⁵⁵]吃乌黑色米饭为吴大元村的风俗。农历三月三期间，畲民便上山采摘一种叫作"甜枣箬"[tãŋ³¹tsau³¹ɲiɔ⁵³]的南烛嫩叶，洗净入锅加水烧火熬出褐色甜汁，然后将糯米洗净放入，文火煮熟焖干，铲起晾温。据说，食用之，遭蚊虫叮咬不会"起瘼"[kʰi³¹mɔ⁴⁵]隆起红色小肿包，瘙痒感觉也很快消退。

8-66 ◆吴大元

建瓯 捌·节日

277

8-67 ◆吴大元

8-68 ◆南门

枕头粽 [tsẽĩ³¹tʰe³³tsɔŋ³³]

农历三月三前夕,畲民按照传统食俗,采来当年生芦苇宽叶,砍来当年生的嫩竹,每1米长锯成段,用木槌敲绵,撕成状为粗丝的"竹篾"[ty²⁴mẽĩ³³],入沸水煮软,增强韧性;同时用"甜枣箸"熬出的甜汁浸泡糯米8小时。而后将每两片芦叶套叠在一起,舀入经浸泡的糯米,将芦叶对折,盖包住糯米,再用"竹篾"捆绑成枕头状,放入锅内用水煮熟。

坐石板食粿 [tso⁵⁵tɕiɔ⁵⁵pãĩ³¹ie⁵³ko³¹]

建瓯方言凡逢双季节的首个节气,如立夏、立冬均不称"立"[li⁵³],而称"交"[kau⁴⁵]。交夏这天,按照传统习俗,家家户户会浸籼米,磨米浆,倒入锅中加热,加碱水,搅煮粿酱,熟透不粘牙齿后,舀入碗中,坐到石板上吃。民间认为坐到石板上吃,身体会像石板那样"硬扎"[ŋãĩ⁵⁵tsa²⁴]硬朗。现在只有乡下少数有烧柴灶的农户会这样做。

七月半请公子 [tɕʰi²⁴ŋue⁵³pũĩ³³tɕʰiãŋ³¹œŋ⁴⁵tɕiɛ³¹]

每年农历七月半是中元节,各家把祖先灵牌或遗像摆出来供奉,叫作"请公子";烧完"包袱"[pau⁴⁵xu⁵⁵]装着纸钱的纸制包裹之后,家人聚首吃晚餐,叫作"食烧纸暝"[ie⁵³tɕʰiau⁴⁵tsue³¹mãŋ³³]。此前,各家要备好冥币,购买经过念诵"经文咒语"的往生经等;在"包袱"外写明领收的先人姓名以及焚寄人的姓氏堂号、姓名。是日晨,把先人灵牌或遗像立于供桌,点上香烛,摆上供果与菜肴,进行供奉;傍晚,合家向灵牌或遗像鞠躬作揖并筛酒后,将"包袱"拿到空旷处焚化。

8-71 ◆中山路

8-69◆黄园　　　　　　　　　　　　　　　　　　　8-70◆黄园

六月六狗洗浴 [ly⁵³ŋue⁵³ly⁵³e³¹sae³¹y⁵³]

　　每年农历六月最热，小孩容易"痧着"[sa⁴⁵tiɔ⁵⁵]中暑、"生痱"[sãŋ⁴⁵py³³]长痱子与生疖子，且早年卫生与医疗条件差，小孩多病患，难养大，因而常有把小男孩唤作狗崽、狗蛋、哈狗的，民间认为名贱才命大，可消灾除病，因而家长会根据小孩应防范湿热、疮毒之需，在初六这天，摘取狗尾草、辣蓼草、啮子草、菖蒲叶和乌桕叶等五种防治疗、痈、癣与风热感冒的青草药（见图8-69），入锅加水煞沸，晾温，舀入大盆，让小孩浸泡与搓洗。俗曰"六月六狗洗浴"。

烧冥纸 [tɕʰiau⁴⁵mẽĩ³¹tsuɛ³¹]

　　农历七月半"中元节"傍晚，将事先准备好的冥府纸币、元宝等，装入纸糊的包裹，外写收用的逝者姓名，点火焚化。同时还要焚烧一些"墿头纸"[tiɔ⁵⁵tʰe³³tsuɛ³¹]包裹外的散装冥币给"无头孤魂"[mau³¹tʰe³³ku⁴⁵ɔŋ³³]无家人祭祀的孤魂野鬼，民间认为这样可以避免他们来抢夺包裹内的冥币。

8-72◆南门

279

8-73 ◆杨屯

食重阳酒 [iɛ⁵³tœŋ³¹iɔŋ³³tɕiu³¹]

重阳节这天，手艺作坊、店铺的老板，要置办一桌或数桌酒席，请受雇的伙计、师傅和学徒"食酒"[iɛ⁵³tɕiu³¹]饮酒、赴宴，叫作"做牙福"[tsa³³ŋa³³xu²⁴]。俗曰"食了重阳酒，功夫'怀'[ẽi⁵⁵]不离手"。

冬至食糍行时 [tɔŋ⁴⁵tɕi³³iɛ⁵³tɕi³³kiãŋ³¹si³³]

建瓯方言"糍"[tɕi³³]与"时"[si³³]谐音。民间认为冬至这天吃糍粑会走时运，因而这天家家户户早起，以糍粑为早餐。农村把浸泡过的糯米蒸熟，放入石臼舂捣成酱，再掰捏为小团，翻蘸豆屑食用；城区则用糯米粉掺水揉搓成扁圆糍，下沸水煮熟上浮捞起，蘸用砂糖拌进的芝麻粉吃。图 8-75 为以芝麻粉为拌料的"麻子糍"[muɛ³³tɕiɛ³¹tɕi³³]。

补冬 [pu³¹tɔŋ⁴⁵]

立冬这天，人们认为是进补的大好节气，均会杀鸡宰鸭或买羊肉、猪尾骨、鼋鱼、鳗鱼、鳝鱼等荤类食物，加米酿红酒和水以及当归、人参、鹿茸等药物，一同炖食，以养精蓄锐，抗御严冬。图 8-74 为猪肚、猪心、猪脑、猪舌合蒸而成的"芙蓉四宝"[xu⁴⁵œŋ³¹si³³pau³¹]。

8-75 ◆中山路

8-74 ◆中山路

8-76 ◆胜利

舂糍 [tsʰœŋ⁴⁵tɕi³³]

舂捣糍粑。将浸软的粳米蒸熟，放入石臼，用木杵捣成酱团。

8-77 ◆中山路

请闰月饭 [tɕʰiãŋ³¹nœŋ⁵⁵ŋuɛ⁵³pũĩ⁵⁵]

在农历"三年一闰"的那个闰月，从月初至月底，没规定具体哪天，父母会办一顿闰月饭请出嫁女儿回来吃。若父母双亡，先由长兄挑头，请出嫁姐妹回来吃，其后各兄弟依次轮请，也可几兄弟合伙出资同请。此为古传民俗，旧社会出嫁女不可随意跑回娘家，若遭婆家欺负，也难有机会向父母兄弟倾诉，故"请闰月饭"就为出嫁女创造了机会。闰月饭菜肴的贵廉与样数，视操办者家境而定。

闰月饭四件套 [nœŋ⁵⁵ŋuɛ⁵³pũĩ⁵⁵si³³kiŋ⁵⁵tʰau³³]

出嫁女回娘家或到兄弟家吃闰月饭时，要带一块裤料或一条裤子和一条鱼作为礼物。"裤"[kʰu³³]与"富"[xu³³]谐音，寓愿娘家致富；"鱼"[ŋy³³]与"余"[y³¹]谐音，寓愿娘家富庶有余。吃过闰月饭后，娘家或兄弟家则要回赠一把蕉扇和一把伞。因"蕉"与"招"同音[tɕiau⁴⁵]，寓意你若有遭婆家欺辱、虐待等事，娘家人招之即来论理；回赠伞的寓意即娘家人是出嫁女合法权益的保护伞。

8-78 ◆中山路

建瓯话有丰富的口彩、禁忌、谚语、顺口溜、歇后语、谜语、成语、"花仔"[xua⁴⁵tɕiɛ³¹]、童谣、歌谣和行当暗语,也有口头禅和民间故事。这些具有地方特色和民间智慧的口头文艺,难以用图片表现,我们也予以收集选用。

吉祥语、讨口彩是使用吉利话示情表意。禁忌语是在某些场合需要避讳的,用于替代禁忌语的是委婉语。暗语是旧时小商贩中使用的行话,大多已失传。

建瓯方言特有成语,就地取材,形象生动,似有场景。其比喻、形容与揭示的事理,很多达到了极致,往往比普通话成语的内涵更加深刻。

建瓯谜面与谜底相对应的"估对子",有的谜面听上去很粗俗,而谜底却很文雅。整个"估对子"活动其实是含大雅于大俗之中。这种世代口耳相传的艺术,是底层民众的创造,并非文人雅士想出来的。

建瓯的"花仔"数量较多,但已不再为50岁以下人群所知晓。"花仔"的内容非常贴近生活,记载了爱情亲情、生活时政、风俗礼仪、风情物产等。年长者在诵唱时会有不同的版本,但主题大同小异。

玖·说唱表演

"唱曲子"[tɕʰiɔŋ³³kʰy²⁴tɕieˀ³¹]是一种方言曲艺形式，多在佛期庙堂或老人做寿的厅堂演唱，演唱者原来仅为男性盲艺人，乐器仅有竹快板、箅鼓及篾制鼓槌；无音乐伴奏，但多为合辙押韵的唱段，间有念白、叙述和拟声对话。2009年被福建省政府列入非物质文化遗产名录。现仅剩一位失明老艺人会演唱，但已中气不足，常忘记唱词；目前一位快退休的文化馆干部拜其为师，在传承中有所改良创新。本章选取《全城之母》作为示例。

建瓯"抽傀儡"[tʰiu⁴⁵ko³¹lo³¹]木偶戏的唱段与念白皆为方言。"文革"前有好几个木偶戏班，"破四旧"时被抄没焚毁，但处于东峰镇偏僻村落的一户"漏网"，现几箱木偶还在，服饰已朽蚀，经重整，只在农闲时节受雇到佛诞的庙会表演。

方言"游春戏"[iu³¹tsʰœŋ⁴⁵xi³³]，原先流行于建瓯市西乡里一带。演出能够表现戏剧小冲突的生活情趣，很接地气。现已无戏班，失传。

为了传承建瓯方言，建瓯广播电台利用城乡喇叭与手机"微信"创立乡土栏目，特聘当地方言与民俗学者做客《方言说建瓯》栏目，颇有影响。

一口彩禁忌

食粿生财 [iɛ⁵³ko³¹sãĩ⁴⁵tso³¹] 食：吃。粿：米粿

"粿"[ko³¹]、"财"[tso³¹]方言同韵谐音。春节期间吃粳米粿时说的，意即吃了米粿就会发财。

食糍行时 [iɛ⁵³tɕi³³kiãŋ³¹si³³] 糍：糍粑。行时：走运

"冬至"节吃糍粑时说，意即吃了糍粑就会走运。

蒸糕升高 [tsẽĩ⁴⁵kau⁴⁵sẽĩ⁴⁵kau⁴⁵]

除夕之前蒸年糕时说，意即随着蒸笼热气上升，家人运势也会高升。

食了重阳酒，活到九十九。 [iɛ⁵³lɔ⁵³tœŋ³¹ɲiɔŋ³³tɕiu³¹，xua²⁴tau³³kiu³¹si⁴⁵kiu³¹]

重阳节老年人聚首会餐时说。

银囝金孙 [ŋœŋ³³kũĩ³¹kẽĩ⁴⁵sɔŋ⁴⁵] 囝：孩子，儿子

平时交流时说，寄寓孙辈比儿辈更兴旺发达。

清着了 [tsʰẽĩ³³tiɔ⁵⁵lɔ⁰] 清：凉、冷、寒

着凉了，受寒了。别人生病忌说"病"。

炖茶子 [tẽĩ⁵⁵ta³³tɕiɛ³¹]

炖中草药。建瓯远古时以茶入药，如称祛除毒湿的中草药方为"解毒茶"，还有"神曲茶""午时茶""去寒茶"等。

啜茶子 [tsʰuɛ²⁴ta³³tɕiɛ³¹] 啜：喝

喝汤剂药。服药汤忌称"吃药"。

过性 [kua³³ɕiãŋ³³]

家养禽畜死去。家中宰猪，杀鸡鸭鹅等，忌说"已死"。

糟踏 [tsau⁴⁵tʰa²⁴]

婉称年轻人去世和小孩夭亡，忌说"死"。

过身 [kua³³sẽĩ⁴⁵]

婉称老人死亡，忌说"死"。

寿樵 [ɕiu⁵⁵tsʰau³³] 樵：柴

棺木、棺材的雅称。

送行时 [soŋ³³kiãŋ³¹si³³]

因"送钟"与"送终"同音 [soŋ³³tsœŋ⁴⁵]，且"行时"是走时运的意思，所以赠送计时钟的场合，不说"送钟"，而说"送行时"。

千斤担、万斤担，你一只人担去。[tsʰãĩ⁴⁵kœŋ⁴⁵tãŋ⁴⁵, uãĩ⁵⁵kœŋ⁴⁵tãŋ⁴⁵, ni⁵³tɕi³³tɕia²⁴nẽĩ³³tãŋ⁵³kʰɔ³³]

只：量词，个

这是人去世后，"件作家"用木扁担横穿寿衣肩袖，为死者穿上寿衣时，大声说的话。意思是家里若有千斤万斤的祸事责任重担，都由你一个人承担去，今后家里不再有祸事责任。

清吉平安 [tsʰẽĩ⁴⁵ki²⁴pẽĩ³¹ũĩ⁴⁵]

吉祥平安。婴幼儿"抇阿叱"[ma⁵³a³³tɕʰi⁵³] 打喷嚏时大人说的。意思是喷出浊气、寒湿后，身体就清净、吉利、平安了。

得人恼 [tɛ²⁴nẽĩ³³no³¹] 得人：令人。恼：厌恶

见他人小孩肥胖可爱，当面忌说"很胖""很漂亮"，而是正话反说。

似像豨子 [su⁵⁵ɕioŋ⁵⁵kʰy³¹tɕiɛ³¹] 似像：好像。豨子：小猪

接抱他人胖重的小孩时这样说，忌说"很重"。

有身 [iu³¹sɛ̃⁴⁵]

  怀孕、妊娠的方言吉利说法。是相对于人谢世不说死亡而称"过身"的说法。

碰着佛 [pʰɔŋ⁵⁵tiɔ⁵⁵xo⁵⁵]

  遇到倒霉之事，不说"碰着鬼"，而说"碰着佛"。

摇尾摇吉利 [iau³³muɛ³¹iau³³ki²⁴li⁵⁵]

  狗摇尾乞怜时，主人说的。

皮靴 [pʰuɛ³³ɕiɔ⁴⁵]

  皮鞋。因"皮鞋"与"破鞋"同音作 [pʰuɛ³³ae³¹]，忌说。女人穿皮鞋要说成穿皮靴，以免误会、争吵。

二 俗语谚语

一月一，笋目眯；[i²⁴ŋuɛ⁵³i²⁴, sœŋ³¹mi⁵³tɕʰi²⁴] 一月一：农历正月初一。目眯：睡觉

二月二，笋出鼻；[ni⁵⁵ŋuɛ⁵³ni⁵⁵, sœŋ³¹tɕy²⁴pʰi⁵⁵] 出鼻：冒尖儿

三月三，笋担担；[sāŋ⁴⁵ŋuɛ⁵³sāŋ⁴⁵, sœŋ³¹tāŋ⁵³tāŋ⁴⁵] 笋担担：春笋从土中耸出了"肩膀"，像挑担的样子

四月四，笋做戏；[si³³ŋuɛ⁵³si³³, sœŋ³¹tsa³³xi³³] 笋做戏：春笋在快要变成嫩竹时，拔节会发出"啪啪"的响声

五月五，笋褪裤。[ŋu⁵³ŋuɛ⁵³ŋu⁵³, sœŋ³¹tʰɔŋ³³kʰu³³] 褪裤：脱裤子，这里喻指褪去笋壳

　　这首自古流传下来的《竹笋谣》，是建瓯竹农的一个创造。它在不经意中运用比喻、拟人、夸张等修辞手法，充满童趣。对启迪少年儿童的观察力，能起到很好的作用。为什么没讲别的月份呢？因为到了农历六月，笋已经变成嫩竹了。

正月茶嘀嗒，[tɕiāŋ⁴⁵ŋuɛ⁵³ta³³ti⁵⁵ta³³] 嘀嗒：藏着、掖着、羞答答的样子，说明处在孕育之中

二月茶发芽。[ni⁵⁵ŋuɛ⁵³ta³³puɛ³¹ŋa³³]

三月无茶拾，[sāŋ⁴⁵ŋuɛ⁵³mau³¹ta³³ɕiɔ²⁴]

四月茶掐骹。[si³³ŋuɛ⁵³ta³³ma⁵³kʰau⁴⁵] 掐骹：打到腿脚

五月茶出山，[ŋu⁵³ŋuɛ⁵³ta³³tɕy²⁴sūĩ⁴⁵]

六月去做官。[ly⁵³ŋuɛ⁵³kʰɔ³³tsa³³kūĩ⁴⁵]

　　这首《茶谣》，在浅显的文字背后，深刻地揭示了春茶的季节生长与制售规律。其中"五月茶出山，六月去做官"，说的是建瓯"北苑御茶"农历五月就已制成，运出山城，前往京师，贡给朝廷钦饮了，这与陆游诗句"建溪官茶天下绝"讲述的史实是相对应的。

立春雨，穧雨；[li⁵³tsʰœŋ⁴⁵xy⁵⁵, tsae⁵⁵xy⁵⁵] 穧：多

立春晴，穧晴。[li⁵³tsʰœŋ⁴⁵tsāŋ³³, tsae⁵⁵tsāŋ³³]

　　根据立春这天的天气情况，揭示日后一段时间是晴天还是雨天。

立春雨淋淋，[li⁵³tsʰœŋ⁴⁵xy⁵⁵lēĩ³³lēĩ³³]

阴湿到清明。[ēĩ⁴⁵tɕiɛ²⁴tau³³tsʰēĩ⁴⁵mēĩ³³]

　　如果立春这天雨下个不停，那么直到清明节的这段时间不是阴天就是雨天。

二月清明笋捞人，[ni⁵⁵ŋuɛ⁵³tsʰẽĩ⁴⁵mẽĩ³³sœŋ³¹lau⁵⁵nẽĩ³³] 捞：找

三月清明无笋食。[sã⁴⁵ŋuɛ⁵³tsʰẽĩ⁴⁵mẽĩ³³mau³¹sœŋ³¹iɛ⁵³]

  根据清明节这天处在农历二月或三月，揭示出土竹笋多少、有无的规律。

小满怀觑满，[ɕiau³¹mũĩ³¹ẽĩ⁵⁵nãĩ³¹mũĩ³¹] 怀觑：没有

大水怀让管。[tuɛ⁵⁵ɕy³¹ẽĩ⁵⁵ȵiɔŋ⁵⁵kũĩ³¹] 怀：不。让：要

  小满这天如果小溪的水没涨满，至大满这段时日就不要担心洪灾了。

小满就让溪水满，[ɕiau³¹mũĩ³¹tɕiu⁵⁵ȵiɔŋ⁵⁵kʰae⁴⁵ɕy³¹mũĩ³¹]

溪水觑满天大旱。[kʰae⁴⁵ɕy³¹nãĩ⁵⁵mũĩ³¹tʰiŋ⁴⁵tuɛ⁵⁵ũĩ⁵³] 觑：没有

  小满这天就应当涨满河水，否则将要面临大旱的局面。

冬至乌，年暝酥；[toŋ⁴⁵tɕi³³u⁴⁵, niŋ³³mãŋ³³su⁴⁵] 乌：阴雨天。年暝：除夕，这里指年末

冬至晴，烂年暝。[toŋ⁴⁵tɕi³³tsã³³, lũĩ⁵⁵niŋ³³mãŋ³³]

  揭示农历节气冬至与年关的气象关系：冬至这天若乌云密布或下雨，则预示除夕前的年末连续天晴，浆洗被面、被单、被套等会晒得很干酥；冬至这天若天晴，则预示除夕前的年末连续下雨，土路到处泥泞、烂唧唧。

时雨有三工。[si³³xy⁵⁵iu³¹sã⁴⁵kɔŋ⁴⁵] 时雨：夏天雷阵雨。三工：三天

五月南风做大水，[ŋu⁵³ŋuɛ⁵³nãŋ³³xɔŋ⁴⁵tsa³³tuɛ⁵⁵ɕy³¹] 做大水：发洪水，涨大水

六月南风瓜曝脯。[ly⁵³ŋuɛ⁵³nãŋ³³xɔŋ⁴⁵kua⁴⁵pʰu⁵⁵py³¹] 曝脯：晒成干

大晴云行西，慢慢挨。[tuɛ⁵⁵tsã³³œŋ³¹kiãŋ³¹sae⁴⁵，maeŋ⁵⁵maeŋ⁵⁵ae⁴⁵] 大晴：大晴天，阳光灿烂。行西：西行，向西飘移

大晴云行北，雨紧迫。[tuɛ⁵⁵tsã³³œŋ³¹kiãŋ³¹pɛ²⁴，xy⁵⁵kẽĩ³¹pʰɛ²⁴]

  大晴天云若向西飘行，则不必为了避雨而急跑，可以慢条斯理地行走；大晴天云若向北飘行，则雨情急迫，说下就下，要赶紧快跑去躲避。

日生毛，地必坼；[ni⁵³sã⁴⁵mau³³，ti⁵⁵piɛ³¹tʰia²⁴] 日生毛：日晕。必坼：龟裂

月生毛，水上壁。[ŋuɛ⁵³sã⁴⁵mau³³，ɕy³¹tɕi⁵³pia²⁴] 月生毛：月晕。水上壁：地面积水漫上屋壁。

288

日头鬼,做大水。[ni⁵³tʰe³³ky³¹, tsa³³tuɛ⁵⁵ɕy³¹] 日头鬼:太阳时现时隐,一会儿露脸,一会儿又躲进浓厚的云层中

坎⁼盔⁼点水,让刮风。[kʰãŋ³¹kʰo⁴⁵tãŋ³¹ɕy³¹, ȵiɔŋ⁵⁵kua²⁴xɔŋ⁴⁵] 坎⁼盔⁼:蜻蜓

蚁稚子搬厝,[ŋuɛ³³tɕi⁵⁵tɕiɛ³¹pũĩ⁴⁵tɕʰiɔ³³] 蚁稚子:蚂蚁。搬厝:搬家
怀做大水也让落雨。[ẽĩ⁵⁵tsa³³tuɛ⁵⁵ɕy³¹ia³¹ȵiɔŋ⁵⁵lɔ⁵³xy⁵⁵] 落雨:下雨

怀齆食过节粽,[ẽĩ⁵⁵nãĩ³¹iɛ⁵³kua³³tsae²⁴tsɔŋ³³] 过节:端午节
厚衣怀敢囥。[ke⁵³i⁴⁵ẽĩ⁵⁵kɔŋ³¹kʰɔŋ³³] 怀敢:不能。囥:收藏
　　端午节没过,仍有凉冷天气,厚衣服还不能束之高阁。

银亲正⁼,金厝边,[ŋœŋ³³tsʰẽĩ⁴⁵tɕiãŋ³³, kẽĩ⁴⁵tɕʰiɔ³³piŋ⁴⁵] 亲正:亲戚。厝边:邻居
冷丁有事厝边仙。[lẽĩ³¹tẽĩ⁵⁵iu³¹ti⁵⁵tɕʰiɔ³³piŋ⁴⁵siŋ⁴⁵] 冷丁:突然。厝边仙:住宅边的邻居,平时就要像仙人那样对待
　　远水救不了近火,远亲不如近邻。邻居就像住宅边的仙人,平时就要善待。

四十二洗涞浰,[si³³si⁴⁵ni⁵⁵sae³¹lae³³li⁵⁵] 洗:生育。涞浰:干净
四十三洗光,[si³³si⁴⁵sãŋ⁴⁵sae³¹kuãŋ⁴⁵]
四十四囝断蒂。[si³³si⁴⁵si³³kũĩ³¹tɔŋ⁵⁵ti³³] 囝断蒂:就像瓜落蒂一样,不能再怀孕生育了
　　揭示大多数妇女42岁开始更年期,其后一般不再生育的规律。

三分医,[sãŋ⁴⁵xɔŋ⁴⁵i⁴⁵]
七分养,[tɕʰi²⁴xɔŋ⁴⁵iɔŋ³¹]
十分防。[si⁴⁵xɔŋ⁴⁵pɔŋ³¹]
　　符合中医"治未病"的理念。

天晴防落雨,[tʰiŋ⁴⁵tsãŋ³³pɔŋ³¹lɔ⁵³xy⁵⁵]
落雨防病苦。[lɔ⁵³xy⁵⁵pɔŋ³¹pãŋ⁵⁵kʰu³¹]
　　告诫要有危机意识,早做防范。

白酒红人面,[pa⁵⁵tɕiu³¹ɔŋ³¹nẽĩ³³miŋ⁵⁵] 红:使……变红。面:脸
黄金乌人心。[uãŋ³³kẽĩ⁴⁵u⁴⁵nẽĩ³³sẽĩ⁴⁵] 乌:使……变黑

树大分□，[tɕʰiu⁵⁵tuɛ⁵⁵xɔŋ⁴⁵kʰia⁴⁵] 分□：分叉

囝大分家。[kũĩ³¹tuɛ⁵⁵xɔŋ⁴⁵ka⁴⁵]

掐铁觑火色，[ma⁵³tʰiɛ²⁴tsʰu⁵⁵xo³¹sɛ²⁴] 掐：打。觑：看，观察。火色：火的颜色，指火候

话事觑面色。[ua⁵⁵ti⁵⁵tsʰu⁵⁵miŋ⁵⁵sɛ²⁴] 话事：说话。面色：脸色

破樵觑纹理，[pʰuɛ³³tsʰau³³tsʰu⁵⁵uɔŋ³¹li³¹] 破樵：把大柴火劈成可入灶膛的柴火

话事话道理。[ua⁵⁵ti⁵⁵ua⁵⁵tau⁵³li³¹] 话道理：讲道理

截子挂上壁，[tsae⁵⁵tɕiɛ³¹kua³³iɔŋ⁵³pia²⁴] 截子：镰刀

喙里无得嚼。[tɕʰy³³ti³¹mau³¹tɛ²⁴n.ia²⁴] 无得嚼：没得嚼

佃户收割完粮食，收起镰刀，扣除租金后，口粮就所剩无几了。

火烔当棉袄，[xo³¹tʰɔŋ⁴⁵tɔŋ⁴⁵miŋ³³au³¹] 火烔：烤火的火笼

棕衣充被倒。[tsɔŋ⁴⁵i⁴⁵tsœŋ³³pʰuɛ⁵⁵tau³¹] 棕衣：蓑衣。充：充当。被：被子。倒：遮盖

旧社会穷人过冬缺少棉袄与被子，故多以火笼取暖、蓑衣当被子遮盖。

拾来其请帖，做怀得客。[ɕiɔ²⁴lɛ³³kɛ³³tɕʰiãŋ³¹tʰiɛ²⁴, tsa³³ẽĩ⁵⁵tɛ²⁴kʰa²⁴]

靠捡来的请柬做不了赴宴的宾客。

劳动钱，万万年；[lau³¹tɔŋ⁵³tɕiŋ³³, uaeŋ⁵⁵uaeŋ⁵⁵niŋ³³]

冤枉钱，度眼前。[ũĩ⁴⁵uãŋ³¹tɕiŋ³³, tu⁵⁵ŋaeŋ³¹tɕʰiŋ³³] 度：过，度过。眼前：一时，短暂

啷当手艺强担驮。[lãŋ³³tãŋ⁵³ɕiu³¹ŋi⁵⁵kiɔŋ³³tãŋ⁵³tɔ³¹] 啷当：一般。强：强于，强过。担驮：这里指重体力劳动

有一门一般的手艺，也强于挑与驮的重体力劳动。

有墿莫坐船，[iu³¹tiɔ⁵⁵mo³³tso⁵⁵ũĩ³¹] 墿：道路，门路

有菜莫食菇。[iu³¹tsʰɛ³³mo³³iɛ⁵³u³¹] 菇：野生食用菌类

欺人莫欺尽，[kʰi⁴⁵nẽi³³mo³³kʰi⁴⁵tsẽi⁵³]

烂樵生菇盛。[lũi⁵⁵tsʰau³³sãŋ⁴⁵u³¹sẽi⁵⁵] 烂樵：朽木。生菇：产出菌类。盛：茂盛，长势良好

　　告诫欺人莫太甚，即使再没用的腐木朽柴也能长出茂盛的菌菇。

忍得一时气，[nẽi³¹tɛ²⁴i²⁴si³³kʰi³³]

省得百日忧。[sãŋ³¹tɛ²⁴pa²⁴ni⁵³iu⁴⁵]

相争不足，[ɕiɔŋ⁴⁵tsãi⁴⁵pu²⁴tɕy²⁴]

相让有长。[ɕiɔŋ⁴⁵ȵiɔŋ⁵⁵iu³¹tiɔŋ⁵⁵] 长：余剩，《广韵》直亮切

有只大头宝，[iu³¹tɕia²⁴tuɛ⁵⁵tʰe³³pau³¹] 只：个

出门团"一倒。[tɕʰy²⁴mɔŋ³³tũi³¹tɕi³³tau³¹] 团"一倒：摔一跤

头里起只坨，[tʰe³³ti³¹kʰi³¹tɕia²⁴tʰɔ³³] 头里：头上。坨：皮肉上凸起的肿包

拾一件破棉袄。[ɕiɔ²⁴tɕi³³kiŋ⁵⁵pʰuɛ³³miŋ³³au³¹]

今年獪颂着，[kiŋ⁴⁵niŋ³³mae⁵³tsœŋ⁵⁵tiɔ⁵⁵] 獪：不能。颂着：穿得上

明年顷顷好。[mãŋ³³niŋ³³kʰãi³³kʰãi³³xau³¹] 顷顷好：刚刚好

赌博鬼，[tu³¹pɔ²⁴ky³¹]

半暝三更怀惊鬼，[pũi³³mãŋ³³sãŋ⁴⁵kãŋ⁴⁵ẽi⁵⁵kiãŋ⁴⁵ky³¹] 半暝三更：半夜三更。惊：怕，担心

早头怕光怕露水。[tsau³¹tʰe³³pʰa³³kuãŋ⁴⁵pʰa³³su⁵⁵ɕy³¹] 早头：早上，早晨。光：亮光，阳光

赌博钱，水里盐，[tu³¹pɔ⁵⁵tɕiŋ³³，ɕy³¹ti³¹iŋ³³]

五百八百一昼前，[ŋu⁵³pa²⁴pae²⁴pa³³tɕi³³te³³tɕʰiŋ³³] 昼前：上午

食绝人种害团年。[iɛ⁵³tsuɛ⁵³nẽi³³tsœŋ³¹xuɛ⁵⁵kũi³¹niŋ³³] 人种：会传宗的后代。食绝人种：吃绝了后代的生路。团年：子孙

劳动钱，安乐钱，[lau³¹tɔŋ⁵³tɕiŋ³³，ũi⁴⁵lɔ⁵³tɕiŋ³³]

凭渠穑少好过年，[pẽi³¹ky⁵³tsae⁵⁵ɕiau³¹xau³¹kua³³niŋ³³] 凭：任凭，不管

天长地久万万年。[tʰiŋ⁴⁵tɔŋ³¹ti⁵⁵kiu³¹uãi⁵⁵uãi⁵⁵niŋ³³]

　　告诫人们不能沾赌，必须靠劳动致富。

黄泥邋到裤筒里——怀是屎，也是屎 [uaŋ³³nae³³tɔŋ⁵⁵tau³³kʰu³³tɔŋ³³ti³¹— ẽĩ⁵⁵si⁵⁵si³¹, ia³¹si⁵⁵si³¹] 邋：掉。

裤筒：短内裤。屎：谐"死"

有理说不清，死定了。义同"跳进黄河洗不清"。

坎⁼盔⁼食尾——己食己 [kʰāŋ³¹kʰo⁴⁵iɛ⁵³muɛ³¹— tɕi⁵⁵iɛ⁵³tɕi⁵⁵]

以为揩了别人的油水、占了他人的便宜，实际上原本就是自己的。

瞎子掇手电——光照别人 [xae²⁴tɕie³¹tɔ³¹ɕiu³¹tiŋ⁵⁵— kuāŋ⁴⁵tɕiau³³piɛ²⁴nẽĩ³³] 掇：拿。手电：手电筒

这句话在不同的语境有不同的寓意：一为照亮别人，麻烦自己；二为要求别人光明正大、阳光操作，自己却暗中搞鬼、暗箱操作。

擎驼子入棺木——喝一头擎下去，兀一头翘起来 [tsāŋ⁵⁵tɔ³¹tɕie³¹ni⁵³kūĩ⁴⁵mu⁵³—iɔŋ²⁴tɕi³³tʰe³³tsāŋ⁵⁵a⁵³kʰɔ³³, u²⁴tɕi³³tʰe³³kʰiau³³kʰi³¹lɛ³³] 擎：按下。《集韵》在敢切，击也。喝：这。兀：那

同"按下葫芦浮起瓢"义近。

芒笙点火——一时光 [mɔŋ³³sāŋ⁴⁵tāŋ³¹xo³¹— i²⁴si³³kuāŋ⁴⁵] 芒笙：芦苇梗。光：亮

落雨天担秆——罔担罔重 [lo⁵³xy⁵⁵tʰiŋ⁴⁵tāŋ⁵³kūĩ³¹— mɔŋ³¹tāŋ⁵³mɔŋ³¹tɔŋ⁵⁵] 秆：稻草。罔……罔……：越……越……。

担：挑

下雨天挑稻草，雨水越淋越多，担子自然是越来越重。喻指做事不合时宜。

老鼠入牛角——罔行罔无墿 [lau³¹tɕʰy³¹ni⁵³ȵiu³³ku²⁴— mɔŋ³³kiāŋ³³mɔŋ³³mau³¹tio⁵⁵] 罔……罔……：越……越……。墿：路

如果方向不对，路线错了，道路不是越走越宽，而是越走越窄。揭示行事选准方向的重要性。

矮子上楼阶——罔爬啦罔高 [ae³¹tɕie³¹iɔŋ⁵³lɛ³³ko⁴⁵— mɔŋ³³pa³³la³³mɔŋ³³au³¹] 矮子：矮个子。楼阶：楼梯。爬啦："爬"的衍音词

视语境有两种意思：一为尽管个子矮小，先天不足，但只要肯登攀，也可越登越高，高屋建瓴；二是原本就身材矮小，能力有限，竟然高攀高就了，带有不服气的意味。

贼去掉再拄门——忒晏了。[tsʰɛ⁴⁵kʰɔ³³tʰiɔ⁵⁵tsuɛ³³tiu³¹mɔŋ³³— tʰuɛ²⁴ũĩ³³lɔ⁰] 拄：顶，撑。忒：太。晏：迟，晚
　　义近"马后炮"。

鱼鳞齿齿，[ŋy³³sãĩ³³tɕʰi³¹tɕʰi³¹] 齿齿：片片
鱼骨淋淋。[ŋy³³ko²⁴lẽĩ³³lẽĩ³³] 淋淋：栉次排列
日时掰喙，[ni⁵³si³³pa²⁴tɕʰy³³] 日时：白天。掰喙：张开嘴，喻指敞开门
暗暝吞人。[ɔŋ³³mãŋ³³tʰɔŋ⁴⁵nẽĩ³³] 暗暝：晚上。吞人：喻指家人进屋
　　——瓦顶樵厝 [ua⁵³tãĩ³¹tsʰau³³tɕʰiɔ³³] 瓦顶樵厝：瓦房

上边乌天，下边红霞；[tɕiɔŋ⁵⁵piŋ⁴⁵u⁴⁵tʰiŋ⁴⁵, a⁵³piŋ⁴⁵ɔŋ³¹xa³³] 乌天：黑天，喻指被烟火熏黑的锅底。红霞：喻指灶膛
　内锅底的火舌
掇起牙箸，吹起喇叭。[tɔ³¹kʰi³¹a³³ty⁵⁵, tsʰuɛ⁴⁵kʰi³¹la³³pa³³] 掇起：拿起。牙箸：喻指火钳。喇叭：喻指吹火筒
　　——灶 [tsau³³]

高山岗头生满茅，[au³¹sũĩ⁴⁵kɔŋ³³tʰe³³sãŋ⁴⁵mũĩ³¹me³³]
数来数去数怀透。[su³³lɛ³³su³³kʰɔ³³su³³ẽĩ⁵⁵tʰe³³]
　　——头毛 [tʰe³³mau³³] 头毛：头发

爹颂红袍，[ta⁴⁵tsœŋ⁵⁵ɔŋ³¹pau³¹] 颂：穿。红袍：喻指红色的锥栗壳
囝颂黄袄。[kũĩ³¹tsœŋ⁵⁵uãŋ³³au³¹] 黄袄：喻指黄色的锥栗仁
爹一掰喙，[ta⁴⁵tɕi³³pa²⁴tɕʰy³³]
囝就团⁼倒。[kũĩ³¹tɕiu⁵⁵tũĩ³¹tau³¹] 团⁼倒：滚落、跌落
　　——榛子 [tsãĩ⁴⁵tɕiɛ³¹] 榛子：锥栗

山坑旮晃洋，[sũĩ⁴⁵kʰãŋ⁴⁵ku²⁴lu²⁴iɔŋ³³] 洋：平地
□住一帮好阿娘。[ty³¹tiu⁵⁵tɕi³³pɔŋ⁴⁵xau³¹a⁴⁵ȵiɔŋ³³] □：躲。阿娘：姑娘
让食渠其白嫩肉，[ȵiɔŋ⁵⁵iɛ⁵³ky⁵³kɛ³³pa⁵⁵nɔŋ⁵⁵ny⁵³] 渠：她
重重剥渠新衣裳。[tœŋ³¹tœŋ³¹pu²⁴ky⁵³sẽĩ⁴⁵i⁴⁵tɕiɔŋ³³]
　　——春笋 [tsʰœŋ⁴⁵sœŋ³¹]

一茎竹子长溜溜，[tɕi³³ãŋ³¹ty²⁴tɕiɛ³¹tɔŋ³¹liu⁴⁵liu⁴⁵] 茎：量词，根

去省去福州。[kʰɔ³³sāĩ³¹kʰɔ³³xu²⁴tɕiu⁴⁵] 省：省城

目汁流到别人腹，[mu⁵³tsɛ⁵³lau³³tau³³piɛ²⁴nēĩ³³pu²⁴] 目汁：眼泪。腹：肚子

骨头满墀丢。[ko²⁴tʰe³³mūĩ³¹tiɔ⁵⁵tiu⁴⁵] 骨头：喻指甘蔗渣

　　——蔗 [tɕia³³] 蔗：甘蔗

两老嬷共只腰，[ȵiɔŋ⁵³se⁵⁵ma³¹kɔŋ⁵⁵tɕia²⁴iau⁴⁵] 两老嬷：夫妻俩。共：同

一头清来一头烧。[tsi³³tʰe³³tsʰēĩ³³lɛ³³tsi³³tʰe³³tɕʰiau⁴⁵] 清：冷。烧：热

　　——火钳 [xo³¹kʰiŋ³³]

滚囵一圈香篾□，[kɔŋ³¹lɔŋ³¹tɕi³³kʰūĩ⁴⁵ɕiɔŋ⁴⁵miɛ⁵³tʰi²⁴] 滚囵：圆环。香篾□：香燃尽后剩下的竹签子

菩萨面前怀作揖。[pʰu³¹sa²⁴miŋ⁵⁵tɕʰiŋ³³ēĩ⁵⁵tso⁵⁵i²⁴]

泊住鼎壁转几圈，[pɔ⁵⁵tiu⁵⁵tiāŋ³¹pia²⁴tūĩ³¹ki³¹kʰūĩ⁴⁵] 泊住：贴着。鼎壁：锅沿

放下覆住来目睭。[pɔŋ³³a⁵³pʰu²⁴tiu⁵⁵lɛ³³mi⁵³tɕʰi²⁴] 覆住：卧着

　　——奉筅 [xɔŋ⁵⁵tʰiŋ³¹] 奉筅：竹制炊帚

一薮鸡子白膨膨，[tɕi³³tsʰe³¹kae⁴⁵tɕiɛ³¹pa⁵⁵pʰɔŋ³³pʰɔŋ³³] 薮：窝。鸡子：小鸡。白膨膨：白胖白胖，喻指白米饭

两茎竹子逐入笼。[ȵiɔŋ⁵³ãŋ³¹ty²⁴tɕiɛ³¹tae⁵⁵ni⁵³lɔŋ³³] 逐：驱赶

　　——箸 [ty⁵⁵] 箸：筷子

　　描摹用筷子扒饭入口的情形。

一只团子颂黄裙，[tɕi³³tɕia²⁴kūĩ³¹tɕiɛ³¹tɕiɔŋ⁵⁵uãŋ³³kœŋ³³] 团子：小孩

人客来前满地抡。[nēĩ³³kʰa²⁴lɛ³³tɕʰiŋ³³mūĩ³¹tia⁴⁵lœŋ³³] 人客：客人。来前：来之前

　　——芒笙扫帚 [mɔŋ³¹sāŋ⁴⁵se³³tɕiu³¹] 芒笙扫帚：毛扫帚

一茎竹子搭座桥，[tɕi³³ãŋ³¹ty²⁴tɕiɛ³¹ta²⁴tsɔ⁵⁵kiau³³]

顷行上去雨水流，[kʰāĩ³³kiāŋ³¹iɔŋ⁵³kʰɔ³³xy⁵⁵ɕy³¹lau³³] 顷行：刚走

风吹人影来阁摇。[xɔŋ⁴⁵tsʰuɛ⁴⁵nēĩ³³iɔŋ³¹lɛ³³kɔ²⁴iau³³] 来阁：一直

　　——竹笐 [ty²⁴ɔŋ⁵⁵] 竹笐：晾衣竿

住到深山摇摇摆摆，[tiu⁵⁵tau³³tsʰẽĩ⁴⁵sũĩ⁴⁵iau³³iau³³pae³¹pae³¹]

落入人家做人大奶。[lɔ⁵³ni⁵³nẽĩ³³ka⁴⁵tsa³³nẽĩ³³tuɛ⁵⁵nae³¹] 大奶：做家务的大妈

绫罗绸缎全都颂过，[lẽĩ³¹lɔ³³tiu³³tɔŋ⁵⁵tsũĩ⁴⁵tu⁴⁵tɕiɔŋ⁵⁵kua³³]

就是怀齣颂过袜邀鞋。[tɕiu⁵⁵si⁵⁵ẽĩ⁵⁵nãĩ³¹tɕiɔŋ⁵⁵kua³³muɛ⁵³iau⁴⁵ae³¹] 邀：和

——竹笐 [ty²⁴ɔŋ⁵⁵]

一截滚囵筒，[tɕi³³tsae⁵⁵kɔŋ³¹lɔŋ³¹tɔŋ³³] 滚囵筒：圆筒

一截香篾□。[tɕi³³tsae⁵⁵ɕiɔŋ⁴⁵miɛ⁵³tʰi²⁴]

专猛尿邀屎，[tsũĩ⁴⁵la²⁴ȵiau⁵⁵iau⁴⁵si³¹] 猛：舔

怀肯搦来挑牙齿。[ẽĩ⁵⁵kʰaeŋ³¹na⁵³lɛ³³tiau⁴⁵ŋa³³tɕʰi³¹] 搦：拿

——马桶笐 [ma³¹tʰɔŋ³¹tʰiŋ³¹] 马桶笐：竹制马桶刷

四骸落地，[si³³kʰau⁴⁵lɔ⁵³ti⁵⁵] 四骸：四肢。落地：着地

腹脐向天。[pu²⁴tsʰɛ³³ɕiɔŋ³³tʰiŋ⁴⁵] 腹脐：肚脐

喙里□尿，[tɕʰy³³ti³¹nuɛ³³ȵiau⁵⁵] □尿：拉尿

奏⁼□起烟。[tse³³pʰae³¹kʰi³¹iŋ⁴⁵] 奏⁼□：屁股、裆部。起烟：冒烟

——粟风扇 [ɕy²⁴xɔŋ⁴⁵siŋ³¹] 粟风扇：稻谷风扇

有得食时摞嗒摞，[iu³¹tɛ²⁴iɛ⁵³si³³lɔ⁵⁵ta³³lɔ⁵⁵] 摞嗒摞：接连或连续

无得食时搁住饿。[u³¹tɛ²⁴iɛ⁵³si³³ka³³tiu⁵⁵ŋɔ⁵⁵] 搁住：放着

饱其时候扨半死，[pau³¹kɛ³³si³³xe⁵⁵no⁵⁵pũĩ³³si³¹] 扨：装填

饿其时候无人理。[ŋɔ⁵⁵kɛ³³si³³xe⁵⁵mau³¹nẽĩ³³li³¹]

——米斗 [mi⁵³te³¹]

话是滚囵四角都一般，[ua⁵⁵si⁵⁵kɔŋ³¹lɔŋ³¹si³³ku²⁴tu⁵³i²⁴pũĩ⁴⁵] 四角：方形。一般：一样

实在高矮厚薄有机关。[i⁵³tsae⁵³au³¹ae³¹ke⁵³pɔ⁵³iu³¹ki⁴⁵kũĩ⁴⁵]

富人拿渠来相量，[xu³³nẽĩ³³na⁵³ky⁵³lɛ³³ɕiɔŋ⁴⁵liɔŋ³³] 渠：它

穷人食亏无申冤。[kœŋ³³nẽĩ³³iɛ⁵³kʰy⁴⁵mau³¹sẽĩ⁴⁵ũĩ⁴⁵] 食亏：吃亏。无申冤：有冤无处申

——米斗 [mi⁵³te³¹]

头大尾细，[tʰe³³tuɛ⁵⁵muɛ³¹sae³³] 细：小

一身生疥。[tɕi³³sẽĩ⁴⁵sãŋ⁴⁵kae³³] 生疥：秤杆标示斤两的秤星像生了疥疮

揪渠耳子，[kʰiu³³ky⁵³nẽĩ⁵³tɕiɛ³¹] 耳子：耳朵，这里指提纽

问你取债。[mɔŋ⁵⁵ni⁵³tɕʰiu³¹tsae³³] 取债：讨债，喻指要货款

——杆秤 [kɔŋ³¹tsʰẽĩ³³]

喙大无牙齿，[tɕʰy³³tuɛ⁵⁵mau³¹ŋa³³tɕʰi³¹]

腹大无腹里。[pu²⁴tuɛ⁵⁵mau³¹pu²⁴ti³¹] 腹里：内脏

未鱠来偷食，[mi⁵⁵nãĩ³¹lɛ³³tʰe⁴⁵iɛ⁵³] 未鱠：没有。偷食：偷吃

搦人挏半死。[na²⁴nẽĩ³³ma⁵³pũĩ³³si³¹] 搦人：被人

——敲敲子 [kʰɔ⁵³kʰɔ⁵³tɕiɛ³¹] 敲敲子：木鱼鼓

你喙对我喙，[ni⁵³tɕʰy³³to³³uɛ⁵³tɕʰy³³]

我手拤你腰。[uɛ⁵³ɕiu³¹kʰa⁵³ni⁵³iau⁴⁵] 拤：掐

放着一把火，[pɔŋ³³tiɔ⁵⁵tɕi³³pa³¹xo³¹] 放着：点着

逮你奏⁼□烧。[tae⁵⁵ni⁵³tse³³pʰae³¹tɕʰiau⁴⁵] 逮：从

——食烟 [iɛ⁵³iŋ⁴⁵] 食烟：抽烟

一只大，一只小；[tɕi³³tɕia²⁴tuɛ⁵⁵，tɕi³³tɕia²⁴ɕiau³¹]

一只走，一只跳。[tɕi³³tɕia²⁴tse³¹，tɕi³³tɕia²⁴tiau³¹] 走：跑。跳：蹦蹦跳跳，《广韵》徒聊切

走其食人，[tse³¹kɛ³³iɛ⁵³nẽĩ³³] 食人：吸人血

跳其食草。[tiau³¹kɛ³³iɛ⁵³tsʰau³¹]

——骚 [sau⁴⁵]

嘸饭饲狗 [piɔ⁵⁵pũĩ⁵⁵si⁵⁵e³¹] 嘸：咀嚼。饲狗：喂狗

其义有三：其一，极端无聊，无事可做，就把饭嚼烂来喂狗，以打发时间；其二，没有必要，尽做无用功；其三，比喻有的人忘恩负义，连狗都不如。

食狗赔豨 [iɛ⁵³e³¹po³³kʰy³¹] 食：这里指偷吃。豨：猪

　　偷吃了他人的狗，而要赔付人家一头猪，喻得不偿失。

食狗惮牵 [iɛ⁵³e³¹tūī⁵³kʰaeŋ⁴⁵] 惮：懒得。惮牵：懒得顺手用绳子牵引，更不用说用绳子去绞杀了

　　意思是不做任何事，只坐享其成。

担水洗炭 [tāŋ⁵³çy³¹sae³¹tʰūī³³] 担水：挑水。洗炭：想把木炭或煤炭洗净洗白

　　意思是徒劳，尽做无用功。

塑佛出朒 [su³³xo⁵⁵tçʰy²⁴no³¹] 朒：男性生殖器

　　原意是指塑造男性佛像，本来无须塑出生殖器，但有人怕信众看不出是男佛，就塑出了生殖器。引申为多此一举，画蛇添足。

借瓶赊酒 [tçio²⁴pāĩ³¹tçʰia⁴⁵tçiu³¹]

　　意为喝的酒是赊账的，装酒的瓶子也是借来的。有两种含义：其一，比喻拿别人丰满的屁股充当脸面；其二，指善于借机成事。

自话自堼 [tçi⁵⁵ua⁵⁵tçi⁵⁵tio⁵⁵]

　　自言自语，自己来一套。

面红面绿 [miŋ⁵⁵oŋ³¹miŋ⁵⁵ly⁴⁵] 面绿：脸色铁青

　　比喻双方争论，出现不愉快的状况。义近"面红耳赤"。

三 歌谣

大头宝，食乌枣，[tuɛ⁵⁵tʰe³³pau³¹, iɛ⁵³u⁴⁵tsau³¹] 乌枣：黑枣

乌枣蜜蜜縻，[u⁴⁵tsau³¹mi²⁴mi²⁴mo³³] 蜜蜜縻：不硬、绵柔，口感好

走去食杨梅；[tse³¹kʰɔ³³iɛ⁵³iɔŋ³³mo³³] 走：跑

杨梅呱呱酸，[iɔŋ³³mo³³kua⁵⁵kua⁵⁵sɔŋ⁴⁵]

走去偷砒霜；[tse³¹kʰɔ³³tʰe⁴⁵pʰi⁵⁵sɔŋ⁴⁵]

砒霜解毒人，[pʰi⁵⁵sɔŋ⁴⁵ɔ²⁴tʰe⁵⁵nẽĩ³³] 解：会。毒：毒杀

走去做老人；[tse³¹kʰɔ³³tsa³³se⁵⁵nẽĩ³³]

老人无胡须，[se⁵⁵nẽĩ³³mau³¹u³¹ɕy⁴⁵]

走去做乌龟；[tse³¹kʰɔ³³tsa³³u⁴⁵ky⁴⁵]

乌龟又无壳，[u⁴⁵ky⁴⁵iu⁵³mau³¹kʰu²⁴]

走去耙垃圾；[tse³¹kʰɔ³³pa³³lu⁴⁵su²⁴]

垃圾无耙子，[lu⁴⁵su²⁴mau³¹pa³³tɕiɛ³¹]

走去偷鸡子；[tse³¹kʰɔ³³tʰe⁴⁵kae⁴⁵tɕiɛ³¹] 鸡子：小鸡

鸡子又无米，[kae⁴⁵tɕiɛ³¹iu⁵³mau³¹mi⁵³]

搦住就是你。[na⁵³tiu⁵⁵tɕiu⁵⁵si⁵⁵ni⁵³] 搦：抓，捉拿

以顶真的方式将许多人和事串联在一起，但求合辙押韵，不必计较逻辑，读来朗朗上口、情趣盎然。既训练了孩子们的韵感，训练语言表达能力，又增进了孩子们的友谊。

月二奶，月光光，[ŋuɛ⁵³ni⁵⁵nae³³, ŋuɛ⁵³kuãŋ⁴⁵kuãŋ⁴⁵] 月二奶：月亮，尊称为第二母亲。月光光：月光很亮

问你呢里住？[mɔŋ⁵⁵ni⁵³ni⁵⁵ti³¹tiu⁵⁵] 呢里：哪里

天当央！[tʰiŋ⁴⁵tɔŋ³¹ɔŋ⁴⁵] 当央：中央

问你借镜妆。[mɔŋ⁵⁵ni⁵³tɕiɔ²⁴kiãŋ³³tsɔŋ⁴⁵] 镜妆：梳妆盒

镜妆好梳头，[kiãŋ³³tsɔŋ⁴⁵xau³¹su⁴⁵tʰe³³]

问你借笱漏；[mɔŋ⁵⁵ni⁵³tɕiɔ²⁴ke³³le³³] 笱漏：竹制有柄的舀酒筒与漏斗

笱漏好舀酒，[ke³³le³³xau³¹iau³¹tɕiu³¹]

问你借扫帚；[moŋ⁵⁵ni⁵³tɕiɔ²⁴se³³tɕiu³¹]

扫帚好扫厝，[se³³tɕiu³¹xau³¹se³³tɕʰiɔ³³] 扫厝：扫地

问你借天萝布；[moŋ⁵⁵ni⁵³tɕiɔ²⁴tʰiŋ⁴⁵lɔ³³piɔ³³] 天萝布：丝瓜络

天萝布好洗鼎，[tʰiŋ⁴⁵lɔ³³piɔ³³xau³¹sae³¹tiãŋ³¹] 鼎：锅

问你借鸡角饼；[moŋ⁵⁵ni⁵³tɕiɔ²⁴kae⁴⁵ku²⁴piãŋ³¹] 鸡角饼：形似扁平公鸡图案的甜饼

鸡角饼好请客，[kae⁴⁵ku²⁴piãŋ³¹xau³¹tɕʰiãŋ³¹kʰa²⁴]

问你借板押；[moŋ⁵⁵ni⁵³tɕiɔ²⁴pãĩ³¹a²⁴] 板押：做床上保暖草垫的板具

板押好押荐，[pãĩ³¹a²⁴xau³¹a²⁴tsoŋ³¹] 押荐：做保暖草垫

问你借铜盆；[moŋ⁵⁵ni⁵³tɕiɔ²⁴tɔŋ³¹poŋ³¹]

铜盆好洗面，[tɔŋ³¹poŋ³¹xau³¹sae³¹miŋ⁵⁵] 洗面：洗脸

问你借鼎片；[moŋ⁵⁵ni⁵³tɕiɔ²⁴tiãŋ³¹pʰiŋ⁵⁵] 鼎片：锅盖

鼎片好斫鸡，[tiãŋ³¹pʰiŋ⁵⁵xau³¹tu³¹kae⁴⁵] 斫：剁

问你借米筛；[moŋ⁵⁵ni⁵³tɕiɔ²⁴mi⁵³sae⁴⁵]

米筛好筛禾，[mi⁵³sae⁴⁵xau³¹sae⁴⁵o³³] 禾：稻谷

问你借傀儡；[moŋ⁵⁵ni⁵³tɕiɔ²⁴ko³³lo³³] 傀儡：木偶

傀儡无目珠，[ko³³lo³³mau³¹mu⁵³tɕiu⁴⁵] 无目珠：有眼无珠

搦住只管抽！[na⁵³tiu⁵⁵tsi⁵⁵kũĩ³¹tʰiu⁴⁵] 抽：用提线抽提把控动作

　　孩子们的押韵语感和表达能力、反应能力以及记忆力就在这一唱一和、你来我往中得到了提高。

排排坐，觑迎佛。[pʰae³³pʰae³³tso⁵⁵，tsʰu⁵⁵ɲiãŋ³³xo⁵⁵] 觑：看。迎佛：佛像抬出来巡游

佛怀来，只管坐。[xo⁵⁵ẽĩ⁵⁵lɛ³³，tɕi⁵⁵kũĩ³¹tso⁵⁵] 怀：不

　　描绘孩子们在道路两旁端坐，等候佛像巡游的情形。

火萤虫，火丽绿。[xo³¹iãŋ⁵⁵tʰoŋ³³，xo³¹li²⁴ly⁵³] 火丽绿：深绿色的亮光

点灯笼，接新妇。[tãŋ³¹tãĩ⁴⁵loŋ³³，tɕiɛ²⁴sẽĩ⁴⁵py⁵³] 新妇：儿媳妇

新妇几时来？[sẽĩ⁴⁵py⁵³ki³¹si³³lɛ³³] 几时：什么时候

年暝二十六。[niŋ³³mãŋ³³ni⁵⁵si⁵⁵ly⁵³] 年暝：年关

　　把玩着萤火虫，口中念着这样的童谣，别有一番情趣。

红桐树，开白花，[ɔŋ³¹tʰɔŋ³³tɕʰiu⁵⁵，kʰuɛ⁴⁵pa⁵⁵xua⁴⁵]

蒸红酒，请亲家。[tsẽĩ⁴⁵ɔŋ³¹tɕiu³¹，tɕʰiãŋ³¹tsʰẽĩ⁴⁵ka⁴⁵]

亲家出来排排坐，[tsʰẽĩ⁴⁵ka⁴⁵tɕʰy²⁴lɛ³³pae³³pae³³tso⁵⁵] 排排坐：并排坐

亲母出来舞莲花。[tsʰẽĩ⁴⁵mu³¹tɕʰy²⁴lɛ³³u³¹lãĩ³³xua⁴⁵] 舞莲花：走莲花步

刀子利利磨，[tau⁴⁵tɕiɛ³¹li⁵⁵li⁵⁵muɛ³³]

肉片薄薄切。[ny⁵³pʰiŋ³³pɔ⁵³pɔ⁵³tsʰo²⁴]

桌上食酒肉，[tɔ²⁴iɔŋ⁵⁵iɛ⁵³tɕiu³¹ny⁵³] 食：吃

狗子食光骨。[e³¹tɕiɛ³¹iɛ⁵³kuãŋ⁴⁵ko²⁴] 狗子：小狗。光骨：无肉的骨头

　　描写宴请亲家的忙碌场面，免不了调侃的言语。

落雨子，落迷迷，[lɔ⁵³xy⁵⁵tɕiɛ³¹，lɔ⁵³mi³³mi³³] 落雨子：下小雨。落迷迷：下得雨雾迷蒙

掇把伞子接姊姊。[tɔ³¹pa³¹sũĩ³¹tɕiɛ³¹tɕiɛ²⁴tɕi³³tɕi³³] 掇：拿。伞子：小伞。姊姊：姐姐

姊姊怀过桥，[tɕi³³tɕi³³ẽĩ⁵⁵kua³³kiau³³]

两人慢慢摇；[ȵiɔŋ⁵³nẽĩ³³mãĩ⁵⁵mãĩ⁵⁵iau³³]

姊姊怀过埂，[tɕi³³tɕi³³ẽĩ⁵⁵kua³³kãŋ³¹]

两人慢慢喊；[ȵiɔŋ⁵³nẽĩ³³mãĩ⁵⁵mãĩ⁵⁵xãŋ³¹]

姊姊怀过溪，[tɕi³³tɕi³³ẽĩ⁵⁵kua³³kʰa⁴⁵]

两人慢慢挨。[ȵiɔŋ⁵³nẽĩ³³mãĩ⁵⁵mãĩ⁵⁵ae⁴⁵]

　　各个小节押韵，多个小节构成排比句式，一唱一叹，一气呵成。

砻米砻粟头，[lɔŋ³³mi⁵³lɔŋ³³sy²⁴tʰe³³] 砻粟头：粒大的稻谷先被谷砻碾轧

做粿韧柔柔。[tsa³³ko³¹nũĩ⁵⁵ne³³ne³³]

爹让食，[ta⁴⁵liɔŋ⁵⁵iɛ⁵³] 让：要

奶让留。[nae³¹iɔŋ⁵⁵se³³] 奶：母亲。留：藏留

留到呢里去？[se³³tau³³ni⁵⁵ti³¹kʰɔ³³]

留到米楻头。[se³³tau³³mi⁵³xuãŋ³³tʰe³³] 米楻：装米的大木桶

老鼠叽叽吼，[lau³¹tɕʰy³¹ki⁵⁵ki⁵⁵e³¹] 吼：叫唤

拖去做枕头。[tʰuɛ⁴⁵kʰɔ³³tsa³³tsēĩ³¹tʰe³³]

　　碾米机使用以前,谷砻是砻米的重要工具。砻米或模拟砻米做游戏时念上这么一段,平添不少乐趣。

下伯篱,[a⁵³pa²⁴li³³] 下伯篱:喻指好吃懒做的人

食饭食得两笊篱,[iɛ⁵³pũĩ⁵⁵iɛ⁵³tɛ²⁴ɲiɔŋ⁵³tsau³¹li³³]

吼渠做事死讨啼;[e³¹ky⁵³tsa³³ti⁵⁵si³¹tʰau³¹tʰi³³] 吼:叫,让。渠:他。讨啼:想哭

下伯篱,[a⁵³pa²⁴li³³]

食饭食得三大碗,[iɛ⁵³pũĩ⁵⁵iɛ⁵³tɛ²⁴sāŋ⁴⁵tuɛ⁵⁵ũĩ³¹]

吼渠做事来阁团⁼。[e³¹ky⁵³tsa³³ti⁵⁵lɛ³¹kɔ²⁴tũĩ³¹] 来阁:快要,将要。团⁼:跌跌撞撞的样子

　　戏谑饭量大或好吃懒做的伙计。

一螺一累累,[i²⁴so³³i²⁴lo³³lo³³]

二螺无米箩,[ni⁵⁵so³³mau³¹mi⁵³lo³³] 米箩:装米的箩筐

三螺食粥饮,[sāŋ⁴⁵so³³iɛ⁵³tɕy²⁴aeŋ³¹] 食粥饮:喝稀的米汤,喻指饿不死但也吃不好

四螺捧金盏,[si³³so³³pʰɔŋ³¹kēĩ⁴⁵tsaeŋ³¹] 金盏:金杯

五螺抬镲镲,[ŋu⁵³so³³ma⁵³tɕʰiɛ⁵³tɕʰiɛ⁵³] 镲镲:钹。抬镲镲:吹吹打打的行当

六螺做化食,[ly⁵³so³³tsa³³xuɛ⁵³iɛ⁵³] 化食:乞丐

七螺富,[tɕʰi²⁴so³³xu³³]

八螺开酒库,[pae²⁴so³³kʰuɛ⁴⁵tɕiu³¹kʰu³³]

九螺九弯弯,[kiu³¹so³³kiu³¹ũĩ⁴⁵ũĩ⁴⁵] 九弯弯:小聪明很多

十螺解当官。[si⁴⁵so³³ɔ²⁴tɔŋ⁴⁵kũĩ⁴⁵]

　　这是小孩互看指纹时唱的谣谚,每两句换辙转韵,并以螺旋状指纹的数量来戏说对方的富贵贫贱。

正月嬉过,[tɕiāŋ⁴⁵ŋuɛ⁵³xi⁴⁵kua³³] 嬉:玩

二月挨过;[ni⁵⁵ŋuɛ⁵³ae⁴⁵kua³³] 挨:混

三月拍啷当,[sāŋ⁴⁵ŋuɛ⁵³ma⁵³lɔŋ⁵⁵tɔŋ²⁴] 拍啷当:游手好闲

四月莳塍兼斫塝；[si³³ŋuɛ⁵³tɕʰi⁵⁵tsʰaeŋ³³kiŋ⁵³tu³¹pɔŋ²⁴] 莳塍：插秧。斫塝：砍塝，劈除田埂两侧的杂草

食了清明粿，[iɛ⁵³lɔ⁵³tsʰẽĩ⁴⁵mẽĩ³³ko³¹]

再来揽骹腿。[tsuɛ³³lɛ³³lãŋ⁵³kʰau⁴⁵tʰo³¹] 揽骹腿：卷起裤腿，意为下田干活

  农业劳动虽艰苦，一张一弛显规律。

你泼扇，我也凉；[ni⁵³pʰuɛ²⁴siŋ³³, uɛ⁵³ia³¹liɔŋ³³] 泼扇：摇扇子

我做官，你也强；[uɛ⁵³tsa³³kũĩ⁴⁵, ni⁵³ia³¹kiɔŋ³³] 强：不错

你卖奏=□我算账。[ni⁵³mae⁵⁵tse³³pʰae³¹uɛ⁵³sɔŋ³³tiɔŋ³³]

  嘲谑为别人做嫁衣裳、白忙乎或水平不如自己的人。

头上一只白鹭鸶，[tʰe³³tɕiɔŋ⁵⁵tɕi³³tɕia²⁴pa⁵³lu⁵⁵si⁴⁵] 白鹭鸶：指纸片、芦花、花瓣等轻微的物品

飞来飞去獪得知。[uɛ³¹lɛ³³uɛ³¹kʰɔ³³mae⁵³tɛ²⁴ti⁴⁵] 獪：不会。得知：知道

  小孩捉弄人，将白纸屑等悄悄地放在别人头上，还用此童谣加以调侃、嘲谑。

光头光溜溜，[kuãŋ⁴⁵tʰe³³kuãŋ⁴⁵liu⁵⁵liu⁵⁵]

暗暝爬啦树。[ɔŋ³³mãŋ³³pa¹³la³³tɕʰiu⁵⁵] 暗暝：夜晚。爬啦："爬"的衍音词

尽高兴，[tsẽĩ⁵³kau⁴⁵xẽĩ⁵⁵] 尽：真正

摸一下奏=□冰冰镇。[mɔ⁴⁵tɕi³³xa⁵⁵tse³³pʰae³¹pẽĩ⁴⁵pẽĩ⁴⁵tẽĩ⁵⁵] 冰冰镇：冷冰冰，凉滋滋

  小孩对别人理光头时进行嘲谑。

瞙牛得嬉，[iãŋ³³ȵiu³³tɛ²⁴xi⁴⁵] 瞙：牧管、看管。得：得到，赚到

瞙马得骑，[iãŋ³³ma³¹tɛ²⁴ki³¹]

瞙羊勾骹趾，[iãŋ³³iɔŋ³³ke⁴⁵kʰau⁴⁵i³¹] 勾骹趾：因羊群经常出没于杂草密林觅食，牧羊人的脚趾经常被磕碰、钩绊

瞙鸡瞙鸭替人去死。[iãŋ³³kae⁴⁵iãŋ³³a²⁴tʰae³³nẽĩ³³kʰɔ³³si³¹] 替人去死：没出息

  喻指各行各业各有利弊，选择很重要。

四 曲艺戏剧

方言唱曲子《全城之母》

[xɔŋ⁴⁵ŋūĩ³³tɕʰiɔŋ³³kʰy²⁴tɕiɛ³¹ tsūĩ³¹sēĩ³³tɕi⁴⁵mu³¹]

三千年历史建瓯城，[sāŋ⁴⁵tsʰãĩ⁴⁵niŋ³³li⁵⁵su³¹kūĩ³³e⁴⁵sēĩ³³]

朝朝代代（来）出好人，[tiau³¹tiau³¹to⁵⁵to⁵⁵(lɛ³³)tɕʰy²⁴xau³¹nēĩ³³] 朝朝代代：世世代代

好人自有好报应；[xau³¹nēĩ³³tsu⁵³iu³¹xau³¹pau³³ẽĩ³³]

唱一段全城之母，[tɕʰiɔŋ³³tɕi³³tɔŋ⁵⁵tsūĩ³¹sēĩ³³tɕi⁴⁵mu³¹]

千人尊重（来）万人（呀）敬。[tsʰãĩ⁴⁵nēĩ³³tsɔŋ⁴⁵tɔŋ⁵⁵(lɛ³³)uãĩ⁵⁵nēĩ³³(ia⁵³)kēĩ³³]

喁是只真实故时，[iɔŋ²⁴si⁵⁵tɕia²⁴tsēĩ⁴⁵i⁵³ku³³si³³] 喁：这。只：个。故时：故事

话其是五代时期，[ua⁵⁵kɛ³³si⁵⁵ŋu⁵³to⁵⁵si³³ki³¹] 话：说。其：的

闽王到建州称帝；[mēĩ³¹uāŋ³³tau³³kūĩ³³tɕiu⁴⁵tsʰēĩ⁴⁵ti³³]

兀南唐攻破城池，[u²⁴nāŋ³³tɔŋ³¹kɔŋ⁴⁵pʰuɛ³³sēĩ³³ti³¹] 兀：那

让屠城整整三日。[ɲiɔŋ⁵⁵tu³¹sēĩ³³tsēĩ³¹tsēĩ³¹sāŋ⁴⁵ni⁵³] 让：要

练氏夫人七十整，[liŋ⁵⁵si⁵⁵xu⁴⁵nēĩ³³tɕʰi²⁴si⁵⁵tsēĩ³¹]

耳聋眼花气也紧；[nēĩ⁵³sɔŋ³³ŋãĩ³¹xua⁴⁵kʰi³³ia³¹kēĩ³¹]

听得家丁来话屠（啦）城，[tʰēĩ⁵⁵tɛ²⁴ka⁴⁵tāĩ⁴⁵lɛ³³ua⁵⁵tu³¹(la⁴⁵)sēĩ³³]

惊得（啰）两眼就泪淋（啰）淋。[kiāŋ⁴⁵tɛ²⁴(lɔ⁵⁵)ɲiɔŋ⁵³ŋāĩ³¹tɕiu⁵⁵ly⁵⁵lēĩ³³(lɔ⁵⁵)lēĩ³³] 惊：害怕，担心

人话晓得死坐过暝，[nēĩ³³ua⁵⁵xau³¹tɛ²⁴si³¹tso⁵⁵kua⁴⁵māŋ³³] 晓得：知道。过暝：过夜

兀时候，鸡怀吼，狗怀吠，[u²⁴si³³xe⁵⁵, kae⁴⁵ēĩ⁵⁵e³¹, e³¹ēĩ⁵⁵py³³] 怀：不。吼：啼叫

囝子也怀敢啼。[kūĩ³¹tɕiɛ³¹ia³¹ēĩ⁵⁵kɔŋ³¹tʰi³³] 囝子：孩子。啼：啼哭

突然间，兀后街其石板墿上，[tʰu²⁴iŋ³¹kāĩ⁴⁵, u²⁴xe⁵⁵kae⁴⁵kɛ³³tɕiɔ⁵⁵pāĩ³¹tiɔ⁵⁵tɕiɔŋ⁵⁵] 墿：路

有"括括括""括括括"[iu³¹kʰua⁵³kʰua⁵³kʰua⁵³kʰua⁵³kʰua⁵³kʰua⁵³] 括：[kʰua²⁴]，这里表音[kʰua⁵³]

"括括括括括"其马蹄声；[kʰua⁵³kʰua⁵³kʰua⁵³kʰua⁵³kʰua⁵³kɛ³³ma³¹tʰi²⁴ɕiāŋ⁴⁵]

乌乌暗暗中有两只人，[u⁵⁵u⁵⁵ɔŋ³¹ŋɔ³¹tœŋ⁴⁵iu³¹ȵiɔŋ⁵³tɕia²⁴nẽĩ³³] 乌乌暗暗：昏暗隐约

喊开了夫人厝其大门：[xãŋ³¹kʰuɛ⁴⁵lɔ⁵³xu⁴⁵nẽĩ³³tɕʰiɔ³³kɛ³³tuɛ⁵⁵mɔŋ³³] 厝：房子，家

"夫人！夫人！"[xu⁴⁵nẽĩ³³！xu⁴⁵nẽĩ³³]

"孰人来访？"[su⁴⁵nẽĩ³³lɛ³³xɔŋ³¹] 孰人：谁，哪位

"我，南唐将军边镐。"[uɛ⁵³，nãŋ³³tɔŋ³¹tɕiɔŋ³³kœŋ⁴⁵piŋ⁴⁵kau³¹]

"王建封。"[uãŋ³³kũĩ³³xɔŋ⁴⁵]

"两年前，我人到闽王手下当一名校兵，[ȵiɔŋ⁵³niŋ³³tɕʰiŋ³³，uɛ⁵³nẽĩ³³tau³³mẽĩ³¹uãŋ³³ɕiu³¹a⁵³tɔŋ⁴⁵tɕi³³miãŋ³³kau³³pẽĩ⁴⁵] 我人：我们

天雨误事，太傅让杀，[tʰiŋ⁴⁵xy⁵⁵ŋu⁵⁵su⁵⁵，tʰuɛ³³xu⁵⁵ȵiɔŋ⁵⁵suɛ²⁴] 天雨：天下大雨

是你救了我人啊！[si⁵⁵ni⁵³kiu⁵³lɔ⁵³uɛ⁵³nẽĩ³³a⁵³]

知恩不报非君子。[ti⁴⁵ãĩ⁴⁵pu²⁴pau³³xi⁴⁵kœŋ⁴⁵tsu³¹]

唐王下令，天光屠城，一只怀留。[tɔŋ³¹uãŋ³³a⁵³lẽĩ⁵⁵，tʰiŋ⁴⁵kuãŋ⁴⁵tu³¹sẽĩ³³，tɕi³³tɕia²⁴ẽĩ⁵⁵liu³¹] 天光：天亮

请夫人明朝早头，[tɕʰiãŋ³¹xu⁴⁵nẽĩ³³mẽĩ³³tiɔ⁵⁵tsau³¹tʰe³³] 明朝：明天。早头：早晨

在厝门头插一枝杨柳；[tsae⁵³tɕʰiɔ³³mɔŋ³³tʰe³³tsʰa²⁴tɕi³³ki⁴⁵iɔŋ³³liu³¹]

杨柳为记，部下就怀敢入厝。"[iɔŋ³³liu³¹uae³¹ki³³，pu⁵³a⁵³tɕiu⁵⁵ẽĩ⁵⁵kɔŋ³¹ni⁵³tɕʰiɔ³³]

南唐将军送出了城。[nãŋ³³tɔŋ³¹tɕiɔŋ³³kœŋ⁴⁵sɔŋ³³tɕʰy²⁴lɔ⁵³sẽĩ³³]

夫人嘞，大汗（呀）摒了一（呀）身。[xu⁴⁵nẽĩ³³lɛ⁵⁵，tuɛ⁵⁵kũĩ⁵⁵(ia⁵³)piãŋ³³lɔ⁵³tɕi³³(ia⁵³)sẽĩ⁴⁵] 摒：冒

笑一声，我厝今朝是得救（啰）兵；[ɕiau³³tɕi³³ɕiãŋ⁴⁵，uɛ⁵³tɕʰiɔ³³kiŋ⁴⁵tiɔ⁵⁵si⁵⁵te²⁴kiu⁵³(lɔ⁵³)pẽĩ⁴⁵]

厝：家。今朝：今天

哭一声，平民百姓来靠孰人？[kʰu²⁴tɕi³³ɕiãŋ⁴⁵，pẽĩ³¹mẽĩ³¹pa²⁴ɕiãŋ³³lɛ³³kʰau³³su⁴⁵nẽĩ³³]

笑两声，我厝大小是有保证；[ɕiau³³ȵiɔŋ⁵³ɕiãŋ⁴⁵，uɛ⁵³tɕʰiɔ³³tuɛ⁵⁵ɕiau³¹si⁵⁵iu³¹pau⁴⁵tsẽĩ³³]

哭两声，天光屠城来真惨清；[kʰu²⁴ȵiɔŋ⁵³ɕiãŋ⁴⁵，tʰiŋ⁴⁵kuãŋ⁴⁵tu³¹sẽĩ³³lɛ³³tsẽĩ³³tsʰãŋ⁴⁵tsʰẽĩ³³] 惨清：凄惨

笑三声，我厝大命来遇贵（呀）人；[ɕiau³³sãŋ⁴⁵ɕiãŋ⁴⁵，uɛ⁵³tɕʰiɔ³³tuɛ⁵⁵miãŋ⁵⁵lɛ³³ŋy⁵⁵ky³³(ia⁵³)nẽĩ³³]

哭三声，建州如今是成鬼（啰）城。[kʰu²⁴sãŋ⁴⁵ɕiãŋ⁴⁵，kũĩ³³tɕiu⁴⁵y³¹kiŋ⁴⁵si⁵⁵tsʰẽĩ³¹ky³¹(lɔ⁵⁵)sẽĩ³³]

"夫人，夫人，赶快去摘杨柳呀！"[xu⁴⁵nẽĩ³³，xu⁴⁵nẽĩ³³，kãŋ³¹kʰuɛ³³kʰɔ³³tia²⁴iɔŋ³³liu³¹ia⁵³]

"正是！全厝大小全部出动，去摘杨柳！"[tɕiãŋ³³si⁵⁵！tsũĩ³¹tɕʰiɔ³³tuɛ⁵⁵ɕiau³¹tsũĩ³¹pu⁵³tɕʰy²⁴tɔŋ⁵³，kʰɔ³³tia²⁴iɔŋ³³liu³¹]

天光后，唐兵入城，[tʰiŋ⁴⁵kuãŋ⁴⁵xe⁵⁵，tɔŋ³¹pẽĩ⁴⁵ni⁵³sẽĩ³³]

觑见家家户户门前，[tsʰu⁵⁵kiŋ³³ka⁴⁵ka⁴⁵xu⁵⁵xu⁵⁵mɔŋ³³tɕʰiŋ³³]

全部插有杨柳，只好放弃屠城。[tsūĩ³¹pu⁵³tsʰa²⁴iu³¹iɔŋ³³liu³¹，tɕi³¹xau³¹pɔŋ³³kʰi⁵⁵tu³¹sēĩ³³]

练氏夫人□了生命，[liŋ⁵⁵si⁵⁵xu⁴⁵nēĩ³³pʰo⁵⁵lɔ⁵³sāĩ⁴⁵miāŋ⁵⁵] □：拼

带住全厝大小，透暝上山，摘了杨柳。[tue³³tiu⁵⁵tsūĩ³¹tɕʰiɔ³³tue⁵⁵ɕiau³¹，tʰe³³māŋ³³iɔŋ⁵³sūĩ⁴⁵，tia²⁴lɔ⁵³iɔŋ³³liu³¹] 带住：带着。透暝：连夜，通宵

建州人民感谢渠，尊渠为"全城之母"。[kūĩ³³tɕiu⁴⁵nēĩ³³mēĩ³¹kɔŋ³¹tɕia⁵⁵ky⁵³，tsɔŋ⁴⁵ky⁵³uae³¹tsūĩ³¹sēĩ³³tɕi⁴⁵mu³¹] 渠：她

莫话我，骸无汗来手（呜）冰清；[mo³³ua⁵⁵uɛ⁵³，kʰau⁴⁵mau³¹kūĩ⁵⁵lɛ³³ɕiu³¹(u⁴⁵)pāĩ⁴⁵tsʰēĩ³³] 骸：腿脚。冰清：冰冷

莫话我，目珠花（啊来）头（喉⁼）汪⁼眩。[mo³³ua⁵⁵uɛ⁵³，mu⁵³tɕiu⁴⁵xua⁴⁵(a⁵³lɛ³³)tʰe³³(e³³)uāŋ⁴⁵xēĩ³³] 目珠：眼睛。汪⁼眩：晕眩

喁一刻，肩上担子是重沉（啰）沉；[iɔŋ²⁴tɕi³³kʰɛ²⁴，kāĩ⁴⁵tɕiɔŋ⁵⁵tāŋ⁴⁵tɕiɛ³¹si⁵⁵tɔŋ⁵⁵tēĩ³³(lɔ⁵⁵)tēĩ³³]

喁一刻，我咬姜啜醋来提精神。[iɔŋ²⁴tɕi³³kʰɛ²⁴，uɛ⁵³kau⁵³kiɔŋ⁴⁵tsʰuɛ²⁴tsʰu³³lɛ³³ti³¹tsēĩ⁴⁵sēĩ³³] 咬：《集韵》下巧切。啜：喝

全城之母（啊）练夫人，[tsūĩ³¹sēĩ³³tɕi⁴⁵mu³¹(a⁵³)liŋ⁵⁵xu⁴⁵nēĩ³³]

□得一厝来保全（啰）城。[pʰo⁵⁵tɛ²⁴tɕi³³tɕʰiɔ³³lɛ³³pau³¹tsūĩ³¹(lɔ⁵³)sēĩ³³] □：拼

如今，子孙发达是好报（啰）应；[y³¹kiŋ⁴⁵，tsu³¹sɔŋ⁴⁵xuae²⁴tuɛ²⁴si⁵⁵xau³¹pau³³(lɔ⁵³)ēĩ³³]

塑铜像，朝朝代代得尊敬；[su³³tɔŋ³¹ɕiɔŋ³³，tiau³¹tiau³¹to⁵⁵to⁵⁵tɛ²⁴tsɔŋ⁴⁵kēĩ³³]

塑铜像，朝朝代代得尊（嗡）敬！[su³³tɔŋ³¹ɕiɔŋ³³，tiau³¹tiau³¹to⁵⁵to⁵⁵tɛ²⁴tsɔŋ⁴⁵(ɔŋ⁴⁵)kēĩ³³]

方言唱曲子《全城之母》

三千年历史建瓯城，世世代代出好人，好人自有好报应；唱一段全城之母，千人尊重万人敬。

这是个真实故事，说的是五代时期，闽王在建州称帝；那南唐攻破城池，要屠城整整三日。练氏夫人整整70岁，耳聋眼花气也紧；听了家丁说屠城，怕得两眼泪淋淋。都说知道将会死就坐过夜，那时候，鸡不叫，狗不吠，孩子也不敢哭。突然间，那后街的石板路上，有"哒哒哒""哒哒哒""哒哒哒哒哒"的马蹄声；隐隐约约中，有两个人，喊开了夫人家的大门："夫人！夫人！""谁人来访？""我，南唐将军边镐""王建封"。"两年前，我们在闽王手下当一名校兵，大雨误事，太傅要杀，是你救了我们啊！知恩不报非君子。唐王下令，天亮屠城，一个不留。请夫人明天早晨，在家门口插一枝杨柳；杨柳为记，部下就不敢入家。"南唐将军送出了城。

夫人嘞大汗呀冒了一身。笑一声，我家今天是得了救兵；哭一声，平民百姓来靠谁呀？笑两声，我家大小是有保证；哭两声，天亮屠城真凄惨；笑三声，我家命大遇贵人；哭三声，建州如今是成鬼城。"夫人，夫人，赶快去摘杨柳呀！""正是！全家大小全部出动，去摘杨柳！"天亮后，唐兵入城，看见家家户户门前，全部插有杨柳，只好放弃屠城。

练氏夫人拼了性命，带着全家大小，连夜上山摘了杨柳。建州人民感谢她，尊她为"全城之母"。别说我，脚没汗来手冰冷；别说我，眼珠花啊来头晕眩。这一刻，肩上担子是重沉沉；这一刻，我咬姜喝醋来提精神。全城之母呀练夫人，拼得一家来保全城。如今，子孙发达是好报应；塑铜像，朝朝代代得尊敬；塑铜像，朝朝代代得尊敬！

五 故事

牛郎邀织女 [ȵiu³³lɔŋ³³iau⁴⁵tɕi²⁴ny³¹] 邀：和

古老其时候，[ku³¹lau³¹kɛ³³si³³xe⁵⁵] 其：的

有只后生子，[iu³¹tɕia²⁴xe⁵⁵sāŋ⁴⁵tɕiɛ³¹] 只：个。后生子：男青年

渠爹奶尽早就过身了，[ky⁵³ta⁴⁵nae³¹tsēĩ⁵³tsau³¹tɕiu⁵⁵kua³³sēĩ⁴⁵lɔ⁵³] 渠：他。奶：母亲。尽：很。过身：去世

就一只人生活，[tɕiu⁵⁵tɕi³³tɕia²⁴nēĩ³³sāĩ⁴⁵xua²⁴]

渠饲了一头老牛，[ky⁵³si⁵⁵lɔ⁵³tɕi³³tʰe³³se³³ȵiu³³] 饲：养

人嘞就吼渠做"牛郎"。[nēĩ³³le⁵⁵tɕiu⁵⁵e³¹ky⁵³tsa³³ȵiu³³lɔŋ³³] 吼：称呼，叫

渠嘞就邀兀只老牛，[ky⁵³le⁵⁵tɕiu⁵⁵iau⁴⁵u²⁴tɕia²⁴se³³ȵiu³³] 邀：和。兀：那

齐齐帮人耕塍，维持生活。[tsae³³tsae³³pɔŋ⁴⁵nēĩ³³kāĩ⁴⁵tsʰāĩ³³，y³¹ti³¹sāĩ⁴⁵xua²⁴] 齐齐：一起。塍：田

唒只老牛嘞是天上其金牛星，[iɔŋ²⁴tɕia²⁴se³³ȵiu³³le⁵⁵si⁵⁵tʰiŋ⁴⁵tɕiɔŋ⁵⁵kɛ³³kēĩ⁴⁵ȵiu³³sāĩ⁴⁵] 唒：这

渠觑到，[ky⁵³tsʰu⁵⁵tau³³]

牛郎尽力煞、尽善良，[ȵiu³³lɔŋ³³tsēĩ⁵³sɛ⁵⁵sa²⁴，tsēĩ⁵³siŋ⁵⁵liɔŋ³¹] 尽：非常，十分。力煞：勤劳

就想帮渠成立只家庭。[tɕiu⁵⁵ɕiɔŋ³¹pɔŋ⁴⁵ky⁵³tsʰēĩ³¹li⁵³tɕia²⁴ka⁴⁵tēĩ³¹]

有一工，金牛星得知，[iu³¹tɕi³³kɔŋ⁴⁵，kēĩ⁴⁵ȵiu³³sāĩ⁴⁵tɛ²⁴ti⁴⁵] 一工：一天

天上其仙女解下来人间，[tʰiŋ⁴⁵tɕiɔŋ⁵⁵kɛ³³siŋ⁴⁵ny³¹ɔ²⁴a⁵³lɛ³³nēĩ³³kāĩ⁴⁵] 解：会

渠兀只村里溪里洗浴。[ky⁵³u²⁴tɕia²⁴tsʰɔŋ⁴⁵ti³¹kʰae⁴⁵ti³¹sae³¹y⁵³]

就托迷梦呐牛郎，[tɕiu⁵⁵tʰɔ²⁴mi³³mɔŋ⁵⁵na²⁴ȵiu³³lɔŋ³³] 呐：给

话：明朝昼前，[ua⁵⁵：mēĩ³³tiɔ⁵⁵te³³tɕʰiŋ³³] 话：说。明朝：明天。昼前：上午

有一帮雅式其阿娘囝子，[iu³¹tɕi³³pɔŋ⁴⁵ŋa³¹si²⁴kɛ³³a⁵³ȵiɔŋ³³kūĩ³¹tɕiɛ³¹] 雅式：漂亮。阿娘囝子：姑娘

到溪边洗浴，[tau³³kʰae⁴⁵piŋ⁴⁵sae³¹y⁵³]

你嘞就静静地去，[ni⁵³le⁵⁵tɕiu⁵⁵tsāŋ⁴⁵tsāŋ⁴⁵ti³¹kʰɔ³³] 静静地：悄悄地

邀渠其衣裳偷一件来，[iau⁴⁵ky⁵³kɛ³³i⁴⁵tɕiɔŋ³³tʰe⁵³tɕi³³kiŋ⁵⁵le³³] 邀：介词，把

赶紧走去厝。[kāŋ³¹kēĩ³¹tse³¹kʰɔ³³tɕʰiŋ³³] 走：跑。去厝：回家

第二工，[ti⁵³ni⁵⁵kɔŋ⁴⁵]

牛郎咯，[n̠iu³³lɔŋ³³lɔ⁵⁵]

把心怀定地就来到了溪边，[pa³¹sẽĩ⁴⁵ẽĩ⁵⁵tiãŋ⁵⁵ti³³tɕiu⁵⁵lɛ³³tau³³lɔ⁵³kʰae⁴⁵piŋ⁴⁵] 把心怀定：将信将疑

真其就觑见，[tsẽĩ⁴⁵kɛ³³tɕiu⁵⁵tsʰu⁵⁵kiŋ³³] 觑见：看见

七只雅式其阿娘囝子，[tɕʰi²⁴tɕia²⁴ŋa³¹si²⁴kɛ³³a⁴⁵n̠iɔŋ³³kũĩ³¹tɕiɛ³¹]

到溪里洗浴，[tau³³kʰae⁴⁵ti³¹sae³¹y⁵³]

渠嘞就偷偷摸摸走过去，[ky⁵³lɛ⁵⁵tɕiu⁵⁵tʰe⁴⁵tʰe⁴⁵mɔ⁴⁵mɔ⁴⁵tse³¹kua³³kʰɔ³³]

搦树里一件红色其衣裳就偷去了，[na⁵³tɕʰiu⁵⁵ti³¹tɕi³³kiŋ⁵⁵ɔŋ³¹sɛ²⁴kɛ³³i⁴⁵tɕiɔŋ³³tɕiu⁵⁵tʰe⁴⁵kʰɔ³³lɔ⁵³] 搦：拿
赶紧走去厝。[kãŋ³¹kẽĩ³¹tse³¹kʰɔ³³tɕʰɔ³³]

喁只无掉衣裳其喁只阿娘囝子嘞，[iɔŋ²⁴tɕia²⁴mau³¹tʰɔ⁵⁵i⁴⁵tɕiɔŋ³³kɛ³³iɔŋ²⁴tɕia²⁴a⁴⁵n̠iɔŋ³³kũĩ³¹tɕiɛ³¹lɛ⁵⁵] 无掉：
　　丢失

渠嘞半暝就去敲牛郎厝其门，[ky⁵³lɛ⁵⁵pũĩ³³mãŋ³³tɕiu⁵⁵kʰɔ³³kʰɔ⁵³n̠iu³³lɔŋ³³tɕʰi³³kɛ³³mɔŋ³³] 半暝：半夜

后尾嘞，渠就成为一对其夫妻。[xe⁵⁵mɛ³³lɛ⁵⁵, ky⁵³tɕiu⁵⁵tsʰẽĩ³¹uae³¹tɕi³¹tɔ³³kɛ³³xu⁴⁵tɕʰi⁴⁵] 后尾：后来

喁格式，[iɔŋ²⁴kɛ²⁴si²⁴] 喁格式：就这样

时间过得真快就三年了，[si³³kae⁴⁵kua³³tɛ²⁴tsẽĩ⁴⁵kʰuɛ³³tɕiu⁵⁵sãŋ⁴⁵niŋ³³lɔ⁵³]

牛郎邀织女嘞，[n̠iu³³lɔŋ³³iau⁴⁵tɕi²⁴ny³¹lɛ⁵⁵]

渠嘞就洗了一男一女两只囝。[ky⁵³lɛ⁵⁵tɕiu⁵⁵sae³¹lɔ⁵³tɕi³¹nãŋ³³tɕi³³ny³¹n̠iɔŋ⁵³tɕia²⁴kũĩ³¹] 洗：生育。囝：孩子

冷丁有一工，[lẽĩ³¹tẽĩ⁵⁵iu³¹tɕi³³kɔŋ⁴⁵] 冷丁：突然

天落大雨刮大风，[tʰiŋ⁴⁵lɔ⁵³tuɛ⁵⁵xy⁵⁵kua²⁴tuɛ⁵⁵xɔŋ⁴⁵] 落大雨：下大雨

织女无掉了。[tɕi²⁴ny³¹mau³¹tʰɔ⁵⁵lɔ⁵³] 无掉：消失

两个囝子啼唠唠，[n̠iɔŋ⁵³tɕia²⁴kũĩ³¹tɕiɛ³¹tʰi³³lau³³lau³³] 啼唠唠：哭哭啼啼的样子

拿住让捞伊娅，[ny³³tiu⁵⁵n̠iɔŋ⁵⁵lau⁵⁵i⁴⁵ia³³] 拿住：闹着。让：要。捞：寻找。伊娅：妈妈

牛郎无办法。[n̠iu³³lɔŋ³³mau³¹pãĩ⁵⁵xua²⁴]

喁时候，老牛冷丁话事了，[iɔŋ²⁴si³³xe⁵⁵, sɛ⁵⁵n̠iu³³lẽĩ³¹tẽĩ⁵⁵ua⁵⁵ti⁵⁵lɔ⁵³] 话事：说话

话：你嘞就搦我其两只角□下来，[ua⁵⁵:ni⁵³lɛ⁵⁵tɕiu⁵⁵na⁵³uɛ⁵³kɛ³³n̠iɔŋ⁵³tɕia²⁴ku²⁴tɛ⁴⁵a⁵³lɛ³³] 搦：把。□：掰
就解变成两只箩，[tɕiu⁵⁵ɔ²⁴piŋ⁵³tsʰẽĩ³¹n̠iɔŋ⁵³tɕia²⁴suɛ³³]

搦两个囝子搁呐箩里去，[na⁵³n̠iɔŋ⁵³tɕia²⁴kũĩ³¹tɕiɛ³¹ka³³na⁰suɛ³³ti³¹kʰɔ³³] 搁呐：放在

担住齐齐嘞上天去逐织女。[tãŋ⁵³tiu⁵⁵tsae³³tsae³³le⁵⁵iɔŋ⁵³tʰiŋ⁴⁵kʰɔ³³tae⁵⁵tɕi²⁴ny³¹] 逐：追赶

牛郎照其话做了。[ȵiu³³lɔŋ³³tɕiau³³kɛ³³ua⁵⁵tsa³³lɔ⁵³]

后尾嘞真其兀牛角，[xe⁵⁵mɛ³³le⁵⁵tsẽĩ⁴⁵kɛ³³u²⁴ȵiu³³ku²⁴]

"啪啦哒"就遢下来了，[pʰa⁵³la⁵³ta⁵³tɕiu⁵⁵tɔŋ⁵⁵a⁵³lɛ³³lɔ⁵³] 遢：掉

就变成一担箩。[tɕiu⁵⁵piŋ⁵³tsʰẽĩ³¹tɕi³³tãŋ⁴⁵suɛ³³]

赶紧搦两只囝子抱到箩上边，[kãŋ³¹kẽĩ³¹na⁵³ȵiɔŋ⁵³tɕia²⁴kũĩ³¹tɕiɛ³¹pʰau⁵⁵tau³³suɛ³³tɕiɔŋ⁵⁵piŋ⁴⁵]

扁担串住就担起来。[pẽĩ³¹tãŋ⁴⁵tsʰũĩ³³tiu⁵⁵tɕiu⁵⁵tãŋ⁵³kʰi³¹lɛ³³]

喁时候，冷丁来了一阵风，[iɔŋ²⁴si³³xe⁵⁵, lẽĩ³¹tẽĩ⁵⁵lɛ³³lɔ⁵³tɕi³³tẽĩ⁵⁵xɔŋ⁴⁵]

兀一担箩啊就飘起来了，[u²⁴tɕi³³tãŋ⁴⁵suɛ³³a⁵³tɕiu⁵⁵pʰiau⁴⁵kʰi³¹lɛ³³lɔ⁵³]

牛郎邀两只囝子也飘起了。[ȵiu³³lɔŋ³³iau⁴⁵ȵiɔŋ⁵³tɕia²⁴kũĩ³¹tɕiɛ³¹ia³¹pʰiau⁴⁵kʰi³¹lɛ³³lɔ⁵³]

赶紧逐啊逐，[kãŋ³¹kẽĩ³¹tae⁵⁵a⁵³tae⁵⁵]

觑见头前里就是织女。[tsʰu⁵⁵kiŋ³³tʰe³³tɕʰiŋ³³ti³¹tɕiu⁵⁵si⁵⁵tɕi²⁴ny³¹] 头前里：前面

喁时候，王母娘娘觑见，[iɔŋ²⁴si³³xe⁵⁵, uãŋ³³mu³¹ȵiɔŋ³³ȵiɔŋ³³tsʰu⁵⁵kiŋ³³]

牛郎差不多逐上了，[ȵiu³³lɔŋ³³tsʰa³¹pu²⁴tɔ⁴⁵tae⁵⁵iɔŋ⁵³lɔ⁵³]

就搦头上其金钗拔出来，[tɕiu⁵⁵na⁵³tʰe³³tɕiɔŋ⁵⁵kɛ³³kẽĩ³³tsʰae⁴⁵pi⁴⁵tɕʰy²⁴lɛ³³]

画了一道线，[ua⁵³lɔ⁵³tɕi³³tau⁵³sũĩ³³]

冷丁就变成一道尽阔其天河，[lẽĩ³¹tẽĩ⁵⁵tɕiu⁵⁵piŋ⁵³tsʰẽĩ³¹tɕi³³tau⁵³tsẽĩ⁵³kʰuɛ²⁴kɛ³³tʰiŋ⁴⁵ɔ³¹] 阔：宽

就搦牛郎邀织女分开了。[tɕiu⁵⁵na⁵³ȵiu³³lɔŋ³³iau⁴⁵tɕi²⁴ny³¹xɔŋ⁴⁵kʰuɛ⁴⁵lɔ⁵³]

后尾嘞，乌秀鸟觑见，[xe⁵⁵mɛ³³le⁵⁵, u⁴⁵ɕiu⁵³ȵiau³¹tsʰu⁵⁵kiŋ³³] 乌秀鸟：喜鹊

喁牛郎邀织女相爱，[iɔŋ²⁴ȵiu³³lɔŋ³³iau⁴⁵tɕi²⁴ny³¹ɕiɔŋ⁴⁵o³³]

但是又不能够相聚，[tãŋ⁵³si⁵⁵iu⁵³pu²⁴nãĩ³¹kɛ³³ɕiɔŋ⁴⁵tɕy⁵³]

就每一年农历其七月初七，[tɕiu⁵⁵mo³¹tɕi³³niŋ³³nɔŋ³¹lia⁵³kɛ³³tɕʰi²⁴ŋuɛ⁵³tsʰu⁴⁵tɕʰi²⁴]

千头万头亿头其喁只其乌秀鸟，[tsʰãĩ⁴⁵tʰe³³uãĩ⁵⁵tʰe³³i³³tʰe³³kɛ³³iɔŋ²⁴tɕia²⁴kɛ³³u⁴⁵ɕiu³³ȵiau³¹]

就你衔住我其尾，[tɕiu⁵⁵ni⁵³kãĩ³¹tiu⁵⁵uɛ⁵³kɛ³³muɛ³¹]

我衔住渠其尾，[uɛ⁵³kãĩ³¹tiu⁵⁵ky⁵³kɛ³³muɛ³¹]

搭起了一座桥，[ta²⁴kʰi³¹lɔ⁵³tɕi³³tsɔ⁵⁵kiau³³]

呐牛郎邀织女相会、相聚。[na²⁴ȵiu³³lɔŋ³³iau⁴⁵tɕi²⁴ny³¹ɕiɔŋ⁴⁵xo⁵⁵, ɕiɔŋ⁴⁵tɕy⁵³]

喔就是《牛郎邀织女》其故时。[iɔŋ²⁴tɕiu⁵⁵si⁵⁵ɲiu³³lɔŋ³³iau⁴⁵tɕi²⁴ny³¹kɛ³³ku³³si³³]

牛郎和织女

古老的时候，有个男青年，他爹妈很早就过世了，一个人生活，他养了一头老牛，人们就叫他牛郎。他就同那头老牛，一起帮人耕田，维持生计。这头老牛是天上的金牛星，它看到，牛郎很勤劳、很善良，就想帮他成立一个家庭。

有一天，金牛星得知，天上的仙女会下凡，到他村子的溪里洗澡。就托梦给牛郎，说：明天早晨，有一群漂亮的姑娘到溪边洗澡，你就静悄悄地去，把她的衣裳偷一件来，赶紧跑回家。

第二天，牛郎呢，将信将疑地来到溪边，果然看见七个漂亮的姑娘在溪里洗澡。他就偷偷摸摸地走过去，把挂在树上的一件红色的衣裳偷去了，飞快地跑回家。这个丢失衣裳的姑娘，半夜敲开了牛郎家的门，后来嘞，他们成为了一对夫妻。就这样，时间飞快地过了三年，牛郎和织女他们生了一男一女两个孩子。

突然有一天，天下大雨刮大风，织女失踪了。两个小孩哭哭啼啼，闹着要找妈妈，牛郎没了办法。这时候，老牛突然说话了，说你就把我的两只角掰下来，就会变成两只箩筐，你把两个孩子搁到箩筐里去，挑着一起上天去追赶织女。牛郎照它的话做了。果然，老牛的牛角"啪啦哒"就掉下来了，变成一担箩筐。牛郎赶紧把两个孩子抱到箩筐里面，扁担穿住就挑起来。这时候，突然来了一阵风，那一担箩筐啊就飘起来了，牛郎和两个孩子也飘起来了。赶紧追呀追，看见前面就是织女。这时候，王母娘娘看见牛郎差不多赶上了，就把头上的金钗拔出来画了一道线，突然变成了一道宽阔的天河，把牛郎和织女分开了。

后来呀，喜鹊看见这牛郎和织女相亲相爱，但是又不能相聚，就每年农历的七月初七，千万只的喜鹊，你衔住我的尾巴，我衔住它的尾巴，搭起了一座鹊桥，让牛郎和织女相会、相聚。

这就是，《牛郎和织女》的故事。

老虎①怕"漏" [lau³¹kʰu³¹pʰa³³le⁵⁵]

古老其时候，[ku³¹lau³¹kɛ³³si³³xe⁵⁵]
建瓯城里朝天门有一对两囝奶。[kũĩ³³e⁴⁵sẽĩ³³ti³¹tiau³¹tʰiŋ⁴⁵mɔŋ³³iu³¹tɕi³³to³³ɲiɔŋ⁵³kũĩ³¹nae³¹] 两囝奶：母子俩
渠住到饭甑山骹下。[ky⁵³tiu⁵⁵tau³³pũĩ⁵⁵tsãĩ³³sũĩ⁴⁵kʰau⁴⁵a⁵³] 饭甑：蒸饭的饭桶。山骹：山脚

---

① 建瓯方言"虎"与"苦"同音，都读作 [kʰu³¹]。

兀厝嘞是瓦顶樵厝，尽漏。[u²⁴tɕʰiɔ³³le⁵⁵si⁵⁵ua⁵³tãĩ³¹tsʰau³³tɕʰiɔ³³，tsẽĩ⁵³le⁵⁵] 瓦顶樵厝：盖瓦片的木头房子。

尽：总是

有一工，顷顷好落大雨其时候，[iu³¹tɕi³³kɔŋ⁴⁵，kʰãĩ³³kʰãĩ³³xau³¹lɔ⁵³tuɛ⁵⁵xy⁵⁵kɛ³³si³³xe⁵⁵] 顷顷好：刚刚好
老虎啊让去渠其牛栏去食渠其牛。[lau³¹kʰu³¹a⁵³ȵiɔŋ⁵⁵kʰɔ³³ky⁵³kɛ³³ȵiu³³lũĩ³³kʰɔ³³iɛ⁵³ky⁵³kɛ³³ȵiu³³]

牛栏：牛圈

顷顷好喁时候落大雨下来了，[kʰãĩ³³kʰãĩ³³xau³¹iɔŋ²⁴si³³xe⁵⁵lɔ⁵³tuɛ⁵⁵xy⁵⁵a⁵³lɛ³³lɔ⁵³]

囝就邀奶话：[kũĩ³¹tɕiu⁵⁵iau⁴⁵nae³¹ua⁵⁵]

"伊婭啊，喁里啊，诶，尽苦诶，[i⁴⁵ia³³a⁵³，iɔŋ²⁴ti³¹a⁵³，e⁵³，tsẽĩ⁵³kʰu³¹e⁵³] 喁里：这里
俺让搬到城里去住诶。"[ãŋ⁴⁵ȵiɔŋ⁵⁵pũĩ⁴⁵tau³³sẽĩ³¹ti³¹kʰɔ³³tiu⁵⁵e⁵³]

渠奶就话：[ky⁵³nae³¹tɕiu⁵⁵ua⁵⁵]

"孰么苦我都𣍐惊，[su⁴⁵mu⁵⁵kʰu³¹uɛ⁵³tu⁴⁵mae⁵³kiãŋ⁴⁵] 孰么：什么。𣍐：不会。惊：害怕
孰么苦我都解食，就尽惊'漏'。"[su⁴⁵mu⁵⁵kʰu³¹uɛ⁵³tu⁴⁵ɔ²⁴iɛ⁵³，tɕiu⁵⁵tsẽĩ⁵³kiãŋ⁴⁵le⁵⁵]

喁老虎到牛栏听聆见嘞，[iɔŋ²⁴lau³¹kʰu³¹tau³³ȵiu⁵⁵lũĩ³³tʰiãŋ³³niŋ⁵⁵kiŋ³³le⁵⁵] 听聆：听
"诶！我都是兽中大王，[e²⁴!uɛ⁵³tu⁴⁵si⁵⁵ɕiu⁵⁵tœŋ⁴⁵tuɛ⁵⁵uãŋ³³]
孰人都尽惊我，故有人怀惊我，[su⁴⁵nẽĩ³³tu⁴⁵tsẽĩ⁵³kiãŋ⁴⁵uɛ⁵³，ku³³iu³¹nẽĩ³³ẽĩ⁵⁵kiãŋ⁴⁵uɛ⁵³] 故：还
故是'漏'呀！[ku³³si⁵⁵le⁵⁵ia⁵³]

喁'漏'尽煞把！"[iɔŋ²⁴le⁵⁵tsẽĩ⁵³suɛ²⁴pa³¹] 尽煞把：真厉害

后尾嘞，顷顷好，[xe⁵⁵mɛ³³le⁵⁵，kʰãĩ³³kʰãĩ³³xau³¹]

喁时候有只做贼其人让去偷渠其牛。[iɔŋ²⁴si³³xe⁵⁵iu³¹tɕia²⁴tsa³³tsʰɛ⁵⁵kɛ³³nẽĩ³³ȵiɔŋ⁵⁵kʰɔ³³tʰe⁴⁵ky⁵³kɛ³³ȵiu³³]
就颂住棕衣，戴住箬笠，[tɕiu⁵⁵tsœŋ⁵⁵tiu⁵⁵tsɔŋ⁴⁵i⁴⁵，tuɛ³¹tiu⁵⁵liau⁵³sɛ⁵⁵] 颂：穿。棕衣：蓑衣。箬笠：斗笠
手里故擒住牛箍子 [ɕiu³¹ti³¹ku³³kʰẽĩ³³tiu⁵⁵ȵiu³³kʰu⁴⁵tɕiɛ³¹] 擒：拿。牛箍子：拴牛鼻子的箍
邀兀只牛鼻索，[iau⁴⁵u²⁴tɕia²⁴ȵiu³³pʰi⁵⁵sɔ²⁴] 牛鼻索：牵牛鼻子的绳子
加啦乌嘞渠就蹦里去，[ka⁴⁵la⁴⁵u⁴⁵le⁵⁵ky⁵³tɕiu⁵⁵pẽĩ³³ti³¹kʰɔ³³] 加啦乌：趁黑
就去摸兀只其牛到呢里。[tɕiu⁵⁵kʰɔ³³mɔ⁴⁵u²⁴tɕia²⁴kɛ³³ȵiu³³tau³³ni⁵⁵ti³¹] 呢里：哪里
七摸八摸就摸呐老虎其鼻里去，[tɕʰi²⁴mɔ⁴⁵pa²⁴mɔ⁴⁵tɕiu⁵⁵mɔ⁴⁵na²⁴lau³¹kʰu³¹kɛ³³pʰi⁵⁵ti³¹kʰɔ³³] 鼻：鼻子
渠就认为是牛其鼻了。[ky⁵³tɕiu⁵⁵nẽĩ⁵⁵uae³¹si⁵⁵ȵiu³³kɛ³³pʰi⁵⁵lɔ⁵³]
搦兀铜箍子搦住就穿，[na⁵³u²⁴tɔŋ³¹kʰu⁴⁵tɕiɛ³¹na⁵³tiu⁵⁵tɕiu⁵⁵tsʰũĩ³³]
兀牛鼻索搦住就勒。[u²⁴ȵiu³³pʰi⁵⁵sɔ²⁴na⁵³tiu⁵⁵tɕiu⁵⁵lɛ⁵³]

哇老虎嘞怀敢出声，[ua⁵³lau³¹kʰu³¹le⁵⁵ẽĩ³³kɔŋ³¹tɕʰy²⁴ɕiãŋ⁴⁵]

"哇，'漏'实在煞把噢"，[ua⁵³, le⁵⁵i⁵³tsae⁵³sue²⁴pa³¹o⁵³]

兀鼻血来阁流啊，渠就忍住了。[u²⁴pʰi⁵⁵xuae²⁴lɛ³³kɔ²⁴lau³³a⁵³, ky⁵³tɕiu⁵⁵nẽĩ³¹tiu⁵⁵lɔ⁵³] 来阁：一直

贼嘞就掇兀只老虎嘞，就牵出牛栏，[tsʰɛ⁵⁵le⁵⁵tɕiu⁵⁵na⁵³u²⁴tɕia²⁴lau³¹kʰu³¹le⁵⁵, tɕiu⁵⁵kʰãĩ⁴⁵tɕʰy²⁴ȵiu³³lũĩ³³]

就行啊行，[tɕiu⁵⁵kiãŋ³¹a⁵³kiãŋ³¹] 行：走

行到差不多天光其时候（就），[kiãŋ³¹tau³³tsʰa⁴⁵pu²⁴tɔ⁴⁵tʰiŋ⁴⁵kuãŋ⁴⁵kɛ³³si³³xe⁵⁵(tɕiu⁵⁵)] 天光：天亮

行到城门外了。[kiãŋ³¹tau³³sẽĩ³³mɔŋ³³ŋue⁵⁵lɔ⁵³]

喁时候嘞，有一帮其农民出工，[iɔŋ²⁴si³³xe⁵⁵le⁵⁵, iu³¹tɕi³³pʰɔŋ⁴⁵kɛ³³nɔŋ³¹mẽĩ³¹tɕʰy²⁴kɔŋ⁴⁵]

掇住镬头耙筎，[tɔ³¹tiu⁵⁵kuɛ²⁴tʰe⁵⁵pa³³ȵia⁵³] 镬头：锄头。耙筎：耘田耙子

颂住棕衣，戴住箬笠，[tsœŋ⁵⁵tiu⁵⁵tsɔŋ⁴⁵i⁴⁵, tuɛ³¹tiu⁵⁵liau⁵³sɛ⁵⁵]

哇！老虎呀觑见，[ua⁵³!lau³¹kʰu³¹ia⁵³tsʰu⁵⁵kiŋ³³]

"哇！一只'漏'都喁煞把，[ua⁵³!tɕi³³tɕia²⁴le⁵⁵tu⁴⁵iɔŋ²⁴sue²⁴pa³¹]

成帮其'漏'故挨得住？"[iãŋ³¹pʰɔŋ⁴⁵kɛ³³lɛ⁵⁵ku³³ae³¹tɛ²⁴tiu⁵⁵]

惊来尿水来阁洒。[kiãŋ⁴⁵lɛ³³ȵiau⁵⁵ɕy³¹lɛ³³kɔ²⁴sae³¹]

哇，兀只鼻血来阁流，趴呐兀里儃动。[ua⁵³, u²⁴tɕia²⁴pʰi⁵⁵xuae²⁴lɛ³³kɔ²⁴lau³³, pʰa⁵⁵na²⁴u²⁴ti³¹mae⁵³tɔŋ⁵³]

喁一帮农民觑来，[iɔŋ²⁴tɕi³³pʰɔŋ⁴⁵nɔŋ³¹mẽĩ³¹tsʰu⁵⁵lɛ³³]

就奇怪诶，[tɕiu⁵⁵ki³¹kuɛ³³e⁵³]

"喁只人共浪地解牵一头老虎来呀？"[iɔŋ²⁴tɕia²⁴nẽĩ³³kɔŋ⁵⁵lɔŋ⁵⁵ti³³ɔ²⁴kʰãĩ⁴⁵tɕi³¹tʰe³³lau³¹kʰu³¹lɛ³³ia⁵³]

　　共浪地：怎么

后尾就话："喂，你做孰事牵只老虎来？"[xe⁵⁵mɛ³³tɕiu⁵⁵ua⁵⁵：ue⁵³, ni⁵³tsa³³su⁴⁵ti⁵⁵kʰãĩ⁴⁵tɕia²⁴lau³¹kʰu³¹lɛ³³] 做孰事：为什么

兀只贼向奏=后觑一下，[u²⁴tɕia²⁴tsʰɛ⁵⁵ɕiɔŋ³³tse³³xe⁵⁵tsʰu⁵⁵tɕi³³xa⁵⁵] 奏=后：背后

"哎哟，自己共浪也牵只老虎来？"[ae⁵³iɔ⁵³, tsu³³tɕi⁵⁵kɔŋ⁵⁵lɔŋ⁵⁵ia³¹kʰãĩ⁴⁵tɕia²⁴lau³¹kʰu³¹lɛ³³]

哇，渠惊起来。[ua⁵³, ky⁵³kiãŋ⁴⁵ki³¹lɛ³³]

后尾，[xe⁵⁵mɛ³³]

别其农民就赶紧镬头耙筎掇住，[pie⁵⁵kɛ³³nɔŋ³¹mẽĩ³¹tɕiu⁵⁵kãŋ³¹kẽĩ³¹kuɛ⁵⁵tʰe⁵⁵pa³³ȵia⁵³tɔ³¹tiu⁵⁵]

就比住老虎。[tɕiu⁵⁵pi³¹tiu⁵⁵lau³¹kʰu³¹] 比住：指着

哇，老虎觑见喝稽"漏"啊，怀敢动。[ua⁵³, lau³¹kʰu³¹tsʰu⁵⁵kiŋ³³ioŋ²⁴tsae⁵⁵le⁵⁵a⁵³, ẽĩ⁵⁵koŋ³¹toŋ⁵³]

稽：多

后尾有只聪明人就话：[xe⁵⁵mɛ³³iu³¹tɕia²⁴tsʰɔŋ⁴⁵mẽĩ³¹nẽĩ³³tɕiu⁵⁵ua⁵⁵]

"俺迦今就去报衙门，喝老虎牵去。"[ãĩ⁴⁵kia³³kiŋ⁴⁵tɕiu⁵⁵kʰɔ³³pau³³ŋa³³moŋ³³, ioŋ²⁴lau³¹kʰu³¹kʰãĩ⁴⁵kʰɔ³³] 迦今：现在

后尾兀只贼就搦老虎牵住，[xe⁵⁵mɛ³³u²⁴tɕia²⁴tsʰɛ⁵⁵tɕiu⁵⁵na⁵³lau³¹kʰu³¹kʰãĩ⁴⁵tiu⁵⁵]

奏ʰ后成帮其农民就镢头耙筠比住，[tse³³xe⁵⁵iãŋ³¹pʰoŋ⁴⁵kɛ³³noŋ³¹mẽĩ³¹tɕiu⁵⁵kuɛ⁵⁵tʰe⁵⁵pa³³ȵia⁵³pi³¹tiu⁵⁵]

后尾就牵到建宁府衙门去。[xe⁵⁵mɛ³³tɕiu⁵⁵kʰãĩ⁴⁵tau³³kũĩ³³nãĩ³¹xu³¹ŋa³³moŋ³³kʰɔ³³]

兀瞙门其差子就觑见，[u²⁴iãŋ³³moŋ³³kɛ³³tsʰae⁴⁵tɕie³¹tɕiu⁵⁵tsʰu⁵⁵kiŋ³³] 瞙门：看门。差子：衙差

"哇，喝只一帮人共浪地牵只老虎来呀？"[ua⁵³, ioŋ²⁴tɕia²⁴tɕi³³poŋ⁴⁵nẽĩ³³koŋ³³loŋ⁵⁵ti³³kʰãĩ⁴⁵tɕia²⁴lau³¹kʰu²⁴lɛ³³ia⁵³]

就拍鼓。[tɕiu⁵⁵ma⁵³ku³¹]

后尾兀知府大人渠就升堂，[xe⁵⁵mɛ³³u²⁴ti⁴⁵xu³¹tuɛ⁵⁵nẽĩ³³ky⁵³tɕiu⁵⁵sẽĩ⁴⁵toŋ³¹]

觑见一只喝老虎嘞，[tsʰu⁵⁵kiŋ³³tɕi³³tɕia²⁴ioŋ²⁴lau³¹kʰu²⁴lɛ⁵⁵]

哇，来阁抽，尿水来阁洒。[ua⁵³, lɛ³³kɔ²⁴tʰiu⁴⁵, ȵiau⁵⁵ɕy³¹lɛ³³kɔ²⁴sae³¹] 抽：发抖

后尾就问情况共浪地。[xe⁵⁵mɛ³³tɕiu⁵⁵moŋ⁵⁵tsẽĩ³¹kʰuãŋ³³koŋ³³loŋ⁵⁵ti³³]

渠就话："喝老虎是我牵来其。"[ky⁵³tɕiu⁵⁵ua⁵⁵: ioŋ²⁴lau³¹kʰu²⁴tɕi⁵⁵uɛ⁵³kʰãĩ⁴⁵lɛ³³kɛ³³]

哇，喝知府大人大感动，[ua⁵³, ioŋ²⁴ti⁴⁵xu³¹tuɛ⁵⁵nẽĩ³³tuɛ⁵⁵koŋ³¹toŋ⁵³] 大感动：很有感触

渠话："古老其时候啊，[ky⁵³ua⁵⁵: ku³¹lau³¹kɛ³³tɕi³³xe⁵⁵a⁵³]

武松嘞都是搦老虎解拍死掉。[u³¹tsœŋ³¹lɛ⁵⁵tu⁴⁵tɕi⁵⁵na⁵³lau³¹kʰu²⁴ɛ²⁴ma⁵³si³¹tʰɔ⁵⁵]

俺建宁府其英雄更煞把，[ãĩ⁴⁵kũĩ³³nãĩ³¹xu³¹kɛ³³ẽĩ⁴⁵xœŋ³¹kãĩ³³suɛ⁴⁵pa³¹]

（啊）不但抓只老虎来，[(a⁵³)pu²⁴tãŋ⁵³tsua⁴⁵tɕia²⁴lau³¹kʰu²⁴lɛ³³]

故搦老虎牵来了，尽听聆话事！"[ku³³na⁵³lau³¹kʰu⁴⁵kʰãĩ⁴⁵lɛ³³lo⁵³, tsẽĩ⁵³tʰiãŋ³³niŋ⁵⁵ua⁵⁵ti⁵⁵]

后尾嘞就封喝只贼做督头，[xe⁵⁵mɛ³³lɛ⁵⁵tɕiu⁵⁵xoŋ⁴⁵ioŋ²⁴tɕia²⁴tsʰɛ⁵⁵tsa³³tu⁴⁵tʰe³³]

也就相当于迦今其公安局局长。[ia³¹tɕiu⁵⁵ɕioŋ⁴⁵toŋ⁵⁵y³¹kia³³kiŋ⁴⁵kɛ³³koŋ⁵⁵ũĩ⁴⁵ky⁵³ky⁵⁵tioŋ³¹]

后尾嘞，喝只其贼就因祸得福，[xe⁵⁵mɛ³³lɛ⁵⁵, ioŋ²⁴tɕia²⁴kɛ³³tsʰɛ⁵⁵tɕiu⁵⁵ẽĩ⁴⁵xua⁵⁵tɛ²⁴xu²⁴]

当了督头。[toŋ⁴⁵lɔ⁵³tu⁴⁵tʰe⁵⁵]

喝就是建瓯其《老虎怕"漏"》其故时。[ioŋ²⁴tɕiu⁵⁵si⁵⁵kũĩ³³e⁴⁵kɛ³³lau³¹kʰu³¹pʰa³³le⁵⁵kɛ³³ku³³si³³]

老虎怕"漏"

古时，建瓯城里朝天门有母子俩。他们住在饭甑山山脚下。那住房是瓦顶木屋，总漏雨。

有一天，老虎要去她的牛栏吃她的牛。刚刚好这时候下大雨了，儿子就对母亲说："妈妈呀，这里啊太苦了，我们要搬到城里去住。"他母亲就说："什么苦我都不怕，什么苦我都能吃，就很怕'漏'。"老虎在牛栏里听见了，心想："诶！我都是兽中大王，谁都很怕我，还有人不怕我，原来是'漏'呀！这'漏'真厉害！"

刚好这时有个做贼的要去偷她的牛。就穿着棕衣，戴着斗笠，手里还拿着牛箍子和牛鼻绳，漆黑中就蹦进去摸那个牛在哪里。七摸八摸就摸到老虎的鼻梁，他就认为是牛的鼻子了。用那铜箍子拿住就穿，那牛鼻绳抓住就勒。老虎呀不敢出声，"哇，'漏'实在厉害噢"，那鼻血一直流啊，它就忍住了。贼就把那只老虎牵出牛栏，走啊走，差不多天亮的时候，走到城门外了。

这时候，有一群农民要出工，扛着锄头耘耙，穿着棕衣，戴着斗笠，老虎看见，"哇！一个'漏'都那么厉害，成群的'漏'还受得了吗？"怕得尿水直洒。哇，那个鼻血一直流，趴在那里不敢动。这一群农民看见，就感到奇怪呀，"这个人怎么会牵一只老虎来呀？"就问，"喂，你为什么牵只老虎来呀？"那个贼转身向后一看，"哎哟，怎么自己会牵只老虎来？"哇，他害怕起来。其他的农民就赶紧锄头耘耙拿住，指着老虎。老虎看见这么多"漏"哇，不敢动。后来有一个聪明人就说："我们现在就去报告衙门，把这老虎牵去。"那个贼就把老虎牵着，背后成群的农民，锄头耘耙指着，就牵到了建宁府衙门。

那看守衙门的衙差看见了，"哇，这一群人怎么会牵只老虎来呀？"就打堂鼓报案了。知府大人升堂，看见一只老虎，吓得直发抖，尿水直洒滴。就问是什么情况。回话说："这老虎是我牵来的。"知府大人很有感触，他说："古老的时候啊，武松都是把老虎打死。我们建宁府的英雄更厉害，不但抓了老虎，还把老虎牵来了，很听话！"后来就封这个贼做督头，也就相当于今天的公安局局长。这个贼因祸得福当了督头。

这就是建瓯《老虎怕"漏"》的故事。

调查手记

10-1 ◆ 调查团队在南雅镇黄园村调查途中

从试调查算起，调查建瓯方言文化历时四年多，我们走访了建瓯大部分的街道和乡镇。这一过程加深了我们对建瓯风土人情的了解，增强了保护传承方言文化的信心和决心。

一 从走近建瓯到走进建瓯

2017年2月下旬，在三明学院校友、建瓯市委办张悌吉主任的精心策划下，我和同事朱铭亮、廖开顺一行三人驱车赶赴建瓯试调查。我们考察了地标性建筑五凤楼，国家级文物保护单位孔庙和东岳庙，肇始于元代末期的最大人造古森林——房道镇万木林，始建于明朝的古木厝桥吉阳镇步月桥，台湾青心乌龙始祖百年矮脚乌龙茶园，供奉北苑御茶园创始人张廷晖的茶神庙，"芝城之母"练隽的纪念馆和徐墩镇根雕城，对建瓯的人文景观来了一次巡礼。

课题正式立项后，课题组成员朱铭亮、邢成武、陈红和袁乾坤等便紧锣密鼓地考察调研了当地的"千人宴"、酒业公司、古村落党城、被誉为"南有开元、北有光孝"的光孝寺、"非遗"项目金银器制作工艺等，对建瓯的饮食、酿酒工艺、古建筑、信奉、技艺等有了许

10-2 ◆在瓯宁街道七里街村后路自然村的大山深处调查拍摄后，松脂工以酒为我们饯行

多感性的认识。端午节是我们调研的第一个节日，张悌吉安排我们进驻他的老家南雅镇黄园村，与他们共同生活了两三天，调研涉及黄园的方方面面。如果说试调查还只是走马观花、走近建瓯的话，黄园之行就算是走进了建瓯。做粽、馃疤、抹雄黄等影像就来源于此。

二 松脂工的艰辛与热情

采松脂是一项艰辛的劳动。手握松脂刀用力往上推，一刀一刀地把松树的皮肉割开，于是松脂工的手上都留下了厚厚的茧子。收获松脂时，要手提木桶，从一棵树走到另一棵树，松脂越来越多，木桶也就越来越重。没有良好的体力是无法胜任的。

跟恶劣的环境和天气做斗争是家常便饭。采割松脂都在深山老林中，少不了蚊虫、野兽的侵扰。无论刮风下雨，都得行走于陡峭的山岭，有时还得爬到树上采割。

山路是那样崎岖难爬，我们每爬一段就要休息一会儿，而那些采脂工还要身背采脂工具穿梭在松林间，看到他们攀爬的身影和割松皮的娴熟动作，真让我们感叹！

他们住的是用油毛毡临时搭建的极其简陋的棚子，除了睡觉的房间四周用塑料布围住，其他地方都是透风的。锅灶用几块石头垒砌而成，几个塑料桶、盆和一堆碗筷就是他们的日常用具。山上没有电源，照明只能用松明和煤油灯，与外界联系只能使用经常掉线的手机。食物是从十几里外的乡村背上山的，每个星期最多下山一次。

然而，他们对我们这些不速之客却十分热情，交谈中也道出了自己的心酸和无奈——为了养家糊口，不得不背井离乡到这深山老林中讨生活。太阳就要落山了，到了我们下山返程的时刻，他们一直挽留吃晚饭，为了安全起见我们谢绝了他们的好意。就在这时，一位中年松脂工拿出一瓶老白干，一定要与我们干杯，盛情难却，我们大家一起举碗共饮。他们把我们送到大路后，才依依不舍地回到山里。

三 难忘的丧事拍摄

调查拍摄丧事礼仪肯定是最难的工作。2018年的正月，一位朋友告诉我们，玉山镇敷锡村有一位80多岁的老人去世，办理丧事前后需要三天的时间，他还介绍了当地丧事的一些传统礼仪，并自愿陪我们一同前往。当我接到这消息时又惊喜又恐惧，惊喜的是能遇到这样难得的机遇和这样热心帮忙的人；恐惧的是要面对陌生逝者，还有那悲天悯人的哭号。为了完成任务，我们没有理由放弃这样的机会，第二天下午就扛着摄像器材，带上简单的行李出发了。

到达那里已是下午三点，在朋友的陪同下我们直奔丧居，一进灵堂门就响起了阵阵唢呐声，一打听才知道这是迎宾的礼仪。当天我们参与了合棺、吃合棺宴、守灵等仪式。第二天的仪式是将遗体送建瓯殡仪馆火化，接骨灰回家，择吉日安葬。出殡安葬是丧事的重要部分，从早上六点开始，我们一一记录了孝子亲朋祭拜、出殡、安葬、封墓门等环节。

在该村调查拍摄的三天中，我们深切感受到敷锡人的热情与好客。我们进入丧居的第一件事就是向逝者三鞠躬，并献上花圈和挽联，这一举动让双方感情变得融洽，交流沟通变得顺畅。我们原计划住在镇上的宾馆，但他们一定要我们住在村里，说这样可以节省时间，更利于拍摄，还选择本村最好的房间让我们住，被子、床单、洗漱用具全是新的，真让我们过意不去。

10-3 ◆在南雅镇黄园村拍摄用草药给小孩洗澡的"六月六狗洗浴"场景

四 探秘土葬风俗

经过多年的殡葬改革,建瓯的很多地方都逐步推行了火葬,只在极偏僻的小乡村,由于交通不畅还存在土葬。经过多方询问,2018年9月终于在川石乡边溪村的分水洋自然村找到一个停棺场。

当地村民告知,这个村庄一直沿袭土葬,直到2016年通往村外的道路修通,才改为火化殡葬。过去都是实行二次葬法,第一次是将逝者放入棺材内,钉上特制的棺钉并用桐油调好密封胶粘好,然后择吉日出殡抬到停棺处,一般是三年后再开棺将遗骨取出装入金坛。如果开棺的年份与家人生辰八字有冲撞的,要待来年再开棺。第二次是将装有遗骨的金坛安放在先前挖好的墓穴,封好墓门,立上石碑。当地还遗留建活人墓的习俗,就是人还活在世上时,就请地理先生择好墓地建好墓园,待去世后再启用。

那天早上十点,我们赶到了边溪村,村干部说:"你们要找的地方距村部还有16里的上山简易林业公路。"只好请一位村民用摩托车载着我们前往,又经过一个半小时,终于到了目的地。但道路全被野草和小树掩盖,我们在荒山中找了半个多小时,尽管知道停放棺材的地

10-4 ◆在建安街道仓长社区考察通仙门古城墙

点就在附近,却总也找不到。我们只好返回分水洋自然村,找到当地的一位地理先生,在他的指点下,两位村民开出一条只能容一个人钻进去的小道。走进去一看,场景真的让我们惊呆了:地面摆放着七具棺材。有的遗骨已被取出,逝者的衣物布满一地;有的用木头支着,上面盖着竹席,四周长满杂草。虽然戴着防毒面具,我们还是以最快的速度拍了几张照片就钻了出来(见图7-48)。

五 方言文化传承在路上

2019年1月,吉阳镇玉溪村的步月桥突发大火,有着近五百年历史的闽北最长、净跨度最大的伸臂木梁结构的木厝桥毁于一旦。四年前我们造访该桥的情形还历历在目,当时的影像记录反映在了本书中。原以为步月桥灯会的盛况近几年是无法重现了,好在当地村民和政府迅速筹资,短短两年时间就按原规制重建了步月桥!

建瓯众多的文化事项被列入了各级非物质文化遗产名录。如国家级的建瓯挑幡,省级的弓鱼技艺、建瓯唱曲子、福建乌龙茶制作技艺、建瓯根雕、建瓯酱香型福矛酒酿造技艺和建

10-5 ◆在三明学院采录建瓯方言的音视频

瓯高炉光饼制作技艺，市级的太保信仰、建瓯林氏金银器制作技艺和万木林系列故事。它们得到了更多的关注。

但是，当年司空见惯的补鼎（补锅）、补面盆（补脸盆）、编荐（编织床上草垫）、炭火熨斗、马灯、秧盆、秧夹（挑运秧苗的夹子）、独轮车、草屩（草鞋）等，如今几成文物，日常生活中已难觅踪迹。如果没有了传承，牛灌酒（寒冬腊月时给牛喂酒）、迎白龙（出殡队伍送葬）、拜冢年（给逝者拜年）、樵凳龙（板凳龙）、弹珠珠、熏艾把、做笋脯（做笋干）等也将从人们的记忆中消失。

缠足早已作古，能拍到扎骸阿娘鞋（小脚鞋）弥足珍贵。今年的步月桥灯会盛况空前，但谁又能保证销毁、消失的东西都能得以重建、重现呢？哪些内容应该收入我们的调查条目，取舍是否得当？这是我们必须思考，有时却无法准确预测的。但可以肯定的是，方言文化传承任重道远，我们的工作永远在路上。

参考文献

陈章太、李如龙 1991《闽语研究》，语文出版社。

邓享璋 《内陆闽语音韵研究》，商务印书馆，待出版。

黄典诚、李如龙 1998《福建省志·方言志》，方志出版社。

建瓯县地方志编纂委员会 1994《建瓯县志》，中华书局。

李如龙、潘渭水 1998《建瓯方言词典》，江苏教育出版社。

林连通、潘渭水 1998《建瓯话音档》，上海教育出版社。

吴雪灏 2019《建州方言白读与文读词组语音汇注》，福建科学技术出版社。

严修鸿 2017《中国语言文化典藏·连城》，商务印书馆。

索引

1. 索引收录本书"壹"至"捌"部分的所有条目，按条目音序排列。"玖"里的内容不收入索引。
2. 条目首字如是《现代汉语词典》（第 7 版）未收的字、方框"□"，统一归入"其他"类，列在索引最后，并标出整个词的音。
3. 条目中如有方框，在后面标出整个词的音。
4. 每条索引后面的数字为条目所在正文的页码。

A

阿娘囡十岁生日酒	241
阿娘下襕	111
矮门子	43
矮铰桌	88
艾子馃	268
安葬	247

B

八角门	42
八字门	41
扒龙船	270
芭蕉扇	97
拔岁暝	257
白酒娘	133
百桌宴	202
拜佛年	259
拜月	275
拜家年	258
扳手劲	207

版画	180
办回龙	249
拌粟	150
拌粟榥	164
拌粟榥阶	165
磅刀	159
包巾	119
薄饼	269
薄粉豆	256
薄砖厝顶	34
宝甑	246
报丧	242
报喜	239
抱鱼爪	266
焙饼矮炉	193
焙饼高炉	193
焙笼	96
嘣蜂子	179
辟邪	224
箅子	83

编荐	172	炒水蕹菜	136
编箬笠	172	撑柱	31
扁食	129	塍地	148
冰莲	275	舂钵	80
饼模	79	舂糍	281
簸粟	153	舂臼	80
补鼎补面盆	177	舂泥墙	68
补冬	280	厨官汗布	119
补坰	176	橱桌	88
补鞋	175	窗门子	45
布鞋	114	垂岁钱	258
步月桥灯会	274	春不老咸	137
		春盘面	240
C		糍	130
财神爷	217	催生	238
采石	169	厝	18
菜橱	81	厝顶背脊	34
菜园	148	厝架	29
菜砧	82	厝坪	46
藏菜	139	厝瓦顶	35
藏卵	139	厝柱	29
藏笋	138		
草屏	115	D	
草药摊	182	大成殿歪材正用	219
叉龙灯	262	大头宝	264
插纪	231	逮圩	205
插角托樵	30	担花担	263
茶	135	担花杠	232
茶壶	83	担火樵	154
茶神张三公	218	单层厝	23
茶筒	83	掸尘	254
茶园	134	灯盏糕	128
铲饼具	193	戥盘秤	184
铲草	152	嘀嗒	212
唱曲子乐器	211	点心店	182
炒雷笋	268	店门板	43
炒三冬	137	雕花	173

建瓯 索引

323

吊篮	102
吊楼	25
吊桶	79
顶针箍	119
鼎	74
鼎边馃	131
鼎铲	83
鼎腹门	75
鼎间	33
东皇庙主殿	221
东司	53
冬笋窝底	266
冬至食糍行时	280
斗床	84
斗骰劲	206
斗砖[地下]	31
豆腐架	195
豆腐娘	126
豆腐娘粉	126
豆鉴	165
豆屑糖	255
独轮车	159
肚丝鸡绒	265
对歌	277
对拳	202

E
耳钉	118

F
发酵	191
番薯脯	132
饭	124
饭甑	77
放孔明灯	274
粉脯	125
粪斗	95

风车子	211
风水林	225
蜂花	255
凤冠	116
凤凰髻	116
奉	33
奉筅	79
扶栟上梁	69

G
橄榄子馃	130
缸瓦	35
高摆粪箕	157
高跷戏	265
高机子	91
高腰樵骰盆	93
勾桶	78
狗窦	43
狗无法	188
估对子	216
古寨门	64
鼓板	212
鼓楼	63
顾仰品	245
顾仰桌	90
挂窗	44
挂青艾	271
褂子	110
关帝爷	217
官厝	22
棺木	243
光饼	127
光饼广告雕版	194
光孝寺	221
龟馃	129
皈依	224
滚囵机子	91

滚囵竹桌	88
馃包	131
馃疕	269
馃筒	269

H

汗衣	110
禾米馃	130
合棺	246
合棺暝	246
合棚	166
荷篮	103
荷篓	102
盒式提篮	102
烘笼	96
红酒	132
红酒炖鳝条	143
虎头鞋	114
话亲	230
黄花子馃	269
灰盆	162
回门	237
婚期辟邪	237
活动桌	89
火铲	77
火盆	97
火钳	76
火樵堆	32
火筒	76

J

鸡橱	54
鸡笼	168
祭练夫人	225
枷鞋子	131
假人	164
嫁妆	230

团子荷篮	103
团子薮	86
建瓯板鸭	138
建瓯根雕	196
建瓯弓鱼	189
建瓯挑幡	215
建州八音	224
荐	87
轿椅	91
窖存	192
窖楻	53
醮冢	267
接灶众公	259
金埕	248
金银器制作	178
惊兽器	164
敬桌	90
酒埕	98
酒缸	99
酒窖	55
酒糟炒塍螺	141
酒糟炒蕨	141
掘笋	194
镢头	156

K

开厝封顶	68
开大门	257
开斗裤	111
栲栳	102
铿铿敲	182
孔庙	218
库	248
库厝	20
傀儡	213
阔齿耙	162

325

L

拦门讨烛	233
老虎帽	113
老人做生日	241
老式婚礼	234
老鼠弓	185
老鼠磕	185
擂钵	80
厘戥	184
犁	161
犁塍	148
犁牛语	189
李咸	133
沥箕	157
莲子脱壳板	276
凉亭	57
粮仓	54
晾架	167
瞭望窦	38
灵堂	244
棂星门	219
六月六狗洗浴	279
龙虎鞋	115
笼床	77
楼阶	48
镂草耙	160
炉缸	75
鸬鹚排搦鱼	190
甪里新闻	22
萝卜咸	136
锣鼓钹	212
箩	158
落竹钻	173
落钻	171

M

马灯	95
马桶笐	94
马头墙	39
麦禾扇	97
麦芽糖	183
馒头	127
芒笙扫帚	94
猫稚檐	45
帽	113
莓荠糕	128
门白	242
门当户对	44
门闩	42
门拄	43
焖螺	272
蒙搦	207
朦糕	129
米斗	184
米缸	99
米管	184
米砻	165
米筛	167
眠椅	90
面	125
面盆架	92
面脯	125
篾骨泥墙	38
篾火榴	97
民裤	110
磨剪子	176
磨树	207
抹雄黄	272
木雕	174
目睊衫	108

N

纳底	136
嫩筛	167

泥墙	36		扦担舞	213
泥墙厝	26		墙头画	40
牛灌酒	155		桥亭	57
牛栏	52		樵扁担	157
牛能"子根炖尾骨	143		樵车子	210
牛腿	30		樵厝栟	28
暖锅	76		樵刀架	160
			樵凳龙	263
O			樵粪桶	94
沤肥	151		樵夹	158
			樵马桶	94
P			樵面盆	92
耙塍	149		樵枪	210
帕子	119		樵骹盆	93
牌坊式大门	40		樵碗	81
牌楼	58		樵箱	99
盘香	223		樵园栟	49
泮池	219		樵枕头	86
刨锄	157		轻骨头	211
炮楼	64		请闰月饭	281
喷雄黄酒	272		裙	111
劈刀	159			
皮箱	99		**R**	
皮枕头	87		仁生糕	128
聘礼	231		闰月饭四件套	281
嘙嘙子	210		箬笠	114
曝粟	153			
曝粟耙	160		**S**	
			三拜	235
Q			三宝佛	217
七月半请公子	278		三大奶	219
芪菜饮	137		三料墙	37
祈拜樟树神	224		三清宫	220
骑楼	25		三十年暝	256
汽灯	96		伞技	264
砌护磡	69		丧礼	245
千柱厝	23		扫候"把	95

327

山垄塍	149	寿枕	244
扇粟	152	梳妆	232
上烛暝	240	束裤	110
尚书井	56	双层厝	24
烧草木灰	151	水陂	66
烧酒	133	水车	163
烧库	249	水缸	98
烧冥纸	279	水榥	79
烧塔	274	水笕	62
烧炭	185	水井	55
烧土地公经	246	水桶	78
伸臂樵梁厝桥	61	水烟筒	204
神龛	223	四角樵桌	89
生香水萝卜	139	四摞层	101
什锦太平燕	266	松明架	32
石厝	26	送三朝	238
石雕	170	送头年	258
石墙	36	送灶众公上天	255
石骰盆	93	酥糕	257
石㵎盆	53	粟斗	184
食茶	204	粟筛	166
食重阳酒	280	塑泥佛	178
食点心	233	笋咸	137
食饭	203	笋榨	195
食橄榄	207		
食酒	203	**T**	
食水烟	205	太保楼	222
食香烟	205	太师壁	27
食杂店	181	弹锤	178
食樟烟	204	弹弓	178
试桶	236	弹棉花	177
柿脯	133	弹珠珠	208
莳塍	150	炭火熨斗	175
手板车	158	烫盆粿	131
守岁	256	讨火樵	155
寿被	244	讨野味	267
寿衣	243	讨鱼草	152

藤箱	98	稀橱	52
藤枕头	87	嬉车圈	210
踢球	209	嬉花灯	273
剃头	175	嬉水激枪	209
天窗	44	喜酒	235
天井	46	戏台	214
天香	222	瞎子摸人	208
跳厝	209	下廊间	47
跳骰乐	208	仙人菜	132
跳橡皮筋	208	线面	125
贴春联	254	乡里	50
铁齿耙	160	香包	272
厅厝	27	项圈镣	118
厅厝大门	41	巷	51
厅厝画压	32	小元宵	260
厅前屏风	47	孝衣	245
亭子	56	斜襟长袖裷衣裳	108
铜面盆	92	斜襟短袖裷衣裳	109
铜烟管	204	斜门	42
头箍子	117	鞋托	115
头毛□ [tʰe³³mau³³ŋiɛ⁵⁵]	118	写赐	223
头套	231	谢"新娘	216
土特产铺	181	新郎	234
土瓦	35	新娘	234
		新娘房	236
W		新娘牌	118
瓦厝	24	腥油榨	195
丸子汤	266	修厝	169
围身裙	111	圩场	205
乌饭	277	雪糕	129
无骨爪	139	熏艾把	271
五包	140		
五乌一绿鸡	142	**Y**	
五子果	232	鸭子笼	168
		烟囱口	75
X		盐氹	82
溪馃□绘画 [kʰae⁴⁵ko³¹lo²⁴kʰo³³ua⁵³]	175	燕子薮	32

羊舍	53	蒸馏出酒	192
洋油灯	95	直襟长袖裷民衣	109
窑	59	纸鹞	211
窑工	170	中秋送灯	275
衣橱	100	冢	248
迎	260	粥	124
迎白龙	247	朱菇	143
迎春台	262	竹扁担	156
赢鸡	189	竹床	85
硬谷□ [ŋāi⁵⁵ku²⁴kuɛ³¹]	156	竹工工具	173
滩水	153	竹䇾笒	81
油衔	266	竹笐	93
油子栝	130	竹龄做记认	154
有擐菜篮	103	竹水管	78
鱼笱	191	竹箱	100
鱼罾	168	竹园栟	49
元宵灯会	261	煮茶炉	76
耘塍耙	161	柱磉	28
		箸筒	82
Z		砖雕	174
杂货铺	181	砖墙	37
栽菇	187	镯	118
糟炒药子花	140	字纸炉	220
糟鱼	141	棕床	85
灶	74	棕摇把	176
择"泊"子	112	棕衣	112
簧	166	作头家什箱	170
扎骸阿娘鞋	115	坐石板食粿	278
斋嬷上庙头	117	座次	203
斋嬷念经	223	做板糖	196
樟烟	135	做茶	192
笊篱	78	做大箦	172
针秤	183	做豆脯	195
珍"尸	247	做佮作	170
榛子煨排骨	276	做光饼	192
枕头粽	278	做花灯	273
蒸红酒	191	做垌	197

做满月	239
做面人	197
做泥水	169
做七	249
做烧酒	190
做笋脯	194
做细篾	172
做细作	171
做线面	180
做圆竹	171
做月	238
做针工	174
做中秋饼	273
做棕床	176
做粽	270
做晬	240
做作头	171

其他

□漆 [uae³¹tsʰɛ²⁴]	186
□松油 [uae³¹tsœŋ³¹iu³³]	197
□新娘 [tʰia³³sẽĩ⁴⁵ɲiɔŋ³³]	237
垌碗 [xo³³ũĩ³¹]	80
拰草屏 [ma⁵³tsʰau³¹kiɔ²⁴]	173
拰扑克 [ma⁵³pʰu⁴⁵kʰɛ²⁴]	206
拰雀牌 [ma⁵³tɕʰiɔ²⁴pae³¹]	206
拰粟 [ma⁵³ɕy²⁴]	151
拰铁 [ma⁵³tʰiɛ²⁴]	179
骹蹂耙 [kʰau⁵³nɔ²⁴pa³³]	163
骹踏拰粟机 [kʰau⁴⁵ta⁵⁵ma⁵⁵ɕy²⁴ki⁴⁵]	164
跂阶 [kuɛ⁵³kɔ⁴⁵]	48
跂桶 [kuɛ⁵³tʰoŋ³¹]	91
瞑牛 [iãŋ³³ɲiu³³]	187
瞑鸭 [iãŋ³³a²⁴]	188
瞑羊 [iãŋ³³iɔŋ³³]	186

后记

2017年年初，严修鸿教授问我是否有意在闽北选点做一个"语言文化典藏"的课题。我对闽北的认知来源于方言，调查过很有特色的建阳话和浦城石陂话。能够由方言兼及地方文化，这是拓宽眼界、让方言研究走向应用的一个好机会，我自是乐意接受。

选定建瓯点则得益于三明学院校友、时任建瓯市委办领导张悌吉的热情推荐，各项调研工作也都是在他的带领下完成的。我们由此走近建瓯，由局外人变成了半个"建瓯通"。关于各项调研活动，我们均在"调查手记"中做了交代。

从三明到建瓯调研毕竟属于异地工作，许多季节性的活动、传统节日，课题组无法随时就位，寻找当地的合作老师就成了必然的选择。吴雪灏是建瓯市民俗学会会长，我们延请他担任主要发音人、解读各种文化事项。市摄影家协会的徐文亮、张和生和曹瑞俊则分工摄影、摄像。

在大家的共同努力下，照片、文化视频的采录和文化解读都取得阶段性成果，顺利通过了课题的中期检查和验收。稍做盘点，期间令人难忘的瞬间真不少。还记得，吴雪灏因意外受伤而担心耽误课题进度的焦急神情，徐文亮深夜探险宗教活动的身影，吴、徐两位同我星夜赶赴北京参加培训的艰辛。2018年春节前夕，年龄相加250多岁的吴雪灏、张和生、徐文亮和曹瑞俊更是不辞辛劳、专程驱车给我送材料到了三明……为了传承家乡文化，他们可谓不遗余力。2019年4月中旬，吴雪灏、徐文亮两位到达三明学院，我们开始了日夜兼程的条目补写、音像摄录和加工、转写工作。经过近一个月的通力合作，规模初具。两位回到建瓯后继续补拍照片，转写故事。张和生和曹瑞俊两位通力配合，随叫随到。课题结项后，书稿的增删、修改任务主要由我和吴雪灏、徐文亮合作完成，几易其稿，终于有了现在的样子。

回首来路，感觉完成这一课题实属不易，它汇聚了众多友人的聪明才智与辛勤劳动。张悌吉人情练达，尽心尽力地为课题的开展保驾护航，自始至终。吴雪灏退休前是市政府有名的笔杆子，对家乡方言和文化了如指掌，还出版了研究建瓯方言的专著，谚语歌谣信手拈来，"赌博鬼，半暝三更怀惊鬼，早头怕光怕露水"等顺口溜，就是深夜摄录完走在寂静的校园小道上顺口"溜"出来的。徐文亮是市摄影家协会的副会长、市民俗学会理事，工作认真负责，常常为了拍摄一张好照片多次专程前往。邹超燕倾情演绎方言曲艺唱曲子《全城之母》，同事魏丽萍特意准备"闰月饭四件套"，并导演了请闰月饭活动，为本书增色不少。袁乾坤、黄文凤、黄玲莲等同学承担了发音视频的摄录等工作。

严修鸿教授和杨慧君老师倾情传授经验，全天候为我们解答各种问题。严教授主审书稿，审听并修正了全书的标音，提供了全面且极有价值的建议。除了课题组成员朱铭亮、邢成武、陈红和书中提到的图片拍摄者，为我们提供各种帮助的还有方明、吴曼琳、吴传剑、王松清、卓鸣秀、蔡建惠、林理益、林建平、陈金水、江智五、毛全闽和陈怒仔等，我们心存感激。

把昔日闽北首府最具代表性的方言文化展现给后人，这是我们的目标，但因学识有限，错漏在所难免。敬请批评指正！

邓享璋

2021 年 8 月于福建三明

图书在版编目（CIP）数据

中国语言文化典藏. 建瓯/曹志耘，王莉宁，李锦芳主编；
邓享璋，吴雪灏，徐文亮著. —北京：商务印书馆，2022
　　ISBN 978-7-100-20835-2

　Ⅰ. ①中⋯　Ⅱ. ①曹⋯ ②王⋯ ③李⋯ ④邓⋯ ⑤吴⋯
⑥徐⋯　Ⅲ. ①闽北话—方言研究—建瓯　Ⅳ. ① H177.1

中国版本图书馆 CIP 数据核字（2022）第 035541 号

权利保留，侵权必究。

中国语言文化典藏·建瓯

曹志耘　王莉宁　李锦芳　主编
邓享璋　吴雪灏　徐文亮　著

商务印书馆出版
（北京王府井大街 36 号　邮政编码 100710）
商务印书馆发行
南京爱德印刷有限公司印刷
ISBN 978-7-100-20835-2

2022 年 8 月第 1 版
2022 年 8 月第 1 次印刷
开本：787×1092　1/16
印张：21½

定价：280.00 元